中华当代学术著作辑要

不对称和标记论

沈家煊 著

图书在版编目(CIP)数据

不对称和标记论/沈家煊著.—北京:商务印书馆,2021(2023.4重印)
(中华当代学术著作辑要)
ISBN 978-7-100-19913-1

Ⅰ.①不… Ⅱ.①沈… Ⅲ.①汉语—语法—研究 Ⅳ.①H14

中国版本图书馆 CIP 数据核字(2021)第 082047 号

权利保留,侵权必究。

中华当代学术著作辑要

不对称和标记论

沈家煊 著

商 务 印 书 馆 出 版
(北京王府井大街36号 邮政编码100710)
商 务 印 书 馆 发 行
北京市十月印刷有限公司印刷
ISBN 978-7-100-19913-1

2021年9月第1版　　　开本710×1000 1/16
2023年4月北京第2次印刷　印张25¼
定价:126.00元

中华当代学术著作辑要
出 版 说 明

学术升降,代有沉浮。中华学术,继近现代大量吸纳西学、涤荡本土体系以来,至上世纪八十年代,因重开国门,迎来了学术发展的又一个高峰期。在中西文化的相互激荡之下,中华大地集中迸发出学术创新、思想创新、文化创新的强大力量,产生了一大批卓有影响的学术成果。这些出自新一代学人的著作,充分体现了当代学术精神,不仅与中国近现代学术成就先后辉映,也成为激荡未来社会发展的文化力量。

为展现改革开放以来中国学术所取得的标志性成就,我馆组织出版"中华当代学术著作辑要",旨在系统整理当代学人的学术成果,展现当代中国学术的演进与突破,更立足于向世界展示中华学人立足本土、独立思考的思想结晶与学术智慧,使其不仅并立于世界学术之林,更成为滋养中国乃至人类文明的宝贵资源。

"中华当代学术著作辑要"主要收录改革开放以来中国大陆学者、兼及港澳台地区和海外华人学者的原创名著,涵盖文学、历史、哲学、政治、经济、法律、社会学和文艺理论等众多学科。丛书选目遵循优中选精的原则,所收须为立意高远、见解独到,在相关学科领域具有重要影响的专著或论文集;须经历时间的积淀,具有定评,且侧重于首次出版十年以上的著作;须在当时具有广泛的学术影响,并至今仍富于生命力。

自1897年始创起,本馆以"昌明教育、开启民智"为己任,近年又确立了"服务教育,引领学术,担当文化,激动潮流"的出版宗旨,继上世纪八十年代以来系统出版"汉译世界学术名著丛书"后,近期又有"中华现代学术名著丛书"等大型学术经典丛书陆续推出,"中华当代学术著作辑要"为又一重要接续,冀彼此间相互辉映,促成域外经典、中华现代与当代经典的聚首,全景式展示世界学术发展的整体脉络。尤其寄望于这套丛书的出版,不仅仅服务于当下学术,更成为引领未来学术的基础,并让经典激发思想,激荡社会,推动文明滚滚向前。

商务印书馆编辑部

2016 年 1 月

再 版 前 言

　　这本书1999年由江西教育出版社出版，已经过去14个年头。书的内容主要就是借用国外新的标记理论——假设这一理论具有普世性——来统一地描写和解释汉语语法里的种种不对称现象，在语言的通性和个性上，注重的是汉语跟世界语言相通的一面。不过在前言中我也写道，正像"对称"和"不对称"是相反相成的一样，语言的通性和个性也是相反相成的，也许有一天我会对只注重通性的做法作出反思，通过"否定之否定"来加深自己的认识。

　　我近年来确实把研究的重点从语言的通性转向个性，注重汉语的特点，特别是在词类问题上。从标记理论的方面讲，正如雅可布森早在20世纪30年代就指出的，实际存在两种标记模式：一种是无标记项和有标记项之间为排除关系，如"男人"和"女人"的关系；一种是无标记项和有标记项之间为包容关系，如"man"和"woman"之间的关系。我发现汉语跟印欧语的一个重要差异是，汉语语法中一些重要的成对范畴，从标记模式来看，呈现的是包容关系而不是排除关系。

　　书中对这两种标记模式的异同没有足够的重视，更谈不上深入的阐释，但是毕竟有两处提到和区分开来了。因此我近年对汉语语法的新探索跟十几年前所做的工作并不是割裂的，可以说是对以往的继续和发展。这样一想，我还是同意商务印书馆再版这本书。

再版的内容没有改动，保持原样，只是对个别有错或引起误解的文字作了改正。

沈家煊
2014 年 7 月 2 日

前　　言

　　这本书是我过去十年语法研究大部分成果的一个总结，有不少内容过去陆续用论文发表过，不过把它们重新整理后纳入一个系统还是花了一番心思。从1995年起得到国家社会科学基金的一项资助，在过去研究的基础上又做了几个专题的研究，于是有了现在这样的结果。

　　刚开始从事语法研究我做的是英汉语法比较，找出两种语法表面上的一些异同，以找异为主。这种研究对语言教学当然很有帮助，但是我的兴趣是想透过不同语言表面的差异寻找深层次上语言的普遍规律。就描写和解释来说，我对解释工作更感兴趣，也就是想说明为什么这样的句子能说，那样的句子不能说。要做这样的工作，我发现最好是在世界语言的大背景下对汉语作深入的考察。道理很简单，英语毕竟不是我的母语，有一些英语语句到底合不合乎语法、在多大程度上合乎语法，我拿不大准，例如语言学文献中那些前头打上一个或两个问号的例句，而凭语感作出这样的判断恰恰是深入研究的前提。于是我的精力主要集中到汉语语法研究上来。当然研究汉语也要把它放在世界语言的范围内来考察，通过比较才能有比较深刻的认识。

　　回顾一个世纪以来我国语法研究的进展，基本上是在不断借鉴国外(主要是西方)语法理论和研究方法的基础上取得的。关注国外语言学的新成果新进展，干一点去粗存精的活儿，把它们介绍到国内来是我一项经常的工作。根据我的了解，这样的借鉴道路还要走一段时间。西方的语言理论不是清一色的，就解释语法现象而言，当前大体上有两条路子:一条是从语言内部寻找解释的形式主义路子;一条是从语言外部寻找解释的功能主义路子,目前前一条路子还是占据主导地位。从思维方式来讲,前一条路子注重分析,后一条路子注重综合。也许是由于我个人的资质,我选择的是功能主义的路子。不过还有一个原因,语言和思维方式有着千丝万缕的联系,常说西方的思维方式重分析,东方的思维方式重综合,这种说法大体是对的,那么东西方的语言也就有重分析和重综合的差别。因此我觉得用后一条路子来研究汉语更加合适。我不能肯定西方取后一条路子来研究语言的人是否从"东方人的智慧"得到启发,不过我得坦言,形成这本书的一些基本思想主要有国外这样一些语言学家的影响:Joesph H. Greenberg, Bernard Comrie, Talmy Givón, John Haiman, Laurence R. Horn, Sandra A. Thompson, George Lakoff, Ronald Langacker, M. A. K. Halliday 等。他们有的从事语言类型学研究,有的从事篇章分析或语用学研究,有的从事认知语言学的研究,但都可以归入广义的功能主义,就是把语言的结构跟语言的功能紧紧联系起来。

我也不能不对国内语法研究的前辈大师赵元任先生、吕叔湘先生、朱德熙先生表示由衷的敬佩之情。没有他们著作的指引,我就不可能走上语法研究的道路。没有他们为汉语语法研究打下的坚实基础、作出的巨大贡献,也就不可能有今天新的探索。

我相信,跟其他学科一样,语言学中一些最基本的理论问题,探讨是永无止境的,人类总是通过否定之否定不断地加深自己的认识。我们不可能找到一种理论或方法,一劳永逸地解决汉语语法问题。从《马氏文通》开始,探讨未有终止,认识不断加深。我看到不少长者智者到晚年进行反思,否定了自己过去的一些想法,这是一种新层次上的感悟。我还远远达不到这样的境界,譬如在语言的通性和个性上,本书更多看到的是汉语跟世界语言相通的一面,在语言结构的任意性和非任意性上,本书注重的是非任意性的一面。然而正像本书的主题"对称"和"不对称"是相反相成的一样，也许有一天我也会对这些基本问题作出反思。犹豫再三，还是不揣浅陋，把现阶段的认识公布出来以求得大家的批评指正。

本书在撰写中得到许多同道的关心和帮助，陈平先生从海外给寄来有关标记理论的详细书目，在此一并致谢。

在世纪交替之际，谨以此书来纪念中国第一部语法著作《马氏文通》发表一百周年。

沈家煊

1998 年 1 月 11 日

目 录

第一章　理论前提和方法 ·· 1
  1.1　语言中的不对称现象 ·· 1
  1.2　描写和解释 ·· 6
  1.3　功能主义的语言观 ··· 8
  1.4　共时研究和历时研究的结合 ···································· 17
  1.5　将汉语纳入世界语言的变异范围 ······························ 18

第二章　标记论 ·· 22
  2.1　传统的标记理论 ·· 22
  2.2　新的标记理论 ··· 25
    2.2.1　"相对模式"和"关联模式" ·························· 25
    2.2.2　标记模式和"蕴含通性" ······························ 27
    2.2.3　标记模式和"语法等级" ······························ 29
    2.2.4　标记模式和"典型范畴" ······························ 30
  2.3　有标记项和无标记项的判别标准 ······························ 32
  2.4　标记模式形成的原因 ·· 34
    2.4.1　语用原因 ·· 35
    2.4.2　认知原因 ·· 36
  2.5　语言的演变和标记模式 ·· 39

第三章　肯定和否定的不对称 ··· 43
  3.1　否定的有标记性 ·· 43

3.2 肯定句和否定句中名词宾语的所指 ……………………… 50
  3.3 肯定范围和否定范围的不对称 …………………………… 52
  3.4 信息流中的肯定句和否定句 ……………………………… 55
第四章 无标记否定和有标记否定 ………………………………… 59
  4.1 两种否定 …………………………………………………… 59
  4.2 适量准则 …………………………………………………… 63
  4.3 "衍推义"和"隐涵义"的否定 …………………………… 66
  4.4 "预设义"的否定 ………………………………………… 70
  4.5 语序和否定辖域 …………………………………………… 75
第五章 "差不多"和"差点儿" …………………………………… 78
  5.1 "差不多"和"差点儿"的异同 …………………………… 78
  5.2 肯定和否定的不对称 ……………………………………… 81
    5.2.1 "衍推"和"隐涵" …………………………………… 81
    5.2.2 "背衬衍推"和"前突衍推" ………………………… 86
  5.3 "差点儿"的定向性 ……………………………………… 91
第六章 极性词的肯定和否定 ……………………………………… 95
  6.1 极性词在肯定句和否定句中的分布 ……………………… 95
  6.2 "否定量域"和"适量准则" ……………………………… 98
  6.3 "常规推理"和"正负颠倒" ……………………………… 101
  6.4 非现实句和否定句的互通性 ……………………………… 108
  6.5 极性词的否定和词序 ……………………………………… 112
  6.6 标记模式和"正常期待" ………………………………… 115
第七章 肯定与否定对立的消失 …………………………………… 121
  7.1 心理期待的正负值 ………………………………………… 121
    7.1.1 "一会儿"和"不一会儿" …………………………… 121
    7.1.2 "除非……" ………………………………………… 124

  7.1.3 "差点儿"和"差点儿没" ………………………… 125
 7.2 语用原则和"好不" …………………………………… 129
  7.2.1 "礼貌原则"和褒贬词 ………………………… 129
  7.2.2 反语的语用法 ………………………………… 134
  7.2.3 副词"好不"的语法化过程 …………………… 137
 7.3 "判断语词"和双重否定 ……………………………… 140
  7.3.1 双重否定和否定词移位的两种结果 ………… 140
  7.3.2 "判断语词"的语义强度 ……………………… 145
  7.3.3 交际策略上的解释 …………………………… 152

第八章 反义词的标记模式 ……………………………… 155
 8.1 反义词的不对称 ……………………………………… 155
 8.2 反义词的种类 ………………………………………… 156
  8.2.1 "相反词"和"相对词" ………………………… 156
  8.2.2 三类"相对词" ………………………………… 159
  8.2.3 反向词 ………………………………………… 163
 8.3 反义词的标记模式 …………………………………… 164
  8.3.1 反义词的有标记项和无标记项 ……………… 164
  8.3.2 有标记和无标记的对立程度 ………………… 183
  8.3.3 反义词有无标记项的组配 …………………… 185
 8.4 常规和标记模式 ……………………………………… 190
  8.4.1 逻辑上的肯定项和否定项 …………………… 190
  8.4.2 认知上的肯定项和否定项 …………………… 192
  8.4.3 评价上的肯定项和否定项 …………………… 198
  8.4.4 倾向常规 ……………………………………… 203

第九章 主语和宾语的不对称 …………………………… 209
 9.1 主宾语不对称现象 …………………………………… 209

9.2 施事和受事的不对称 ………………………………………… 211
    9.2.1 主宾语不对称跟语义有关 ……………………………… 211
    9.2.2 主宾语不对称和施受不对称 …………………………… 214
    9.2.3 施事和受事都是典型范畴 ……………………………… 222
    9.2.4 受事主语句的"关联标记模式" ………………………… 232
9.3 话题和焦点的不对称 ………………………………………… 234
    9.3.1 典型的主语是话题 ……………………………………… 234
    9.3.2 宾语和自然焦点 ………………………………………… 242
9.4 汉语句子的主语 ……………………………………………… 249
9.5 主宾语不对称的本质 ………………………………………… 254

第十章 词类和句法成分的标记模式 …………………………… 261
10.1 汉语词类问题上的两难处境 ………………………………… 261
10.2 词类和意义 …………………………………………………… 264
10.3 词类的典型理论和连续统 …………………………………… 267
10.4 词类和句法成分的标记模式 ………………………………… 270
    10.4.1 词类的语义特征 ………………………………………… 270
    10.4.2 词类的语用功能 ………………………………………… 272
    10.4.3 关联标记模式 …………………………………………… 274
10.5 标记模式的证据 ……………………………………………… 276
    10.5.1 名词做谓语、状语和定语 ……………………………… 276
    10.5.2 动词做状语、定语和主宾语 …………………………… 287
    10.5.3 形容词做主宾语和状语 ………………………………… 302

第十一章 形容词句法功能的标记模式 ………………………… 308
11.1 形容词问题 …………………………………………………… 308
11.2 "的"字的分合 ………………………………………………… 310
11.3 形容词句法功能的标记模式 ………………………………… 316

| 11.4 形容词跟相关名词之间的标记模式 | 328 |
| 11.5 结论 | 331 |

第十二章 形式和意义之间的对称和不对称 ... 336
- 12.1 形义间的扭曲关系 ... 336
- 12.2 语言演变和扭曲关系 ... 338
  - 12.2.1 轻重音和语义的扭曲关系 ... 338
  - 12.2.2 形式和意义演变的不同步 ... 343
- 12.3 "象似性"和"元标记模式" ... 346
- 12.4 结束语:语言的对称与不对称 ... 351

参考文献 ... 357

术语索引 ... 372

Contents

Chapter 1　Theoretical Prerequisites and Methodology ······ 1
　1.1　Asymmetries in Language ······ 1
　1.2　Description and Explanation ······ 6
　1.3　A Functional Perspective of Language ······ 8
　1.4　Synchronic and Diachronic Studies ······ 17
　1.5　View Chinese in the Range of World Languages ······ 18
Chapter 2　The Markedness Theory ······ 22
　2.1　The Traditional Theory ······ 22
　2.2　The New Markedness Theory ······ 25
　　2.2.1　Relative Markedness and Markedness Reversals ······ 25
　　2.2.2　Markedness and Implicational Universals ······ 27
　　2.2.3　Markedness and Grammatical Hierarchies ······ 29
　　2.2.4　Markedness and Prototypes ······ 30
　2.3　Criteria of Markedness ······ 32
　2.4　External Explanations for Markedness Patterns ······ 34
　　2.4.1　Pragmatic Explanations ······ 35
　　2.4.2　Cognitive Explanations ······ 36
　2.5　Language Change and Markedness Patterns ······ 39
Chapter 3　Asymmetry between Affirmative and Negative
　　　　　　Sentences ······ 43
　3.1　The Markedness of Negation ······ 43

3.2　Referentiality of Nouns under Negation ……………… 50
3.3　Markedness and Scope of Negation ………………… 52
3.4　Affirmative and Negative Sentences in Discourse …………… 55

Chapter 4　Unmarked Negation and Marked Negation ……………… 59
4.1　Two Types of Negation …………………………… 59
4.2　The Maxim of Quantity ……………………………… 63
4.3　Negation of Entailment and Implicature ……………… 66
4.4　Negation of Presupposition …………………………… 70
4.5　Word Order and Scope of Negation …………………… 75

Chapter 5　A Case Study: *chà* · *buduō* and *chàdiǎnr* ……………… 78
5.1　Similarities and Differences ………………………… 78
5.2　The Positive-Negative Asymmetry …………………… 81
　　5.2.1　Entailment and Implicature ………………… 81
　　5.2.2　Foreground and Background Entailments ……………… 86
5.3　Directionality of *chàdiǎnr* …………………………… 91

Chapter 6　Polarity Words ……………………………………… 95
6.1　The Distribution of Polarity Words ………………… 95
6.2　Negation and the Maxim of Quantity ………………… 98
6.3　Stereotypical Inferences and Polarity Reversals …………… 101
6.4　Negation and Irrealis ………………………………… 108
6.5　Negation of Polarity Words and Word Order ……………… 112
6.6　Markedness and Normal Expectation ………………… 115

Chapter 7　The Affirmative-Negative Neutralization ……………… 121
7.1　Positive and Negative Expectations …………………… 121
　　7.1.1　*yīhuìr* and *bùyīhuìr* ……………………… 121
　　7.1.2　*chúfēi* ……………………………………… 124

7.1.3　*chàdiǎnr* and *chàdiǎnrméi* ········· 125

7.2　Pragmatic Principles and the Adverb *hǎobù* ········· 129

　7.2.1　Politeness and Deontic Words ········· 129

　7.2.2　A Pragmtic Explanation of Irony ········· 134

　7.2.3　The Grammaticalization of *hǎobù* ········· 137

7.3　Opinion Words and Double Negation ········· 140

　7.3.1　Double Negation and Neg-Movement ········· 140

　7.3.2　The Semantic Strength of Opinion Words ········· 145

　7.3.3　Strategies of Speech Communication ········· 152

Chapter 8　Markedness Patterns of Antonyms ········· 155

8.1　Asymmetries in Antonyms ········· 155

8.2　Types of Antonyms ········· 156

　8.2.1　Contradiction and Contrariety ········· 156

　8.2.2　Three Kinds of Contrariety ········· 159

　8.2.3　Directive Words ········· 163

8.3　Markedness Patterns of Antonyms ········· 164

　8.3.1　Marked Values and Unmarked Values ········· 164

　8.3.2　Degree of Markedness ········· 183

　8.3.3　Markedness Co-relationship ········· 185

8.4　Normality and Markedness Patterns ········· 190

　8.4.1　Positive and Negative in Logic ········· 190

　8.4.2　Positive and Negative in Cognition ········· 192

　8.4.3　Positive and Negative in Social Evaluation ········· 198

　8.4.4　Bias Towards Normality ········· 203

Chapter 9　Asymmetry between Subject and Object ········· 209

9.1　The Subject-Object Asymmetry ········· 209

9.2　Asymmetry between Agent and Patient ……………… 211
　　9.2.1　The Semantics of Subject and Object ……………… 211
　　9.2.2　The Agent-Patient Asymmetry ……………… 214
　　9.2.3　Agent and Patient as Prototypes ……………… 222
　　9.2.4　Markedness and Patient-as-Subject Sentences ……………… 232
9.3　Asymmetry between Topic and Focus ……………… 234
　　9.3.1　Subject and Topic ……………… 234
　　9.3.2　Object and Natural Focus ……………… 242
9.4　The Subject Category in Chinese ……………… 249
9.5　The Nature of Subject-Object Asymmetry ……………… 254

Chapter 10　Parts-of-Speech and Syntactic Functions ……………… 261
10.1　The Dilemma ……………… 261
10.2　Parts-of-Speech and Meaning ……………… 264
10.3　The Prototype Theory of Parts-of-Speech ……………… 267
10.4　The Markedness Pattern ……………… 270
　　10.4.1　The Semantics of Parts-of-Speech ……………… 270
　　10.4.2　The Pragmatics of Parts-of-Speech ……………… 272
　　10.4.3　A Hypothetic Markedness Pattern ……………… 274
10.5　Evidence for the Markedness Pattern ……………… 276
　　10.5.1　Noun and its Syntactic Functions ……………… 276
　　10.5.2　Verb and its Syntactic Functions ……………… 287
　　10.5.3　Adjective and its Syntactic Functions ……………… 302

Chapter 11　The Syntactic Functions of Chinese Adjectives ……… 308
11.1　The Adjective Problem in Chinese ……………… 308
11.2　The particle "*de*" ……………… 310
11.3　The Markedness Pattern of Adjectives ……………… 316
11.4　Adjectives and Nouns in Markedness Pattern ……………… 328

11.5　Conclusions ·· 331
Chapter 12　Symmetry and Asymmetry between Form and
　　　　　　Meaning ·· 336
12.1　The Skewed Relation of Form and Meaning ················ 336
12.2　Language Change and the Skewed Relation ················ 338
　　12.2.1　Stress and Meaning ·································· 338
　　12.2.2　Asynchronism in Change of Form and Meaning ········ 343
12.3　Iconicity and Meta-Markednes Pattern ······················ 346
12.4　Conclusions:Symmetry and Asymmetry in Language ········ 351
References ·· 357
Subject Index ·· 372

第一章 理论前提和方法

1.1 语言中的不对称现象

"对称"和"不对称"最初是一对日常生活中的概念。凡是有一一对应关系的就是"对称",例如人的面部器官左右两边的分布基本对应,因此是对称的;凡不是一一对应的关系就是"不对称",例如许多内脏的左右分布不对称,大多数人是右手用得多,左手用得少,这是左右手功能的不对称,左脑和右脑的功能也不对称。不对称总是相对实际存在的或"预想中的"对称而言:人体左右手的构造和分布对称,预想中它们的功能也应是对称的。正因为讲不对称时总是预示着对称,因此出于行文的方便,我们允许用"不对称"来兼指"对称和不对称"。

许多学科都应用对称和不对称的概念,而研究的具体现象又有所不同,例如在数学中对称主要是指两个图形能互相变换,在固体物理学和地质学中特别需要研究晶体结构的对称性质,在理论物理学中运动方程经某种数学变换后保持不变的特性叫作对称,在生物学中,对称指生物体在对应的部位上有相同的构造。我们不知道语言学什么时候开始应用对称和不对称的概念,但可以肯定语言中的对称和不对称现象一定很早已被人们所注意到,因为这种现象在语言中是大量地、普遍地存在着。下面来举一些例子。

就语音而言,一种语言的语音系统,其内部往往是不对称的。例

2　不对称和标记论

如,英语的清辅音/p,t,k/和浊辅音/b,d,g/的组配对称,但对称中有不对称,浊辅音的分布环境比清辅音窄,如在 s-后面就只能出现清辅音。复杂一点的情形,汉语的中古音有浊音音位,现代的吴方言和湘方言也还有浊音音位,然而在声母系统中,浊音音位和清音音位呈现不对称的格局:清塞音和清塞擦音有不送气和送气两个系列,而浊塞音和浊塞擦音却只有一个系列,没有送气不送气之分,从而形成"一浊对二清"的格局。再复杂一点的情形,看现代汉语普通话的音系,声母和韵母的配合关系呈现出不对称:有三套声母/k, kh, x/、/ts, tsh, s/、/tʂ, tʂh, ʂ/能跟开口呼和合口呼相配,不能跟齐口呼和撮口呼相配,但只有一套声母/tɕ, tɕh, ɕ/能跟齐口呼和撮口呼相配,不能跟开口呼和合口呼相配,形成"三对一"的不对称局面:

			开	齐	合	撮
k	kh	x	干		官	
ts	tsh	s	赞		钻	
tʂ	tʂh	ʂ	占		专	
tɕ	tɕh	ɕ		坚		捐

在构词方面也存在种种不对称现象。例如,吕叔湘(1984a:73)曾指出,世间的事物名称,一般是有"大"必有"小",如"大麦、小麦""大脑、小脑""大人物、小人物""大年夜、小年夜",可是有不少名称是只有"大"没有"小"的,如:

大海	大陆	大战
大殿	大楼	大厅
大粪	大衣	大庆
大自然	大少爷	大团圆
大杂院	大红(颜色)	大黄(药)

大本营　　　大后方　　　大革命
大门　　　　大虫　　　　大饼
大赦　　　　大使　　　　大师傅
大扫除　　　大舌头　　　大杂烩
(说)大话　　(发)大水　　(一场)大火①

再看英语否定前缀的构词方式在一些成对的词上出现的不对称：(引自 Horn 1972，*表示这样的词不存在②)

possible/necessary:	not possible	impossible
"可能/必定"	not necessary	*innecessary
some/all:	not some	none
"有些/全部"	not all	*nall
sometimes/always:	not sometimes	never
"有时/总是"	not always	*nalways
or/and	not or	nor
"或/和"	not and	*nand

至于语法方面的不对称现象那就更多了。例如，动词在主动句和被动句中的分布就是不对称的，多数动词既可以出现在主动句也可以出现在被动句，但有少数动词只能出现在主动句不能出现在被动句：

吃	猫把鱼吃了	鱼被猫吃了
拆	他把房子拆了	房子被他拆了
赚	你赚了不少钱	钱都叫你给赚了
解决	我解决了一个难题	难题让我给解决了
拒绝	我拒绝了他的邀请	他的邀请被我拒绝了
批准	领导批准了我的申请	我的申请被领导批准了
姓	我姓张	*张让我姓

4　不对称和标记论

像　　他的面貌像他哥哥　　*他的哥哥被他的面貌像
属于　出土文物属于国家　　*国家叫出土文物属于

再例如,成对的性质形容词和状态形容词在修饰名词时存在以下的对称和不对称:性质形容词可以直接修饰名词,但不能修饰带数量词的名词;状态形容词不能直接修饰名词,但能修饰带数量词的名词。例如:

薄纸　　　*薄一张纸　　　*薄薄纸　　薄薄一张纸
红花　　　*红一朵花　　　*鲜红花　　鲜红一朵花
干净衣服　*干净一件衣服　*干干净净衣服
　　　　　　　　　　　　　干干净净一件衣服

词类和句法成分之间也不是一对一的关系,而是一对多和多对一的参差关系(朱德熙 1985),例如动词可以做谓语、主语和宾语,名词可以做主语、宾语和定语,在一定条件下还可以做谓语,形容词可以做定语、谓语、主语、宾语和状语,只有副词只能做状语。[3]

只要留意观察,就会发现不对称现象存在于语言的各个层面,包括语音、构词、句法、语义和语用。这种现象不是个别的,而是普遍的。大而言之,语言的形式和意义之间也往往是对称中又有不对称,赵元任(1980:53)举过这样的例子:"吃'饭""看'报"等动宾结构,重音在第二音节;"煎．饼""劈．柴"等定中结构,重音在第一音节。形式(轻重音)和意义(结构关系)之间似乎是一对一的关系,可是进一步的考察就会发现,虽然动宾结构的重音总是在宾语上,可是重音在第二音节上的不一定都是动宾结构。例如"烙'饼""炒'饭"在语法上是两可的,可以是动宾结构,也可以是定中结构。另一方面,重音在第一音节的,如"煎．饼""劈．柴",则一定是定中结构。语法中的不对称大多跟形式和意义之间的不对称有联系。[4]

语言系统的不对称又可分为组配的不对称和功能的不对称。组配上对称不一定功能上也对称,而功能上的不对称总是跟组配上的不对称联系在一起。例如北京话的不送气塞音、送气塞音、鼻音在组配上是对称的:

p　　t　　k
ph　　th　　kh
m　　n　　ŋ

但是 ŋ 只能出现在元音后头,不能处在声母位置,这是功能上的不对称。如果光看声母位置上三组音的分布,就出现组配上的不对称:

p　　t　　k
ph　　th　　kh
m　　n

面对语言中如此普遍的不对称现象,问题是这种现象的后面有没有规律性的东西,如果有的话,具体是什么。我们对前一个问题的回答是肯定的,本书的目的就是用一种理论——标记论——对汉语语法中的种种不对称现象作出统一的而不是零碎的阐释。我们把研究的范围主要集中在语法(也涉及词汇)中的不对称,这是因为过去人们对语音中的不对称关注较多,研究也较深入,"标记论"最初就是从语音中的不对称着手而建立起来的,而对语法和词汇中的不对称现象则注意不够(或者是熟视无睹),缺乏系统和深入的研究,将"标记论"运用于语法研究因此有广阔的前景。仔细考察的话,语法中的不对称现象是数不胜数的,不可能作穷尽的研究,我们将集中讨论那些大家经常提到的、影响面较大的不对称现象。

在对"标记论"作出阐述之前,有必要先说明本书的出发点或理论前提。

1.2 描写和解释

从事语言研究的人追求的目标不尽相同,大致上有两种,一种是要对语言现象作出恰当的描写,一种是要对语言现象作出合理的解释。

不管是研究语言中的哪一种现象,研究者都有以描写为目标或以解释为目标的自由,但是解释语言现象应该是语言研究的"最终目的"。吕叔湘先生曾就英语和汉语的对比研究发表见解:"指明事物的异同所在不难,追究它们何以有此异同就不那么容易了。而这恰恰是对比研究的最终目的。"⑤英汉对比研究是这样,语言的其他研究也应是这样。解释比描写来得难,但最终还得以解释为目标。一般来说,解释要在描写的基础上进行。如果语言现象还没有描写清楚,怎么谈得上对它作出解释呢?但是,我们不能等到把语言现象完全描写清楚了再去作解释,因为语言现象的描写是无止境的。"横看成岭侧成峰",同样的语言现象从不同的角度去观察就可以作出截然不同的描写。真要等到语言现象全部描写好了再着手去作解释,解释工作永远无法开始。反过来看,在着手描写语言现象之前,研究者已经对语言现象有某种理论上的看法,事先没有任何理论设想就根本无法开始描写。随便找一个人来,给他一些语言材料(如一段话),让他描写一下,他一定会不知所措地问"描写些什么呀?"或者,十个不同的人就会作出十种很不一样的描写。语言研究中描写什么和怎么描写总是跟你"想要"描写什么有关,描写之前就已经有某种理论(解释)的先导。因此我们主张在研究中把描写和解释结合起来,两者可以交替进行,相互促进。新的语言现象的发现对解释工作提出新的要求,理论上的解释也会引导我们从新的角度去观察语言现象和发掘新的语言现象,语言科学在不断的描写和解释中发展。

本书对不对称现象的研究就试图把描写和解释结合起来。不对称的现象描写,要回答的问题是有哪些不对称现象,不对称以怎样的形式表现出来。譬如,在语音上,说英语 p-b,t-d,k-g 这样成对的清辅音和浊辅音是不对称的,可以这样来描写:(1)在 s-的后面只能出现清音,不能出现浊音,只能有 sp-,st-,sk-,没有 sb-,sd-,sg-。(2)统计 p,t,k 和 b,d,g 在英语中的出现频率,发现前者的出现率明显高于后者。(3)浊音比相对的清音多一个语音上的区别特征[带声]。在词汇或语法上,说"长-短""深-浅""高-低"这样成对的正反形容词是不对称的,可以这样来描写:(1)通常总是问一样东西有"多长""多深""多高",一般不会问有"多短""多浅""多低";通常的回答也是"三寸长""五尺深""一丈高",而不会是"三寸短""五尺浅""一丈低"。(2)在语篇中统计"长-深-高"和"短-浅-低"出现的频率,发现前者的出现率明显高于后者。(3)从语义上分析,"长-深-高"有[具有度量]的语义成分,"短-浅-低"有[缺乏度量]的语义成分。以上两种不同层面上的不对称现象,在表现的形式上有一些共同的地方,例如都涉及语言成分"分布"上的不均衡,使用频率上的不平等,以及内部构成要素的差异。在对多种多样的不对称现象作出描写的基础上,可以归纳出一些反复出现的不对称模式。如果观察得仔细,新的不对称现象会不断发现,描写也可以不断地加深加细,并归纳出更加完善的不对称模式。跟其他语言现象的描写一样,可以说不对称现象的描写工作是做不完的。

按照语言研究追求的另一种目标,我们还要对语言中的不对称现象作出相应的解释,要回答的问题是为什么会有这样的不对称现象,为什么不对称呈现出这样而不是那样的模式。例如上面所说的两种不对称现象就需要解释为什么清音比浊音的分布范围广、使用率高,而不是反过来;为什么正面意义的形容词比反面意义的形容词分布范围广、使用率高,而不是反过来。解释要做到合情合理,前后一致,简单明了,有了这样的解释性理论,不仅能对已经发现的各种不对称现象作出统一的说明,还能通过演绎的办法大致预见和发现种种新的不对称现象。在方法上本书把归纳和演绎结合起来,在确定一种已经通过归纳得出的不对称理论后,可以凭借这样的理论来预测不对称现象后面隐藏的不对称模式,并用语言事实来检验。

1.3 功能主义的语言观

解释语言现象大体上讲有两条路子,两种理论前提。一种是形式主义的语言观,一种是功能主义的语言观。形式主义(当今以乔姆斯基一派的"生成语法"为代表)试图从语言结构内部去寻找解释:语言结构受一定的规则控制,这些规则是人类语言结构所固有的,是人类天赋语言能力的体现。举例来说:

(1) 张三打算马上动身。

(2) 张三说服李四马上动身。

以汉语为本族语的人都会理解(1)里要动身的是张三,(2)里要动身的是李四而不是张三,虽然从逻辑上讲这不是唯一的理解。为解释这一现象,形式主义者提出一条规则叫作"近距离原则"(Rosenbaum 1967),意思是说主要动词后面出现的动词,它的主语(隐而不显)跟它前面距离最近的名词所指称的对象相同。(1)跟"动身"的(隐含)主语最近的名词就是"张三",所以"动身"的主语指的是"张三";(2)跟"动身"的(隐含)主语最近的名词是"李四",所以"动身"的主语指的是"李四"。这样的规则是人的天赋语言能力的一部分,这就解释了以上的语法现象。然而这条规则的适用性很成问题,例如:

(3) 张三答应李四马上动身。

按照"近距离原则","动身"的(隐含)主语指的应该是"李四",但实际却是指"张三"。当然形式主义者可以根据新的语言事实不断修正假设的规则系统,从而坚持从语言结构内部来解释语言现象的立场。但是在功能主义者看来,这样的解释实际上并没有作出什么真正的解释,这样的解释是空洞的,因为我们无法用独立的证据来证明"近距离原则"或其他什么纯粹的形式规则是人生来就具有的。只是因为找不到更好的解释,形式主义者才把语法规律归因于天赋。

功能主义者试图从语言结构的外部去寻找解释,首先是着眼于语言的功能。语言的功能主要是交流信息,语言的结构是语言为了达到信息交流的目的而自我调适的结果。就上面的例子而言,功能主义者可以这样来解释:(1)-(3)每句话都是说话人在一定的场合做出的一个"言语行为"。按照 Searle(1969)的"言语行为理论","说服"这个动词表达的言语行为是"指令",指令行为的先决条件之一是指令者相信对方能够执行所指令的动作,因此在句子结构上能够执行指令动作的人就被理解为动作的主语,而接受指令的人又被理解为"说服"的宾语,于是就形成(2)这样的兼语句,"李四"兼作"说服"的宾语和"动身"的主语。"答应"这个动词表达的言语行为是"许诺",这类行为的先决条件是许诺者认为自己能够执行许诺的动作,因此(3)"动身"的主语指的是"张三"。对(1)也可以作出类似的解释。这就从语词的功能上对上述的指称现象作出了解释。

形式主义把语言学比作物理学,语言构造的规律就跟物质的运动和构造规律一样无须从物质的外部去寻找解释。功能主义则认为语言学本质上不同于物理学,倒是跟生物学相似。生物的构造部件和构造方式无一不是生物在进化的过程中为适应生存而形成的,无一不跟一定的功能相对应。本书的出发点就是功能主义的语言观,按照这个观点,语言结构中的对称和不对称现象大多可以从语言的功能上找到解释。

我们采取的功能主义语言观还在以下一些基本问题上跟形式主义相对立：

第一，跟形式主义者相反，我们认为，人的语言能力并不是一种独立的认知能力，而是跟一般认知能力紧密联系、不可分离的。举例来说，一个女子如果长得漂亮，我们常说"她有一张漂亮脸蛋"，不会说"她有一对漂亮的胳膊"或"她有一个漂亮的后背"，这是因为我们要认识一个人的长相一般总是先观察他的脸而不是别的部位。假如你想看我的小孩长得什么样，我给你看一张他的大头像，你一定会感到满足，以为自己已经看到了我孩子的长相；假如我给你看一张他身躯的照片，你一定会很不满足，还会问我他到底长得怎么样。可见"她有一张漂亮脸蛋"这样的"转喻"说法不光是修辞现象，也不光是语言现象，而是跟人的一般认知方式密切相关的现象。(参看 Lakoff & Johnson 1980)

我们还认为语言的结构，特别是语法结构，跟人对客观世界(包括对人自身)的认识有着相当程度的对应或"象似"(iconicity)关系[6]，或者说，语法结构在很大程度上是人的经验结构(人认识客观世界而在头脑中形成的概念结构)的模型。我们把这种对应称作语法结构的"象似原则"。这条原则包括两个方面，一是"成分象似"，即语言结构的单位跟概念结构的单位——对应，例如构成句子的每一个语素对应于一个概念；一是"关系象似"，即语言结构单位之间的关系跟概念结构单位之间的关系——对应，例如，可以说"我的父亲"也可以说"我父亲"，可以说"我的书桌"但不能说"我书桌"，原因何在？这是因为"我"和"父亲"这两个概念之间的领属关系是不可转让的，两者的关系紧密，语言结构上"我"和"父亲"这两个词的联系相应地也比较紧密，"的"字因此可以去掉；而"我"和"书桌"之间的领属关系是可以转让的，两者的关系较疏远，所以必须插进去一个"的"。这是疏密关系的象似,即两个概念的联系越紧密,表达这两个概念的语词也挨得越近。英语 book"书(单数)"和 books"书(复数)",汉语"人"和"人人",概念上数量的大小跟词语成素的多少对应,这是数量的象似。"在马背上跳"是先在马背上后跳,"跳在马背上"是先跳后在马背上,(人认识到的)事件发生的先后顺序跟语序对应,这是顺序的象似。(参看 Haiman 1985,沈家煊 1993a)因此按我们的观点,语法结构不完全是"任意的",而是有理据、可论证的。语法结构的象似原则实际是体现形式和意义(概念)之间的对应或对称关系,尽管这种对称不是绝对的,对称中有不对称。(详见第十二章)从认知上讲,象似原则体现人的一种"类推"能力:语法结构的组织方式类比或仿照概念结构的组织方式。[7]本书涉及的许多跟语法有关的对称和不对称现象都可以从认知上作出解释。

第二,跟形式主义者相反,我们认为句法作为语言结构的一部分并不是自足的(autonomous),它跟语言的词汇和语义部分是密不可分的,没有明确的分界线。把句法独立出来完全是人为的,只是为了研究的方便而已。例如上面所举(1)-(3)的例子,我们认为不仅是句法问题,也是语义问题或词汇问题。句式的变换一般认为是句法问题,但正如吕叔湘(1984a:36)所指出的,不少句式变换其实跟词义的搭配有关,是词汇问题,例如:

(4) 我不喜欢吃米饭 ⇒ 米饭我不喜欢吃
(5) 我不喜欢踢足球 ⇒ *足球我不喜欢踢

可以有(4)的句式变换,但(5)的变换不行,我们认为关键在于"吃"和"米饭"的搭配跟"踢"和"足球"的搭配在语义上有差别。"米饭"只是可吃的主食中的一种,而可踢的球类只有足球。一般说,词义搭配只涉及个别的词,句法涉及一类词,但一类词的"类"可大可小,成员可多可少,因此从词汇问题到句法问题是个逐渐过渡的连续体,很难一刀切。

本书的研究实际是将语言的各个层面打通的,某个层面上揭示的不对称模式往往得到另一个层面上不对称模式的佐证。另外,功能主义还认为,句法不见得是语言系统或语言研究的核心,如果有一个核心的话,语义才是核心。因此在研究方法上,在处理形式和意义的关系时,我们既注重形式也注重意义,或者说更注重意义:讲语法而不讲意义是没有什么意义的。

第三,我们认为,语义不仅仅是客观的真值条件,而是主观和客观的结合,研究语义总要涉及人的主观看法或心理因素。形式主义试图用真值条件来界定语义,例如"椅子"一词的语义就是由"四条腿""有靠背""可坐的平面"这样一些客观的语义成分或真值条件来界定的,满足这些条件的是椅子,不满足的就不是椅子。然而问题是三条腿的椅子(杂技表演还有两条腿的)我们仍然"认为"它是椅子。这跟什么是"美"的争论很相似。有人认为"美"是客观存在的,客体本身具有美的价值才叫美;有人则认为"美"是主观认定的,审美主体觉得美才算美。其实"美"是客观和主观的结合,这里不妨引用朱光潜先生(1980:90)的一段话:

> 首先,美确实要有一个客观对象,要有"巧笑倩兮,美目盼兮"这样美人的客观存在。……其次,审美也确要有一个主体,美是价值,就离不开评价者和欣赏者。如果这种美人处在空无一人的大沙漠里,或一片漆黑的黑夜里,她的"巧笑倩兮,美目盼兮"能产生什么美感呢?凭什么能说她美呢?就是在闹市大白天里,千千万万人都看到她,都感到她同样美么?老话不是说:"情人眼里出西施"吗?不同的人不会见到不同的西施,具有不同的美感吗?

"美"不能离开主观的美感而独立存在,同样,语言的意义也不能离开人的主观认识而独立存在。有人会说,"美"是抽象事物,所以它的意义是主客观的结合。不对,具体事物也是这样。客观上讲,四周都有边界的实在事物才有"里""外"之分,但是我们仍然说"皮球滚入洞里",是人的"完形"(gestalt)心理把洞看作是四周有边界的东西。语义是客观现实和主观认识的结合,同一个现象由于我们的注意点不同或观察角度不一样,就会在头脑中形成不同的"意象"(image),也就有了不同的意义。例如:

(6) 我送一件毛衣给小李。

(7) 我送给小李一件毛衣。

按照形式主义的分析方法,(6)和(7)可以互相转换而语义保持不变,两句都是表达我赠送一件毛衣给小李的意思。这是一种典型的客观主义语义学。按照功能主义的语言观,这两句话的意义并不一样,差别不在客观现实而在主观认识。(6)着重表达毛衣赠送的对象是小李,(7)着重表达小李得到的是赠送的毛衣,也就是说,我们头脑中形成的是两种不同的"意象",可分别用图 1 和图 2 来表示(参看 Langacker 1987):

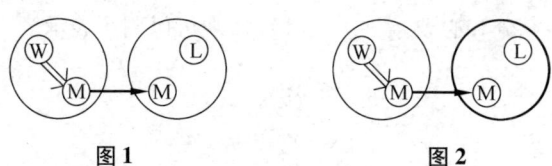

图 1　　　　　　　　图 2

W 代表"我",M 代表"毛衣",L 代表"小李",大圆圈代表"我"或"小李"对"毛衣"的支配范围。图 1 凸显的是"毛衣"从"我"到"小李"的转移过程,用带箭头的粗黑线表示;图 2 凸显的是"毛衣转移的结果,即"小李"对"毛衣"的领有关系,用粗黑圆圈表示。这种意义差别可以从以下比较中看出:

(8) 我曾经送一件毛衣给小李,她不收。

(9)？我曾经送给小李一件毛衣,她不收。

如果要加一个表示"完成"的"了"字,(6)加在"送"字后头,(7)加在"给"字后头:

(10)我送了一件毛衣给小李。

(11)我送给了小李一件毛衣。

"意象"是一个心理上的"完形"(gestalt),是一个整体,整体大于部分之和,重视"意象"的语义描写就是注重意义的"综合"而不是意义的"分析"。(6)和(7)分析所得的语义成分是一样的,但句子整体表达的意义不一样。因此在研究语义的方法上,我们把客观现实和主观认识结合起来。

第四,语言研究中建立的各种范畴,如"元音"和"辅音"、"名词"和"动词"、"主语"和"宾语"等等,跟人建立的大多数范畴一样都是非离散性的(non-discrete)。西方从柏拉图到乔姆斯基,都认为范畴是离散的,每个范畴的边界是明确的。一样东西要么属于、要么不属于某一个范畴,就看它是否具备这一范畴的界定特性(criterial properties),是否满足某些充分和必要条件。这种范畴观可以用图表示为:

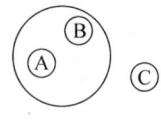

图 3

图中大圆代表一个(离散)范畴,由一些充分和必要条件来界定,A 和 B 具备这些条件,因此是这个范畴的成员,C 不具备这些条件,因此不是这个范畴的成员。另一种范畴观是 Wittgenstein(1953)的"家族相似"说。按照这一学说,一个范畴的内部成员之间并没有什么共同特性,就好像同一家族的各个成员之间没有共同特性只有相似性。例如,英语属于"game"这一范畴的成员,有的只是为了游戏(如捉迷藏),有的有输赢(如球赛),有的全凭运气(如掷骰子),有的要凭智谋(如下棋),有的既凭运气又要智谋(如打麻将),这些活动只有相似点没有共同点。这种范畴观可以用图表示为:

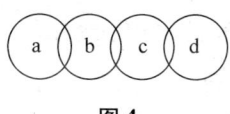

图4

图中两个小圆相交的部分表示一个成员跟另一个成员之间有某种相似,但四个成员之间并不存在什么共同点,每个成员的地位是平等的。本书赞成 Givón(1984)把上述两种范畴观结合起来的"典型理论"(proto-type theory),可以用下面的图来表示:

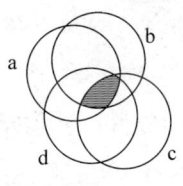

图5

一个范畴是一些特征(a,b,c,d)的相交,但这种相交只是统计上或概率上的相交,不是绝对的。例如,"鸟"这一范畴是"有翼""有喙""有羽毛""会飞"这些特征的相交,或者说这些特征一般总是聚集在一起构成"鸟"的范畴。同时具备这四个特征的(如麻雀)是最典型的鸟,不同时具备四个特征的(如鸵鸟不会飞,企鹅既不会飞又没有一般鸟的羽毛)则是不怎么典型的鸟。因此"鸟"这个范畴的边界不是明确的而是模糊的,界定这个范畴的特征不是充分和必要条件,属于这个范畴的成员有典型的和非典型的之分。这样的典型范畴观已经得到认知心理学的证实。(Rosch 1978)

语法范畴也是人建立的范畴,应该也是典型范畴。例如,Hopper & Thompson(1980)证明动词的及物性(transitivity)是一个典型范畴,这个典型范畴由以下一些通常聚集在一起的特征来定义:

动作的参与者在两个以上;
动词表示的是动作(过程)而不是状态;
动作是瞬间完成而不是持续的;
动作是人为的、有意图的;
动作是现实的而非虚拟的;
动作的施事对受事有很强的支配力;
动作的参与者有很强的个体性。

广泛的语言调查发现,一个结构要具备多少个这样的特征才被判定为及物结构,各种语言的要求是不一样的。在一种语言内部,具备这样的特征越多就越像典型的及物结构。

我们将用这样的范畴观来对待一切语法范畴(参看Taylor 1989),例如在讨论主语和宾语的不对称时,对"主语"这一范畴,我们不认为一个句法成分要么是主语要么不是主语,而是考察这个成分在多大程度上像是典型的主语。

典型范畴观决定了我们在研究中不追求语言规律的绝对性。形式主义认为语言规律是绝对的,一条规律应该毫无例外的适用于某一类语言现象,一个语言现象要么符合、要么不符合某一条规律。但语言规律实际不存在这样的绝对性。既然语言的范畴是非离散的,边界是模糊的,语言成分不是绝对的属于或不属于某个范畴,而是在属于某个范畴的典型性程度上形成一个连续体,语言的规律也就不可能是绝对的,只能体现为一种概率或倾向性。追求语言规律的绝对性是一种图省事的办法,一个句子要么合乎语法要么不合语法,一个句法成分要么是主语要么不是主语,一条句法规则要么适用要么不适用某一类语法现象,这好像会给我们的描写和解释工作带来很多方便,也使理论显得很严谨,但是语言事实上不是这么一回事,这样做的后果只会歪曲语言事实,得出不正确的结论。

1.4 共时研究和历时研究的结合

从索绪尔严格区分共时语言学和历时语言学以来,有人产生一种误解,以为语言本身就有共时和历时两个平面,在考察语言共时现象的时候不考虑历时因素的做法似乎是理所当然的。事实上,语言总是处在不停的变化之中,它的某个共时状态只存在于历时演变长河中的瞬间,稍纵即逝。因此有人大胆地提出,根本不存在什么共时的语法系统,存在的只是在不断形成过程中的语法。(见 Hopper 1987)这种说法未免偏激,但也包含一定的真理,我们应该认识到共时和历时的划分其实是人为的,它们不是语言本身的两个平面,而是语言研究者为了研究的方便而区分的两个研究平面。这样的区分固然大大促进了语言状态的描写和分析,加深了我们对语言系统性的了解,但也给解释语言状态带来一些困难。例如,现代汉语语法中的介词,有些是较地道的介词,如"从"和"被",有些带有很强的动词性,如"到",有些则介于两者之间,如"给"。在界定现代汉语的介词范畴时就有不同意见,有的认为现代汉语没有介词,所谓介词实际都是动词,有的认为有介词,但又划不清介词和动词的界限。要对这样的现象作出解释,就离不开历史的观点:现代汉语的介词都是由动词虚化而来的,虚化的进程不一,在共时上就形成介词内部的不一致。这说明一个道理:语言共时的变异现象(variation)是历时演变过程(change)的反映。如果共时研究的目标不仅是描写语言现象,还要解释语言现象,那就不能不把共时研究跟历

时研究结合起来。(参看方光焘1997:53)

本书涉及的语言中的不对称现象有一些就可以从历时演变中找到答案,例如一些语用法在约定俗成之后变为语法,语用法上的不对称是形成语法结构不对称的根源。

1.5　将汉语纳入世界语言的变异范围

我们主张将汉语置于世界语言变异的范围内来考察。这里涉及如何正确对待汉语的特点(个性)和人类语言的普遍特征(通性)的问题。世界的语言千变万化,没有两种语言会是一样的,但是"万变不离其宗",语言的变异是有一定范围、受一定限制的。从语言类型学上讲,逻辑上可能有的类型不是都有实际的语言存在。无论是形式主义还是功能主义都要回答这样的问题:"什么是可能有的人类语言?"对人类语言变异范围的限制也就是人类语言的通性。个性是通性的具体反映,通性寓于个性之中,这个道理一般人都明白,但在具体对待语言现象时不同的研究者会有不同的态度,有的强调个性,有的强调通性。

从目前汉语研究的状况出发,本书主张在陈述汉语的特点时应取比较慎重的态度,因为当代语言类型学的研究已在较深的层次上和较广的范围内发现了一些语言通性,如果对这样的通性不了解,就有可能把通性当作一种语言的个性来对待,或者影响对个别语言认识的深入。我们不仅需要从汉语出发来观察世界的语言,目前更需要从世界的语言来观察汉语。举一个例子来说明。

(12) Tom sent a message to Mary with a pigeon.
　　　张生用鸽子给莺莺送了个信儿。

这个英语句子和对应的汉语句子里,Tom和"张生"是主语,

a message 和"一个信儿"是直接宾语,Mary 和"莺莺"是间接宾语,a pigeon 和"一只鸽子"是旁语。可以把这些句法成分分别提取出来充当一个名词短语的中心语:

(13) a. the man who sent a message to Mary with a pigeon(提取主语)
用鸽子给莺莺送了个信儿的人

b. the message which Tom sent to Mary with a pigeon(提取直接宾语)
张生用鸽子给莺莺送的信儿

c. the girl to whom Tom sent a message with a pigeon(提取间接宾语)
张生用鸽子给她送了个信儿的姑娘

d. the pigeon with which Tom sent a message to Mary(提取旁语)
张生用它给莺莺送了个信儿的鸽子

修饰中心语的成分是一个定语从句,因此这种句式变换叫作"定语从句化"。比较英语和汉语可以看出,英语提取这四种句法成分的"定语从句化"看不出有什么形式上的限制,而汉语在提取间接宾语(c)和旁语(d)时一定要用一个人称代词"ta"来复指被提取的成分,缺了这个"ta"就不合语法:

(14) c'. *张生用鸽子给送了个信儿的姑娘
d'. *张生用给莺莺送了个信儿的鸽子

因此说汉语提取间接宾语和旁语的"定语从句化"要受一定的限制。汉语中的这一现象早就有人观察到,那么这是不是汉语语法的一个特点呢?从表面上看回答是肯定的。但是如果我们把汉语的这一现象置于世界语言变异的范围内来考察就会得出不同的结论。其他语言是怎么个情况呢?普遍的语言调查发现一共有四种情形:有的语言跟英语一样不管提取什么成分都不受限制；有的语言，如泰米尔语，只有提取旁语才受限制；有的语言，如波斯语，跟汉语一样提取间接宾语和旁语要受限制；还有的语言，如马尔加什语，提取直接宾语、间接宾语、旁语都要受限制。当然受限制的具体方式可以多种多样，不一定是加复指的代词。世界上的语言都不外乎这四种类型。根据以上事实就可以建立一个句法成分的等级：

主语>直接宾语>间接宾语>旁语

这个等级表示一个语言通性：对所有语言而言，如果等级上的某一项提取时不受限制，那么该项左边的各项提取时也不受限制。比如，如果发现一种语言的间接宾语的提取不受限制，那么直接宾语和主语的提取也一定不受限制。绝不会有那样一种语言，间接宾语的提取不受限制，而直接宾语和主语的提取反而受限制。这样看来，各种语言的个性都是这一通性的具体体现，汉语也不例外，只是在上列等级上的"截止点"有所不同而已。（参看 Keenan & Comrie 1977）"不识庐山真面目，只缘身在此山中"。原来认为是汉语个性的东西现在看来是语言通性的具体体现，这无疑使我们对汉语事实的理解更深了一层。

本书将贯穿这样的方法，将汉语置于世界语言变异的范围内来考察，具体地说，在考察汉语语法的不对称现象时将不时地参考类型学上已经建立的制约世界语言变异的"标记模式"。

我们把本项研究的理论前提和方法归纳如下：

——描写和解释并重，解释语言现象是语言研究的最终目标。归纳法和演绎法相结合。

——功能主义的语言观，具体而言：语言结构是语言为实现信息交流的目的而自我调适的结果；对语言结构的解释应该从语言结构以外去寻找，如语言的功能和人的认知方式；人的语言能力跟人的一般认知能力密不可分,语言不是一个自足的系统,句法也不是语言的一个自足系统,它跟语义密切关联,因此形式分析和语义分析相结合;语义不完全是真值条件,而是客观现实和主观认识的统一,因此语义分析不排斥心理因素;语言研究中建立的各种范畴都是"典型范畴",具有"非离散性",因此不应该追求语言规律的绝对性。

——语言的共时变异是语言历时演变的反映,因此在解释语言共时现象时有必要考虑语言演变的历时因素。

——各种语言的变异范围或变异的限制就是语言的通性,应将汉语置于世界语言变异的范围内来加以考察。

附　注

① 关于"大""小"不对称的进一步阐述见第八章。
② 对这种不对称的解释见第四章4.2节。
③ 词类和句法功能的不对称将在第十章讨论。成对形容词不对称的详细论述见第十一章。
④ 形式和意义之间的对称和不对称将在第十二章专题讨论。
⑤ 见杨自俭、李瑞华编《英汉对比研究论文集》扉页题词,1990,上海外语教育出版社。
⑥ iconicity 一词,也有人译作"临摹""同构""对应"等,考虑到这个词的词根是 icon "像",我们采用"象似"。
⑦ 这种"类推",现在的文献里经常称作"语法隐喻",即概念结构领域通过"隐喻"这种一般认知手段投射到语法结构领域的过程。(见 Lakoff & Johnson 1980)

第二章 标记论

2.1 传统的标记理论

本书将用"标记理论"来描写和解释语法中的种种不对称现象。这种标记理论融合了当代语言类型学研究的成果,跟传统的标记理论相比有很大的发展。为了说明这种新的标记理论,有必要对传统的标记理论先作一回顾。

语言中的标记现象(markedness)是指一个范畴内部存在的某种不对称现象。例如就"数"这一语法范畴而言,英语中的复数是有标记的(marked),单数是无标记的(unmarked)。表示"男孩"的名词 boy,复数要加-s 这一标志,成为 boys,单数不加这个-s。概括地讲,凡是有"数"这个范畴的语言,复数是有标记项,单数是无标记项。有关这种不对称现象的理论就叫标记理论(markedness theory)。

标记理论是布拉格学派的两位大师 N. Trubetzkoy 和 R. Jakobson 创立的,两者的观点又有所差别。Trubetzkoy(1931,1939)最先将有标记和无标记的对立运用于音位学,他认为音位有三种对立:

(a) 缺值对立(privative oppositon),指甲乙两个音位的唯一区别在于某一特征为甲有而乙无,如/b/-/p/对立,/b/有[带声]特征,/p/无此特征。

(b) 级差对立(gradual opposition),指几个音位之间的对立在于具有某一特征的程度不等,如/i/-/e/-/æ/的对立在于特征"开口度"大小不等。

(c)等值对立(equipollent opposition),指相对立的音位各有各的区别性特征,如/p/-/t/-/k/的对立在于分别为唇音、齿音和腭音。

第一种对立就是通常所说的有标记和无标记的对立,而承认另外两种对立、特别是第二种"级差对立"的存在,对后来标记理论的发展有很大影响。Jokobson(1932,1939)只主张一种对立,即二分对立(binary opposition),一个成分要么是有标记的,要么是无标记的;"级差对立"最终也可以分解为若干个二分对立。他的贡献是把标记理论的运用扩展到形态学。按他的观点,在音位学中,有标记和无标记的对立是一种排除关系,即有标记项是对特征 A 的肯定,无标记项是对特征 A 的否定,如/b/是对特征[带声]的肯定,/p/是对这一特征的否定,两者互相排斥。而在形态学中,有标记和无标记的对立可以是一种包容关系,即有标记项肯定了特征 A,无标记项对特征 A 既不肯定也不否定,例如英语 woman"女人"和 man"人/男人"的对立,意义上无标记项 man 可以包容有标记项 woman 的所指,只有后者肯定了特征[阴性]。

一般来说,无标记项的分布范围要比有标记项的大。在某些对立消失(又叫"中和",neutralization)的位置上出现的总是无标记项。例如英语/b/和/p/的对立在 s-后的位置上消失,但只能出现/p/,这个无标记项具有"中和值"(neutral value)。在形态学中,无标记项的意义要比有标记项的宽泛,可以包容有标记项的意义,如上面提到的 man 和 woman。Lyons(1968:451)指出,意义上的有标记和无标记是个程度问题。例如,英语 dog"狗/公狗"对 bitch"母狗"而言无标记的程度很高,可以说 female dog"母狗"和 male dog"公狗",但不能说 *female bitch(语义重复)和 *male bitch(语义矛盾)。而 hen"鸡/母鸡"对 cock"公鸡",cow"牛/母牛"对 bull"公牛",无标记的程度都要低一些,因为

those cows "那些牛"虽可包括公牛在内,但如果一群牛全是公牛,就不可用 those cows 来指称。female dog "母狗"可以说,而 male cow "公牛"一般不说(语义矛盾)。man 对 woman 而言无标记的程度更低,只有当 man 不加指示词时才是无标记的,this man 只能指男人。意义上的有无标记有程度之别的看法跟上述 Trubetzkoy 关于音位有"级差对立"的看法是一致的。

有标记和无标记的对立在语言分析的所有层次上都起作用,这叫作标记现象的普遍性。除了在语音和形态(词法)上,句法上像被动句和主动句的对立,否定句和肯定句的对立也都是有标记和无标记的对立;在语义上,如前所述,反义形容词"大"和"小"、"长"和"短"、"深"和"浅"的对立也是无标记和有标记的对立。语用层次上也一样,例如初次相识时互相道声"你好"是无标记的,一方问好而一方保持沉默则是有标记的。再例如:

(1) 甲:今天晚上我们一块儿去看电影好吗?
   乙:行。
(2) 甲:今天晚上我们一块儿去看电影好吗?
   (1.0 秒的间隙)
   乙:Mm,呃,恐怕不行。

对邀请的应答,"接受"是无标记的言语行为,所以干脆利落,紧接一个"行"字;"拒绝"是有标记的言语行为,所以应答前有较长的停顿,有"mm,呃"这样的标志。有无标记的对立不仅在语言所有层次上都起作用,而且在所有层次上保持一致,这叫作标记现象的一致性,例如,p 相对于 b 如果在音素的层次上是无标记项,那么在音位层次上,在形态音位的层次上也都是无标记项;单数相对于复数如果在词法上是无标记项,那么在句法和语义上也是无标记项;"大、高、长"相对于"小、矮、短"如果在语义上是无标记项,那么在句法和语用上也是无标记项。标记现象的普遍性和一致性促使我们去探究造成标记现象的原因。(见以下 2.2.4 节)

2.2 新的标记理论

我们在传统标记理论的基础上,汲取当今语言类型学发现的一些跨语言的标记模式,归纳出一种新的标记理论,用来描写和解释汉语语法中的种种不对称。这种新的标记论具有以下特点。

2.2.1 "相对模式"和"关联模式"

第一,新的标记论接纳标记的"相对模式"。如前所述,传统的标记理论用于词法和句法时一般只承认一种标记模式,即"二分模式":一个范畴只有两个成员的对立,一个是有标记项,一个是无标记项。但事实上有许多语法范畴的成员不止两个。就拿"数"来说,除了单数和复数,不少语言还有双数(dual)和三数(trial),有的语言还有少量数(paucal),表示"几个"。因此新的标记模式是"相对的"多分模式,可以用一个等级来表示,如:

单数>复数>双数>三数/少量数

它表示有标记和无标记是个程度问题,箭头表示有标记程度的增加,例如复数相对单数是有标记的,相对双数和三数则是无标记的,复数相对于双数的无标记程度要比单数相对于双数的无标记程度低一些。这一发展可以看作是继承了 Trubetzkoy 关于音位有"级差对立"的思想,也跟 Lyons 语义上标记有程度之别的观点相一致。传统的"二分模式"可以看作是"相对模式"的一个特例。

第二,新的标记论注重若干个范畴之间标记的"关联模式"。传统的标记理论只建立一个范畴(例如"数")内两个成员的标记模式,是一种"简单模式",新的标记论要把一个范畴跟另一个范畴联系起来,建立两个范畴或多个范畴之间的"关联模式"。例如,按传统的标记理论,在名词的"数"这个范畴内,单数是无标记项,复数是有标记项,一般来说没有问题。但有时会发现违反这种简单标记模式的情形。在有的语言里,对集合名词而言,复数似乎是无标记项,组合形式较简单,如英语 bread"面包",单数反而是有标记项,组合形式较复杂,如 a piece of bread"一片面包"。"关联模式"在数和名词这两个范畴之间建立起一种关联:对个体名词而言,单数是无标记项,复数是有标记项;对集合名词而言,复数是无标记项,单数是有标记项。

	个体名词	集合名词
单数	无标记	有标记
复数	有标记	无标记

换一种表达方式,名词这个范畴中个体名词是无标记项,集合名词是有标记项,数这个范畴中单数是无标记项,复数是有标记项;个体名词和单数自然构成一个无标记的"配对",而集合名词和复数也构成一个无标记的"配对"。

无标记组配	无标记组配
个体名词	集合名词
单数	复数

个体名词和复数,集合名词和单数构成的都是有标记的"配对"。这种关联模式又叫"标记颠倒"(Witkowski & Brown 1983),本书讨论的许多不对称现象都跟"标记颠倒"有关。

这种新的标记理论能在语言类型研究中对世界语言的变异范围作

出限制,还能对一些重要的语法范畴作出跨语言的定义,下面分别加以说明。

2.2.2 标记模式和"蕴含通性"

跨语言的标记模式跟跨语言的"蕴含通性"相通。先要说明什么是蕴含通性(implicational universals)。语言的通性有"蕴含通性"和"非蕴含通性"之分。非蕴含通性又叫"无限制通性"(unrestricted universals),即所有的语言在某一参数(parameter)上都属于一种类型,例如,就"有无口腔元音"这一参数而言,所有语言都属于有口腔元音一种类型,因此"有口腔元音"是语言的无限制通性或非蕴含通性。非蕴含通性实际上排除了语言在某一参数上变异的可能性。蕴含通性不是排除变异的可能性,只是对变异施加一定的限制。(参看 Comrie 1981)例如有一个蕴含通性是:

> 如果一种语言的形容词(A)位于名词(N)之前,那么数词(Num)也位于名词之前。(见 Hawkins 1983)

用通行的公式来表示就是"AN⊃NumN"(⊃表示"蕴含")。这个蕴含通性涉及两个参数,一个是形容词和名词的相对次序,一个是数词和名词的相对次序,每个参数有两个值,因此在逻辑上就有四种可能的语言类型:

(a) 形容词和数词都位于名词之前(AN,NumN)

(b) 形容词位于名词之后,数词位于名词之前(NA,NumN)

(c) 形容词和数词都位于名词之后(NA,NNum)

(d) 形容词位于名词之前,数词位于名词之后(AN,NNum)

上述蕴含通性把这四种类型限制在(a)(b)(c)三种,排除第四种(d),可用一个方阵图表示如下:

	AN	NA
NumN	+	+
NNum	−	+

注意,这样的蕴含通性必须通过跨语言的比较才能发现。假如只考察一种语言,比如汉语(属于类型(a)),就无法知道(b)和(c)也是存在的,而(d)不存在。蕴含通性对世界语言的变异范围作出了限制,当今的类型学(区别于19世纪的形态类型学)就是建立在蕴含通性的概念之上的。

现在来看跨语言的标记模式。如果光考察英语,发现复数名词有/-s/标志,我们还无法确定"单数为无标记项,复数为有标记项"是具有普遍性的跨语言的标记模式。经过大量的语言调查发现,有的语言(如汉语)单数名词和复数名词一般都不加标志,有的语言(如拉脱维亚语)单数名词和复数名词各有各的标志,但是还没有发现一种语言单数名词加标志而复数名词不加标志(就个体名词而言)。这种不存在的语言类型如下图所示:

	单数加标志	单数不加标志
复数加标志	拉脱维亚语	英语
复数不加标志	—	汉语

可以看出,这种跨语言的单复数标记模式相当于一个蕴含通性:

如果一种语言的复数名词不加标志,单数名词也不加标志。

注意,汉语和拉脱维亚语并不构成这一蕴含通性的反例,唯一的反例是单数加标志、复数不加标志的语言,而这样的语言不存在。跨语言的标记模式一般都可以用蕴含通性来表述:

如果一个范畴的有标记项不加标志,无标记项也不加标志。

反过来说就是:"如果一个范畴的无标记项加标志,那么有标记项也加标志。"这正好跟命题逻辑中"P⊃Q"等值于"～Q⊃～P"一样。"P⊃Q"本身具有不对称性,P 和 Q 的蕴含关系是单向的,跟对称的"P=Q"不一样。正因为跨语言的标记模式跟蕴含通性相通,所以我们可以用标记模式来表述世界语言变异所受的限制。

2.2.3 标记模式和"语法等级"

上面提到的"相对标记模式"可以用多个语法项组成的等级来表示,这样的语法等级(grammatical hierarchy)跟跨语言的标记模式一样能对世界语言的变异范围作出限制。例如,"单数>复数>双数>三数/少量数"这一语法等级表明只存在下面四种类型的语言:(a)所有名词都用同一形式,即单数形式;(b)名词有单数和复数两种形式;(c)名词有单数、复数和双数三种形式;(d)名词有单数、复数、双数和三数/少量数四种形式。其他类型的语言不存在。这个等级实际由一连串的蕴含通性构成,前一蕴含通性的后体(implicatum)成为后一蕴含通性的前体(implican):

三数/少量数⊃双数
双数⊃复数
复数⊃单数

在第一章1.5节曾提到一个跟"定语从句化"有关的句法成分的等级,即:主语>直接宾语>间接宾语>旁语。这个语法等级也可以用标记的"相对模式"来说明:在句法成分这个范畴内,主语相对直接宾语是无标记项,直接宾语相对间接宾语是无标记项,间接宾语相对旁语是无标记项。世界的语言表示这些句法成分的形式手段主要有三种,一是给相关的名词加格标志,二是动词跟相关的名词照应(agreement),

三是名词相对动词的前后次序。以上的标记模式意味着,就格标志而言,如果旁语名词不加格标志,宾语和主语名词也不加格标志;如果宾语名词不加格标志,主语名词也不加格标志。①就动词照应而言,如果动词与旁语相照应,则也与宾语和主语相照应;如果动词与宾语相照应,则也与主语相照应。注意,如前所说,动词与主、宾、旁语都不照应的语言(如汉语)和动词与三者都照应的语言并不构成反例;只有那样的语言,比如动词与宾语照应却不与主语照应,才构成反例,而这样的语言不存在。最后就词序而言,在包含主语和宾语的陈述句中,占主导地位的词序几乎总是主语位于宾语之前。(见 Greenberg 1966a 通性1)这些都已经被普遍的语言调查所证实,因此跨语言的标记模式支持上述语法等级。

已经建立的语法等级还有名词性成分的生命度等级和有定性等级(Dixon 1979)、修饰语和中心名词之间语义联系程度的等级(Foley 1980)等。语音方面也有一些等级,如发音部位等级、音段响度等级等等,这里不一一详述。要指出的是,等级上的各项并不是离散的,而是构成一个渐变的连续体。例如,生命度等级的一部分是"人类普通名词>非人类有生命普通名词",意思是前者的生命度高于后者,而在 Manam 语(一种马来-波利尼西亚语)中,这两类名词之间还可以插入一类"非人类高等动物普通名词",生命度介于两者之间,可见生命度的差别可以十分细微。(Croft 1990:113)

2.2.4 标记模式和"典型范畴"

标记模式跟"典型范畴"的理论也有密切关系。第一章 1.3 节已经对这种范畴论有所说明。人类建立的范畴其实大都是典型范畴,它的内部成员的地位是不平等的,有核心和边缘之分。一个范畴的核心成员(也叫典型成员)通常也就是这个范畴的无标记项,例如典型的名词是单数名词和个体名词，它们相对复数名词和集合名词是无标记项。

上面提到的"标记颠倒"（见2.2.1）在范畴的典型理论里又叫作"典型互补"（complementary prototypes），两者其实是一回事。个体名词和单数的无标记配对构成一个典型范畴"单数个体名词"，集合名词和复数的无标记配对也构成一个典型范畴"复数集合名词"，两者形成"典型互补"。

"标记颠倒"和"典型互补"可以用来给一些主要的语法范畴下跨语言的定义。比如，要给名词、动词、形容词这些重要的语法范畴下一个适用于各种语言的定义可不是件容易的事。每种语言都按词的语法功能（分布）来划分词类，具体标准各不一样，结果也不一样。拿形容词来说，英语形容词是一个很大的开放类，豪萨语的形容词是一个很小的封闭类，至于汉语，有人认为没有形容词，所谓的形容词实际都是状态动词，还有的语言形容词似乎是名词的一个次类。我们怎么能肯定各种语言划分出来的形容词类是同一个东西呢？怎么给形容词下一个跨语言的定义呢？Dixon（1977）的研究发现，在形容词只是一个很小的封闭类的语言里，这些形容词都是表示大小、长幼、好坏和颜色的。如果一种语言有形容词，它们必定包括表示这些概念的形容词，也就是说表示这些概念的形容词是最"典型"的形容词，它们都表示性质，主要做定语起修饰作用。Croft（1991）用"典型互补"给名词、形容词、动词下跨语言的定义，具体是在语义范畴（事物、性质、动作）和语用功能范畴（指称、修饰、述谓）之间建立一些"自然关联"：事物和指称有自然关联，共同构成一个典型范畴"名词"；性质和修饰有自然关联，共同构成一个典型范畴"形容词"；动作和述谓有自然关联，共同构成一个典型范畴"动词"。换句话说，典型的名词、形容词和动词都是无标记的。相反，如果表示事物的词用于修饰或述谓，表示性质的词用于指称或述谓，表示动作的词用于指称或修饰，这些都是"非自然关联"，都是有标记的。现以英语为例说明这种关联的标记模式：

	指称	修饰	述谓
事物	无标记名词 dog	加标志 dog's	加标志 be a dog
性质	加标志 happi-ness	无标记形容词 happy	加标志 be happy
动作	加标志 fly-ing, to fly	加标志 fly-ing, fl-own	无标记动词 fly

"非自然关联"也有不加标志的,如英语表动作的 march, fall, split 等词用于指称时(即动词的名物化)不加什么标志,汉语更是如此,但这并不违反跨语言的标记模式,因为绝不会出现这样的情形,表动作的词用于指称不加标志,用于述谓反而要加标志。正因为标记理论可以用来给重要的语法范畴下跨语言的定义,因此受到当代语言类型学家的重视。

2.3 有标记项和无标记项的判别标准

一个范畴内部成员的不对称实际就是有标记项和无标记项的对立。要对不对称现象作深入的描写,就需要正确判别有标记项和无标记项。判别有标记项和无标记项的具体标准,我们按照传统的标记理论并参照 Greenberg(1966b) 和 Croft(1990) 为跨语言比较而设定的标准归纳为以下六类。

(a) 组合标准:一个语法范畴中用来组合成有标记项的语素数目比无标记项的多,至少也一样多。例如,英语名词复数比单数多一个语素-s。语音上,这条标准可以理解为有标记音位比无标记音位包含较多的发音姿势或语音特征,如/b/比/p/多了个特征[带声]。

（b）聚合标准：聚合成一个无标记范畴的成员比聚合成一个有标记范畴的成员多，至少也一样多。例如英语第三人称代词，无标记的单数有 he, she, it 三种形式，复数只有 they 一种形式。在语音上这条标准可以理解为无标记音位的变体多于有标记音位的变体，例如元音相对于鼻音是无标记项，元音的音位变体比鼻音的多。

（c）分布标准：在句法中无标记项可以出现的句法环境比有标记项的多，至少也一样多。例如，前面说过，主动语态相对被动语态是无标记项，主动语态可用于任何一个动词作谓语的句子，被动语态则受限制，如不能用于"姓""像""属于"这些动词作谓语的句子。语音上这条标准可以理解为一个音可出现的语音环境的多少，例如非喉化辅音相对喉化辅音是无标记项，在 Wintu 语（一种美洲印第安语）中前者可以在音节的首尾出现，后者只在音节首出现。从跨语言的分布来看，具有无标记项的语言在种类和数量上比有标记项的多，例如有单数和复数的语言在种类和数量上比有双数的语言多得多。

有的论著还专门列出一条"中和标准"，即：在对立消失的中和位置上出现的总是无标记项，例如英语 s-后只出现/p/，不出现/b/；或者，无标记项在某些位置上能包含有标记项的意义，例如 man 可包含 woman"女人"的意义在内。其实中和位置上只出现无标记项也就是无标记项的分布范围比较大，因此，可以把"中和标准"看作"分布标准"的一个特例而不必单独列为一条标准。

（d）频率标准：无标记项的使用频率比有标记项的高，至少也一样高。例如形容词"长""高""宽"的使用频率大大高于"短""低""窄"。另据 Greenberg(1966b)对豪萨语等 6 种语言的统计，非喉化辅音的使用率大大高于喉化辅音。从跨语言方面看，在一定数量的不同语言的取样中，含有无标记项的语言数目多于含有有标记项的语言数目。

（e）意义标准：语法中无标记项的意义一般比有标记项的意义宽

泛,或者说有标记项的意义包含在无标记项之中。例如英语的 man 和 woman;"三尺长"中的"长"是"长短"的意思,包含"短"的意思在内。从认知上讲,有标记项的理解比无标记项来得复杂(Givón 1984)。②

(f) 历时标准:从历时上看,一种语言如果有标记项和无标记项都有标志,总是有标记项的标志先于无标记项的标志出现,晚于无标记项的标志消失。例如,一种语言的名词单数和复数都加标志,复数标志先于单数标志出现,晚于单数标志消失。

在这六条标准中,头两条标准——组合标准和聚合标准是形态标准,有具体语言形式可参照,如语素的多寡、形态变化的多少等,而分布标准和频率标准则没有这种显性的语言形态,或者说,它们所依循的语言形态是隐性的。另外,分布标准和频率标准不仅能用来判别一种语言内的有标记项和无标记项,而且还是建立跨语言标记模式的依据。

这些标准是否有主次之分,意见不太一致。Greenberg 认为,频率标准是最基本的标准,但也有人认为频率标准并不可靠。对"中和标准"有人认为不见得处处适用,例如在泛指他人(不分单复数)时,英语是用 they(复数)而不用 he(单数)。意义标准的问题是不太容易把握,必须跟其他标准结合起来使用。不过,大多数情形下按这些标准作出的判断是一致的,即使有不一致,把这些标准综合起来考虑,判定有标记项和无标记项一般不会有多大的困难。对于像汉语这样缺乏形态的语言,分布标准和频率标准就显得格外重要。

2.4 标记模式形成的原因

追究标记模式形成的原因也就是要对现存的标记模式作出解释。跟其他语言现象的解释一样,标记现象的解释,按功能主义的语言观,如第一章所述,应从语言结构之外去寻找。我们从语用原因和认知原因两个方面来作出解释。

2.4.1 语用原因

标记模式形成的原因之一跟人们使用语言进行信息交流的一些原则(简称"语用原则")有关。语用原则之一是所谓的"经济原则",即说话人总想在取得精确传递信息的效益时尽量减少自己说话的付出。上一节已说明,无标记项的使用频率比较高,而组合形态又比较简单。常用的成分不加标志或采用短小的组合形式,显然是出于经济或省力的考虑,这就是常说的"齐夫定律"(Zipf 1935)。

有一个似是而非的问题,按照上一节判别标准中的"聚合标准",无标记项的屈折变化形态比有标记项的多,这似乎违反了经济原则。但是我们可以反过来看待这一现象,假定某个范畴本来要有一定的屈折变化,而有标记项因为使用频率低,出于经济的考虑就没有必要保留所有这些屈折变化,因此,仍然是经济原则在起作用。需要指出的是,一般来说,一个范畴的典型成员或无标记项的使用率高,但使用率高的成分不一定是一个范畴的典型成员。例如代词的使用率很高,但代词不是典型的名词,经常使用代词另有原因,是出于指代的需要。

经济原则有时会跟"象似原则"(第一章1.3节)相抵触。按照象似原则,语言形式和代表的意义要一一对应,一个形式代表一个意义。例如名词,单数要有单数标志,复数要有复数标志。但是经济原则又要求无标记项的单数不加标志。这两个可能相抵触的原则互相竞争的结果是,语言结构要么遵循经济原则,单数作为无标记项不加标志,要么遵循象似原则,单数和复数各加各的标志,或与两条原则无关,单数和复数都不加标志,但是绝不会两个原则都不遵循,即复数不加标志而单数反而加标志,这样的语言不存在。这正是上面所说的名词单复数的跨语言标记模式,可见两条原则发生矛盾时解决的办法也是受标记模式制约的。

其他的语用原则也跟标记模式的形成有密切关系。语言交流是说话人和听话人之间互相合作的一项活动,因此 Grice(1975,1978)提出的"合作原则"是许多不对称现象产生的原因。语言交流还受"礼貌原则"的支配(Brown & Levinson 1978, Leech 1983),这也是不对称标记模式形成的原因之一。因为下面好些章节都要论及这两方面的原因,这里就不作详细说明。

2.4.2 认知原因

标记模式形成的另一个重要原因跟人的认知方式有关。首先,认知心理学的研究已经表明,人类在认识世界的过程中建立的各种范畴大多是"典型范畴",而且人总是通过"典型范畴"来认识新事物。人的认识和推理过程具有单向性或不对称性,总是从典型成员(无标记项)出发认识和推导出非典型成员(有标记项),而不是相反。如果典型的人有头发,那么在同样条件下一般的人应该也有头发,没有头发的人就是非典型的人。(见 Lakoff 1987)

典型成员或无标记项具有认知上的"显著性"(salience),它们最容易引起人的注意,在信息处理中最容易被储存和提取,它们在人形成概念时最接近人的期待或预料。(见 Comrie 1986)用显著的事物来认识和推导非显著的事物,这是人的一般认知规律。假如你不了解佛教居士是什么样的人,而一个你很熟悉的邻居正好是佛教居士,你就会按你那位邻居的特点来理解一般的佛教居士。一架波音 707 飞机不久前坠毁,新闻广播大量报道,结果大家都避免乘坐这种型号的飞机,尽管这种飞机的安全纪录可能比其他飞机的还要好。

前文提到"主语>直接宾语>间接宾语>旁语"的语法等级,这个等级就有它的认知基础。充当这些句法成分的"语义角色"不是任意的，一般说来，典型的主语由"施事"充当，典型的直接宾语由"受事"充当，典型的间接宾语由"与事"充当，典型的旁语由"领事""处所""工具"等充当（见第九章）。因此上述句法成分的等级可以看作下列"语义角色等级"的抽象：

施事＞受事＞与事＞领事/处所/工具

这个等级实际上体现的是参与一个事件的不同语义角色在人们认知上的"显著度"等级，从左到右"显著度"依次递减。例如"施事"在一个事件中所起的作用最引人注目，"处所、工具"等引人注目的程度则最低。从大脑对语句的处理来看，主语的储存和提取最容易，旁语最困难。正是由于这个原因，在一些语言（如汉语）中，靠近等级右边的成分在"定语从句化"时必须用一个代词来复指，从而便于人对句子的处理和理解。（见第一章1.5节）

人类知觉的一个特点是，对越是熟悉的事物越是能感知它内部的差异，越容易将它分出不同的种类来。例如，没有怎么接触过东方人的西方人，觉得中国人、日本人、朝鲜人、越南人长得都差不多。养鸟的能手能分辨得出各种各样的鸟叫声，但一般人觉得鸟叫声都差不多。不仅感知是这样，人类造物也是这样。例如商店里贺年卡或生日卡的花色品种多得很，而祝贺教师节的贺卡就没有几个品种。可见，对事物的"熟悉度"跟事物的"多样性"相关，两者成正比关系。

对事物的"熟悉度"还与事物结构的"复杂性"相关，但两者成反比关系。越是常见或常用的东西我们把它的结构看得越简单，制造得越简单。不懂计算机的人觉得计算机的内部构造非常复杂，而内行则认为不过如此。一套婚纱跟家常穿的衣服比，构造上要复杂得多。上述两种相关可概括为：

越熟悉的事物,内部成员越多样,结构越简单。

越生疏的事物,内部成员越单调,结构越复杂。

语言中的标记现象正是反映了这两种认知上的相关。拿英语名词来说,单数名词用得多,所以结构较简单,不用加什么标志。单数名词内部的变化也较多,如第三人称代词单数有"he,she,it"的区分。复数名词用得少,所以结构复杂,多一个-s 标志。复数名词内部的变化也较少,第三人称代词只有"they"一种形式。(参看 Moravcsik & Wirth 1986)如按索绪尔的术语,这里所说的结构简单还是复杂,实际是指语言成分的"组合关系",所说的内部成员的多样和单调,实际是指语言成分的"聚合关系"。因此语言中的上述相关也就是有标记项和无标记项跟组合关系和聚合关系之间存在的相关:

无标记项:组合关系简单,聚合关系复杂。

有标记项:组合关系复杂,聚合关系简单。

这跟判别有无标记项的形态标准(见 2.3 节)是一致的,标记模式就是建立在这种以认知为基础的相关之上的。

人首先通过认识人体自身来认识世界,人的认知方式有它的物质基础或生理基础。(见 Johnson 1987)例如人对"容器/内容"这种关系的认识就是从人体开始的,通过呼吸、进食和排泄认识到人体是一个容器,是一个有边界因而有里外之分的东西。由此及彼,于是有了"杯子里""屋子外",甚至"故事里""书本外"这样的概念和说法。人体的构造就是不对称的,眼睛长在人体的上部和前面,因此通过视觉感知事物的方位,"上"和"前"相对于"下"和"后"是无标记项。(详见第八章 8.4.2 节)语音系统中的不对称在很大程度上是由发音器官构造的不对称决定的,人的口腔构造上下前后不对称,由此造成各部位互相协同发音能力的不均衡。(参看徐通锵 1990)

2.5 语言的演变和标记模式

语言处在不停的演变之中,一种语言所属的类型也是可以改变的,例如拉丁语的词序由灵活的 SOV(主宾动)型变成法语固定的 SVO(主动宾)型。历时语言研究把一种语言目前所处的状态(state)看作语言在演变过程中正经历的一个阶段(stage),因此考察标记模式的角度也有变化。共时语言学是着眼于标志的有和无,历时语言学是着眼于标志的出现和消失。从历时上讲,如前所述,附加标志总是先在有标记项上出现,然后才在无标记项上出现;当标志消失时,先在无标记项上消失,然后才在有标记项上消失。例如,总是复数先加标志,单数后加,单数的标志先消失,复数的后消失。这种标志隐现的时间先后正好跟儿童习得单复数的先后相一致,也跟失语症患者丧失单复数标志的先后相一致。对于"单数>复数>双数"这样的语法等级,从历时上讲,总是先有单数复数的对立,后有复数双数的对立,后一种对立先消失,前一种对立后消失。

正因为如此,我们可以根据语言共时的标记模式来预测语言的演变。(见 Hawkins 1991)例如我们把"单数⊃复数"这个蕴含通性(如果单数加标志,那么复数一定也加标志)表示为"P⊃Q",这就在共时平面上将语言类型限制在(a)(b)(c)三种,排除第四种(d):

(a) P & Q (复数和单数都加标志)

(b) ~P & Q (单数不加标志,复数加标志)

(c) ~P & ~Q (复数和单数都不加标志)

(d) *P & ~Q (单数加标志,复数不加标志)

根据这个模式,我们可以作出如下预测:如果一种语言在某一阶段处于"P & Q",那么一旦发生演变,先消失的必定是 P(单数的标志)。为什么?因为如果先消失的是 Q,就会出现"P & ~Q",而这样的语言类型不存在。演变规律是:

P & Q→~P & Q

*P & Q→P & ~Q

同样的道理,如果一种语言在某一阶段处于"~P & ~Q",那么发生演变时先出现的必定是 Q 而不是 P。

反过来,语言演变的规律可以用来解释共时语言学中的一些"例外",包括蕴含通性的"例外"。例如,2.2.2 节中讲到蕴含通性"AN⊃NumN"在四种逻辑上可能的类型中排除了第四种(d),即:

(a) AN & NumN

(b) NA & NumN

(c) NA & NNum

(d) *AN & NNum

但是在实际语言调查中发现属于类型(d)的语言还是存在的,只是为数极少而已。如何解释这些"例外"呢?按照标记理论,NA 可以与 NumN 或 NNum 共现,而 AN 一般只能与 NumN 共现,因此就名词和形容词的相对词序而言,NA 是无标记词序,AN 是有标记词序,Greenberg(1978)称 NA 为"主导"(dominant)词序;同样的道理,NumN 相对 NNum 是无标记词序或主导词序。另外,(a)和(c)里修饰语(A 和 Num)和中心语(N)的位置是一致的,要么都在前要么都在后,Greenberg 称之为"和谐"(harmonic)配置,(b)和(d)则是"非和谐"配置。历时类型学的研究发现,主导词序和和谐配置比较稳定,不易发生变化,而非主导词序和非和谐配置不大稳定,容易发生变化。(d)之所以数量极少是因为它极不稳定,不能长期存在,因为它既不像(a)和

(c)属于和谐配置,又不像(b)里的两个词序都是主导词序。这就是类型(d)存在但为数极少的原因。因此历时类型学在回答什么是可能有的语言类型时并不绝对化,可能不可能是个程度大小的问题,当某种类型的可能性降到零时也就彻底排除了这种类型。可见语言的类型演变规律可以对共时的标记模式作出新的解释。

正因为语言的历时演变能对共时的语言结构作出进一步的解释,而根据语言的共时标记模式又能对语言的演变作出一定的预测,因此现在又出现了把共时研究和历时研究结合起来的趋势。

现在把本章小结一下。在传统标记理论的基础上,新的标记理论的发展主要有两个方面,一是将"二分模式"变为多分的"相对模式",二是将"简单模式"变为"关联模式",合起来可以把新的标记模式称为"相对和关联模式"。这样的标记模式跟"蕴含通性""语法等级""典型范畴"这些概念都是相通的,可以对人类语言的变异范围作出限制,可以用来对一些重要的语法范畴作出跨语言的定义。标记模式的形成有语用上的原因,也有认知上的原因,人的认知方式又有物质基础和生理基础,这就从语言结构的外部找到了标记现象的解释。语言的历时演变也能对共时的标记模式作出解释,而共时的标记模式又能对历时演变作出一定的预测。

新的标记模式是跨语言比较研究的结果,主要是类型学意义上的标记模式,体现了各种语言的普遍倾向。具体说就是:如果有 A 项的语言也有 B 项,而有 B 项的语言不一定有 A 项,那么在类型学上 A 是有标记项,B 是无标记项。然而,这种跨语言的标记模式跟个别语言内部的标记模式是紧密相关的,前者实际是在后者的基础上归纳出来的。正因为如此,跨语言的标记模式对我们考察和研究个别语言的不对称现象有着指导性的意义。具体说就是,如果在类型学上 A 相对于 B 是有标记项,那么在某一特定语言中 A 相对于 B 一般也是有标记项。(见 Gundel, *et al.* 1986)下面我们将借鉴类型学在标记模式上的研究成果,运用"相对和关联模式"来描写和解释汉语语法中的种种不对称现象。

附 注

① 第九章将说明主语相对于宾语是无标记项。就格标志而言,汉语间接宾语和旁语一般要加介词标志,如"给""向"等,直接宾语和主语不加。其他语言的情况参看 Croft(1990:104)。

② 因为我们对意义的理解包括认知心理因素(见第一章1.3节),所以不必把认知标准单独列为一条。

第三章 肯定和否定的不对称

3.1 否定的有标记性

肯定/否定是语法中一对十分重要的范畴,许多语法现象都跟肯定否定有关。有的句子只有肯定形式,否定形式不合语法,例如"见一个爱一个",不说"见一个不爱一个";有的句子只有否定形式,没有肯定形式,例如"一字不识",不说"一字识"。语词的用法也是一样,翻阅《现代汉语八百词》,"多用于否定句"或"只用于肯定句"的用法说明随处可见。从逻辑上讲,肯定和否定是对称的:肯定的反面是否定,否定的反面是肯定。但是自然语言的肯定和否定不是完全对称的,经常出现的情况是,否定一个肯定句不一定得到一个否定的意思,例如,"留神别摔下来!"跟相应的肯定句"留神摔下来!"意思一样。本章讨论肯定句和否定句不对称的性质,从标记理论的角度论证,就肯定/否定这一范畴而言,肯定是无标记项,否定是有标记项。

先看以下例子:

(1) 甲:厂里最近有什么事吗?

　　乙:a. 王师傅买彩票中奖了。

　　　　b. 王师傅买彩票没有中奖。

甲的提问是中性的,并没有对回答所提供的信息类型(肯定/否定)作出什么限制,但是乙的肯定回答(a)听上去很自然,否定回答(b)听上去很不自然。甲在听到乙(b)的回答后多半会接着说:

(2) 甲:怎么,我没以为他买彩票中奖了呀!

这就是说,只有在乙认为甲很可能以为王师傅买彩票中奖的情形下(b)的回答才是合适的。这里肯定回答和否定回答呈现出不对称。为什么会有这种不对称?我们可以从句子提供的信息来看两者的区别。每一个陈述句都要提供一些新信息,但是肯定句和否定句提供的新信息的性质很不一样,区别在于:(用 P 代表一个命题)

肯定句提供的信息:在听者不知道 P 的情况下告诉他 P。

否定句提供的信息:在听者可能相信 P 或熟悉 P 的情况下否认或反驳 P。

以上乙(a)是在甲不知道王师傅头彩票中奖的情况下告诉他这件事,乙(b)是在乙认为甲可能相信王师傅买彩票中奖的情况下否认这件事。一般情形下,否定句总是"预先假设"相应的肯定句所表达的命题内容,"否定"作为一种言语行为,是对这个预先假设的命题加以否认或反驳。(参看 Givón 1978)在下面的对话中,骑车人的否定应答很自然,那是因为骑车人听到警察的命令后预先假设警察认为他违反了交通规则:

(3) 警察:嘿,你,把车推过来!

骑车人:我没违反交通规则呀!

否定句一般"先设"一个相应的肯定命题,这是指陈述句而言。在疑问句里情况复杂一些,但肯定和否定不对称的性质不变。袁毓林(1993)在考察否定和疑问时也注意到肯定和否定的不对称:

(4) 姥姥起床了? ↗

对。/起床了。

(5) 姥姥起床了吗？↘

　　＊对。/起床了。

(4)和(5)都是肯定形式的是非问句,(4)是句末升调表示疑问,(5)是句末降调加疑问词"吗"。(4)可以回答"对"或"起床了",(5)不能回答"对",只能回答"起床了",原因在于(4)的问话先设"姥姥多半起床了",而(5)没有这样的先设,它只是先设"姥姥或者起床了,或者还没起床",这个先设是中性的。要注意的是,如果把(5)的问话变为相应的否定形式,就可以用"对"作答：

(6) 姥姥没起床吗？↘

　　对。/没起床。

这是因为(6)的问话不再是中性的,它先设"姥姥多半没起床",也就是说,否定可以把原来肯定问句的中性先设"姥姥或者起床了,或者还没起床"变为有倾向性的先设"姥姥多半没起床"。因此否定的是非问句跟否定的陈述句情形正好相反,否定的陈述句先设一个相应的肯定命题,否定的是非问句先设一个相应的否定命题。这并不奇怪,恰恰证明通常情形下否定句先设一个相应的肯定命题,因为是非问跟否定一样都是对有关命题的"非肯定",疑问跟否定是相通的。(见第六章6.4节的进一步说明)"是非问+否定"就好比一个双重否定,因此能把先设的命题类型颠倒过来。

也可以这样来表述肯定句和否定句的区别：肯定句有两个没有明说出来的意思,一是听者不知道有关事情,二是说者知道有关事情。否定句则用否定形式明确说出另外两个意思,一是听者所相信的是错的,二是说者所知道的是对的。正因为如此,否定句常被认为是不太礼貌或令人不快的语句。因为暗示别人不知道某件事是一回事,而明确告诉别人他的想法错了那又是一回事。说话人对一个否定判断往往想

"留有余地",说得委婉一些,就是这个道理。例如英语通常用否定词移位的办法来使否定减弱:

(7) a. I don't believe he has come.

"我不认为他已经来了。"

b. I believe he has not come.

"我认为他还没有来。"

对"他已经来了"的否定,(a)要比(b)委婉得多,是通常的表达方式。汉语有类似的例子:

(8) 我不相信外国短期内能发现这个,更不可能确定理论。(《北京人:100个普通人的自述》)

"不相信能发现这个"的表达要比"相信不能发现这个"缓和一些,而"(相信)不能确定理论"的否定口气就比较强。关于否定的委婉表达规律详见第七章7.3节。

按照标记理论,在通常情况下,在肯定/否定这对范畴中,肯定是无标记项,否定是有标记项。从意义和使用条件来讲,自然语言在使用否定句时一般得先设一个相应的肯定命题。从使用频率上看,否定句的使用频率要大大低于肯定句。根据Givón(1984)的统计,英语学术论文中否定句只占5%,在小说中否定句也只占12%。汉语的情况没有统计过,估计跟英语不会有多少差别。从形态上看,否定句总是比相应的肯定句来得复杂,否定词就是一个多加的标志。从分布上看,有许多肯定句式如果改成相应的否定句都站不住或很别扭,例如:

表时间的状语

(9) 老李一来我就走。

? 老李一不来我就走。

(10) 等天气暖和了再回去。

　　？等天气没暖和再回去。

叙述文开头的存现句

(11) 昨天下午一位二十多岁的小姐走进我的办公室,……

　　？昨天下午一位二十多岁的小姐没走进我的办公室,……

(12) 我家门前有一棵枣树,……

　　？我家门前没有一棵枣树,……

特指疑问句

(13) 你把钥匙放在什么地方啦?

　　？你没把钥匙放在什么地方啦?

(14) 你在会上说些什么啦?

　　？你在会上没说些什么啦?

限制性定语

(15) 你昨天遇见的那个人是个演员。

　　？你昨天没遇见的那个人是个演员。

(16) 我正在看的那本书是他写的。

　　？我没正在看的那本书是他写的。

比较句

(17) 她说的比她唱的还好听。

　　？她不说的比她唱的还好听/?她说的比她不唱的还好听。

(18) 我做的跟他做的一样多。

　　？我没做的跟他做的一样多/?我做的跟他没做的一样多。

这些否定句听上去别扭的原因将在本章 3.4 节说明。吕叔湘

(1987a)一文指出,特指问很少用于否定句(除了问原因),是非问能用于否定句,但也很少。可以具体分析一下原因。先看特指问:

(19)？小李不在什么地方?

使用特指疑问词时一般有一个先设,例如"哪一个比较好?"先设"某一个比较好","小李在什么地方?"先设"小李在某个地方"。(19)是否定句,一方面要否定特指疑问词的这个先设①,一方面又要先设相应的肯定命题"小李在某个地方",即肯定这个先设,两者产生矛盾,因此只有在不预先设定肯定命题的特殊情形下才可以用否定形式的特指问。是非问也一样:

(20) a. 你认得这个人吗?
　　　b. 你不认得这个人吗?

(a)的意思是"我不知道你认不认得这个人,请你告诉我",(b)的意思是"我以为你认得这个人,但从你的表现看我的想法似乎错了,请告诉我是不是我错了"。因此(a)是一种"中性问",而(b)是"偏向问",对(b)的否定回答会使问者感到意外。"中性问"的(a)用得多,"偏向问"的(b)用得少,这是很自然的。第八章8.2.2节将详细说明"中性问"是无标记问句,"偏向问"是有标记问句。

有没有否定句不受限制肯定句反而受限制的情形?有。例如:(引自袁毓林1991)

(21) 搀他进来!　　别搀他进来!
　　　*跌下去!　　别跌下去!

这可以用"关联标记模式"来解释。否定不受限制肯定反而受限制的句式一定是一种特殊的句式,如动词为"非自主动词"的祈使句。命令别人做某事,接受命令的对象作为动作的施事一般总得有实施动作的自主性,例如对动作"搀"有自主性,可以搀可以不搀。"跌"是个非自主动词,动作的主体没有自主性,所以不说"跌下去!"。②自主的施事是典型的、无标记的施事,非自主的施事是不典型的、有标记的施事,这一点我们在第九章讨论主宾语的不对称时还要详细说明。在肯定/否定和自主/非自主这两个范畴之间存在如下的"标记颠倒"(见第二章2.2节):

无标记配对　　无标记配对

肯定　　　　　否定

自主　　　　　非自主

肯定相对否定是无标记项,自主相对非自主是无标记项,肯定和自主有一种自然的联系,构成一个无标记配对,否定和非自主也有一种自然的联系,构成一个无标记的配对。因此(21)并没有违背标记理论,恰恰是跟"关联标记模式"一致的。

"一字不识"之类的句子也属于汉语里特殊的句式,即受事充当主语的句子,肯定式"*一字识"反而受限制;如果受事作宾语,"不识一字"(否定)和"识一字"(肯定)都可以说。受事主语句带有被动语态的性质,因此是有标记的,这一点第九章还会详细说明。过去研究受事主语句忽略了一个重要现象,那就是否定句在受事主语句中不成比例地大幅度增加。曹秀玲(1997)一文研究受事主语句的功能和表现形式,其中例句摘自11部当代文学作品。共44个受事主语句中肯定句20个,否定句24个。摘自《围城》的例句共10句,8句是否定句,只有2句是肯定句。③考虑到语篇中否定句出现的平均比例极低(见上),按照"关联标记模式"可以说受事主语句跟否定之间有一种内在的联系。石毓智(1992)认为,表示极大量的词语多用于肯定句,表示极小量的词语多用于否定句。大和小作为一种反义关系,大是无标记项,小是有标记项(详见第八章),因此这也是一种标记的关联模式。凡是否定句不受限制肯定句反而受限制的所谓"例外"基本上都可以用这样的关联模式来解释,本书的目的就是要揭示这样的关联模式,类似的实例在其他章节中还会出现。

3.2 肯定句和否定句中名词宾语的所指

肯定句和否定句中名词宾语所指的区别也能证明否定句先设一个相应的肯定命题。

(22) 甲:你干什么去了?

　　乙:a. 我去看了一场电影。

　　　　b. 我去看那场电影了。

　　　　c. 我去看电影了。

在乙的三种回答中,动词"看"的名词宾语所指的状况不同:(a)里的"一场电影"一般是专指的(specific)和不定指的(indefinite);(b)里的"那场电影"既是专指的又是定指的(definite);(c)里的"电影"则一般理解为任指的(non-specific)。这三种不同的指称具体定义如下:(另参看陈平 1987)

a. 专指/不定指:说话人指某一场电影,听者不知道或不熟悉是指哪一场。

b. 专指/定指:说话人指某一场电影,听者知道或熟悉是指哪一场。

c. 任指:说话人没有指某一场电影。

(22)里(a)(b)(c)都是肯定句,如果把它们改成否定句,上述指称情形就会发生变化:

(23) a. ？我没去看一场电影。

　　b. 我没去看那场电影。

　　c. 我没去看电影。

在把(22)甲的问话理解为"责备"的前提下,(23b)和(23c)仍然可以说,(23a)却一般不说,除非"一"重读,表示"我连一场电影都没去看"的意思,但这时"一场电影"实际上已变成任指。如果专指某一场电影我没去看,(a)不是绝对不能说,但通常的表达方式是:

(24) 有一场电影我没去看。

也就是说,在否定句里,动词后带"一"的名词宾语通常失去了专指/不定指的意义。这还可以从代名词如何指代宾语名词上看出来:

(25) a. 小张在舞会上好像认识了一个外国人,小李好像也认识了一个。

　　b. 小张在舞会上认识了一个外国人,小李也认识了他。

(25a)里的"一个外国人"只能理解为任指,不同于(22a),这是因为(22a)是"现实句",这一句是"非现实句",有表示非现实的副词"好像"。④ 这个任指的名词宾语,后面只能用"一个"来指代它;(25b)跟(22a)一样是个"现实句",里面的"一个外国人"可以是专指/不定指,后面可以用代词"他"指代。但是变为否定句后,(25b)不能再用"他"来指代,说明"一个外国人"已失去专指/不定指义:

(26) a. 小张好像没在舞会上认识一个外国人,小李好像也没认识一个。

　　b. *小张没在舞会上认识一个外国人,小李也没有认识他。

在语言使用中有一条规律,一般总是先用肯定句引出一个专指/不定指成分,否定这个成分时则用定指的名词成分(如代词"他"):

(27) 那天舞会上来了一个外国人,小张没跟他认识。

然而在逻辑上并不是非这样表达不可,原因是语用上的:否定句预先假设相应的肯定命题,当然也就预先设定相应的名词性成分,即说话人认为听者对相应名词的所指是熟悉的,因此这个名词必须是定指的。总之,如前所述,否定句不是用来引入新信息和新的所指对象,而是否认或反驳已经引入的信息和所指对象。

3.3 肯定范围和否定范围的不对称

从信息传递的角度看句子的结构,陈述句一般包含两个部分:主语部分表达的是听者已经知道的信息,称为"已知信息"或"旧信息",谓语部分表达的是听者还不知道的信息,称为"未知信息"或"新信息",这已是一般的语法常识。否定大多是"部分否定",就是说,否定的范围一般只包括谓语部分表达的新信息,不包括主语部分表达的旧信息。例如:

(28) 老张没有参加那次会议。

除非主语"老张"有特殊重音,否定的范围一般只限于谓语部分。不仅如此,否定的范围还不包括句子中表达"预设"意义(见注①)的部分,即使这部分是谓语的一部分。例如:

(29) a. 她认出了昨天偷她钱包的那个人。
    b. 她没认出昨天偷她钱包的那个人。
(30) a. 老陈很后悔当初学的语言学。
    b. 老陈不后悔当初学的语言学。

"昨天有人偷她钱包"是句子(29a)的"预设","老陈当初学的是语言学"是句子(30a)的"预设",它们都不在否定的范围内,所以相应的否定句

(29b)和(30b)都保留了"预设"意义。"预设"意义的特性之一就是在通常情形下不被否定。(关于"预设"的定义和特性,见第四章4.4节。)

这就是说,肯定句的肯定范围总是比否定句的否定范围来得大,至少一样大。具体有三种情形。第一种是肯定句的肯定范围跟否定句的否定范围一样大,例如:

(31) a. 他去上海了。
　　 b. 他没去上海。

(a)可以是对"他干什么去了?"的回答,肯定范围是"去上海了",也可以是对"他去哪儿了?"的回答,肯定范围只是"上海"。相应的否定句(b)的否定范围也可以是"去上海了"和"上海"。第二种情形是肯定句的肯定范围跟否定句的否定范围一样小,例如:

(32) a. 他是故意这么说。
　　 b. 他不是故意这么说。

这里(a)的肯定范围和(b)的否定范围都只限于"故意"。第三种情形是肯定句的肯定范围大于否定句的否定范围,例如:

(33) a. 他使劲跑。
　　 b. 他没使劲跑。

(a)的肯定范围可以是"使劲跑"和"使劲",分别回答"他干了什么?"和"他怎么跑?",而(b)的否定范围通常只是"使劲",不包括"跑"。这种不对称可表述为:(逻辑符号⇒表示"衍推"⑤)

(34) a. 他使劲跑 ⇒ 他跑
　　 b. 他没使劲跑 ⇸ 他没跑

"他没使劲跑"的意思是:他跑了,但没使劲。谓语部分中的状语、补语、定语往往能"吸引"否定词,成为否定的"焦点",从而使预设的意义部分扩大,否定的范围缩小。(见沈开木 1985,饶长溶 1988)这样的例子还有不少,有些系连式中的前项也可看作后项的状语:

(35) 不照规则打分　　不由南京出发
　　　大门不朝西开　　不以你的名义照顾老同志
(36) 他不骑车上班　　别蒙着头睡觉
　　　她不指着丈夫花钱　　别看领导脸色行事

补语和定语"吸引"否定词的例子如下:

(37) 他没有踢坏门。(踢了门,但门没有坏)
　　　我没吃错药。(药吃了,但没错)
　　　箱子别装满。(要装,但别满)
(38) 他已经不算我们单位的人了。
　　　不拉着自己的车,祥子不甘心。

状语、补语和定语一般不是构成谓语所必需的(obligatory)句法成分,它们一旦在否定句谓语中出现就成为语义重点,容易"吸引"否定词。从信息传递的角度看,如果想要表达的意思是他没有跑(包括没有使劲跑),那么只须说(39)即可:

(39) 他没有跑。

说(33b)是一种浪费,违背了信息传递的"适量准则"。(关于"适量准则"的具体内容见第四章 4.2 节。)(33b)要有信息价值的话,"跑"一般不在否定范围之内。已知信息(一般由主语传递)和预设意义不是句子负载信息的重点或"突出"部分。正好比平面上凸起的部分容易被抹去,不凸起的部分不易被抹去一样,在否定某些信息时一般也是否定突出的信息。(见 Wilson & Sperber 1979)当然,在一定条件下,已知信息和预设意义也可以被否定,下一章再详细说明。

总之在肯定和否定的范围上除了上述三种情形,不可能再有第四种情形,即肯定句的肯定范围小于否定句的否定范围。这从逻辑上无法作出解释,只能从否定相对于肯定的有标记性来解释。

3.4 信息流中的肯定句和否定句

还可以从超句子的语篇如何传递信息的角度来解释肯定句和否定句的不对称。在叙述文中,陈述句要叙述事件的进展,不断提供新情况,通常使用的是肯定句而不是否定句。因为如前所述,作为一种言语行为,否定的作用不是提供新信息,而是否认或反驳听者或读者可能持有的信念。如果听者想知道图6中当中一块的颜色,用肯定还是否定表达结果不一样。

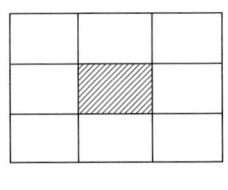

图6

(40) a. 当中一块是黑的。

b. 当中一块不是白的。

听到(a)后一定会感到满足,听到(b)就会不满足,觉得没有得到足够的信息,不是黑的可以是其他颜色,究竟是什么颜色? 这就可以解释上面(9)-(18)诸例中否定句听上去别扭的原因。拿时间状语来说(见以上例(9)(10)),"老李一来"表示某一动作在某一时刻发生,出现了新情况,是新信息,而"老李一不来"则谈不上有一个发生的时刻,因而一般并不叙述事情的进展。否定句要叙述事情的进展要有一定的条件,比如在知道老李经常不来的情况下,"老李一不来我就走"这句话才比较自然。叙述文开头的存现句在话语中首次引入一个事件中的人或物,所以一般为肯定句。(见以上例(11)(12))"昨天下午一位二十多岁的小姐没有走进我的办公室",这句话提供的信息一般在意料之中,因为那个下午没有走进我办公室的人数不胜数,何止某一位小姐。如果在特殊的上下文里说这句话,例如,昨天本来应该有五个人来找我谈公事,结果其中一个,而且是比较重要的一个没有来,这句话就很自然;然而在叙述文的开头不可能有这样的上下文。再拿(13)来说,处所词一般表示事物的"所在之处"而不是"不在之处"。钥匙所在的地方只有一处,不在的地方则到处都是。但是如果我已经找了十个地方,知道钥匙不在哪些地方,但仍不知它在哪里,说"你没把钥匙放在什么地方?"就是很自然的了。最后,比较句总是比较存在的事物和性质,不存在的事物和性质不能作为比较的标准。(见例(17)(18))如果甲根本不会跳舞,说乙跳舞跳得比甲好是没有意义的。只有在非常特殊的情况下"我没做的跟他做的一样多"才是可以说的。

　　从听者理解句子或处理信息的角度说,肯定句比相应的否定句处理起来容易,这已经得到实验心理学的证明。例如,

(41) 24 是个奇数。

(42) 57 不是偶数。

　　在相同条件下,被试人判断(42)这样的否定句是真还是假要比判断(41)这样的肯定句的真假平均慢半秒钟。(见 Wason 1959,1961)正因为否定句的意思包含一个肯定的先设和对这个先设的否定,处理否定句的心理操作步骤就要比处理相应的肯定句复杂。当甲对乙说"王师傅买彩票没有中奖"时,要判断这个句子的真假,乙先得判断甲持有的先设——即他认为乙相信王师傅买彩票中了奖——是真是假。如果乙确实相信

这件事,那么甲的先设为真,既然甲否定这个先设,说明那句话为假。如果乙并没有相信这件事,那么甲的先设为假,既然甲否定这个先设,说明那句话为真。这样的判断过程当然要比判断肯定句的真假慢得多。

我们也可用认知心理学中"图像"(Figure)和"背景"(Ground)这对概念来解释语篇中肯定句和否定句在信息地位上的差别。在上面图6中,当中那块黑的突出在白色之上,它显得与众不同,吸引人的注意,具有一种"意外值",因此是"图像",大片的白色则是起衬托作用的"背景"。"图像"突出在"背景"之前,是人们感知事物时注意的中心,如舞台上的人物出现在舞台背景之前,是观剧者注意的中心。事件的发生,情况的变化,事情的出乎意料,这些新信息都容易引起人的注意,相当于"图像",而没有事件发生,情况没有变化,事情在意料之中,这些都不易引起人的注意,都是"背景"。肯定句在信息流中提供的是"图像"信息,否定句一般只提供"背景"信息。[6]

肯定和否定的这种不对称性质可以用来解释许多词语的不对称用法,例如"巴不得"和"恨不得"这两个短语都表示希望实现什么,但"巴不得"后面的宾语可以是否定式,"恨不得"的宾语却不能是否定式(见《现代汉语八百词》47页):

(43) 我巴不得去那儿　　我巴不得不去那儿
　　 我恨不得去那儿　　*我恨不得不去那儿

"巴不得"表示所希望的是可能做到的事,而"恨不得"表示所希望的是不可能做到的事。"我去那儿"可以是我可能做到的事,也可以是我不可能做到的事,所以"去那儿"既可做"巴不得"的宾语又可做"恨不得"的宾语。而"我不去那儿"则一般不会是我不可能做到的事。要做什么事(肯定)总有做不到的可能,而不做什么事(否定)一般没有做不到的可能。所以"恨不得"的宾语不能是否定式。(我们在第五章还要专门讨论"差不多"和"差点儿"两个词语的不对称用法。)

现在把本章的内容小结一下。根据使用频率、分布范围、组合形态等标准,都得出否定句相对于肯定句是有标记项的结论。某些看上去违背分布标准的现象(否定句不受限制肯定句受限制),实际体现的是"关联标记模式"。从意义和使用条件来讲,说出一个否定句时总是先设一个相应的肯定命题(并且否认或反驳这个肯定命题)。先设一个肯定命题也就先设相应的指称对象,由此造成肯定句和否定句名词宾语的指称差别。肯定句的肯定范围一般大于否定句的否定范围,这也表明否定句的有标记性。从信息的连续传递来看,肯定句的作用是不断提供事件进展的信息,这种信息具有认知上的"显著性",否定句的作用主要不是提供事情变化的信息,而是提供背景信息。

附　注

① "先设"跟下面3.3节和第四章4.4节讨论的"预设"有所差别,"预设"在句子被否定后一般仍然保留,而特指疑问词的先设在句子被否定后不再保留。

② 关于自主动词和非自主动词的对立,见马庆株(1988)。

③ 这8个否定句是:咱今天的晚饭吃不成了;这事的内幕我全不知道;鸿渐这孩子,我今后管不到他了;这话别说出去;照片也不寄一张;家丑不但不能外扬,而且不能内扬;菜也不如他会点。2个肯定句是:所有的痛苦都提出来了;教授待遇呈报上去,一定要驳下来的。

④ "现实句"和"非现实句"的区别见第六章6.4节。

⑤ "衍推"的定义和性质见第四章4.3节。

⑥ 一定条件下心理上的"图像"和"背景"可以颠倒过来,详见第五章5.2.2节。

第四章　无标记否定和有标记否定

4.1　两种否定

我们在第二章提到,有无标记的对立存在于语言的各个层面和各个方面。肯定和否定是无标记和有标记的对立,而在否定这个范畴内部,也有无标记和有标记的对立。本章要说明,有两种不同性质的否定,一种否定的是真值条件,一种否定的不是真值条件。前者是无标记否定,后者是有标记否定。[①]这两种否定的不对称是由语用因素决定的。

先来考察一种肯定和否定的对立在一定环境里似乎消失的有趣现象。

(1) 甲:老郭有三个儿子?

　　乙:a. 是的,他有四个儿子呢。

　　　　b. 不,他有四个儿子。

回答都是老郭有四个儿子,但(a)用的肯定形式"是的",(b)用的否定形式"不",肯定和否定的对立似乎在这里消失了。仔细推敲会发现,甲的问话其实可以有两种理解,一种是问老郭是不是"至少"有三个儿子,乙(a)就是针对这一意思回答的;另一种是问老郭是不是"只有"三个儿子,(b)就是针对这一意思回答的。我们因此可以说"老郭有三个儿子"中的"三个"可以有两种理解,一个意思是"至少三个",我们把它叫作"三个"的下限义;一个意思是"只有三个",我们把它叫作"三个"的上限义。能不能说数词"三"是一个歧义词?不行。因为语言中大多数表示数量或程度的词语都会有一个下限义和一个上限义,不能把它们都算作歧义词。例如表示天气冷热程度的"暖和":

(2) 甲:今天天气暖和吗?
　　乙:a. 暖和,还有点热呢。(肯定的是"至少暖和,不冷"的意思)
　　　　b. 不是暖和,还有点热。(否定的是"只是暖和,不热"的意思)

一件事是可以做、应该做还是必须做,这是个情态上的程度问题,"应该"这个词也有两个意思:

(3) 甲:我应该参加吗?
　　乙:a. 对,你还必须参加。(肯定的是"至少应该"的意思)
　　　　b. 不,你是必须参加。(否定的是"只是应该,不是必须"的意思)

对这样的数量或程度词语的否定会呈现一种不对称,Jespersen(1924)的《语法哲学》中就指出,语言的"一般规则"是"不"(not)表示"少于、低于"(less than),不表示"多于、高于"(more than),例如,"不暖和"是低于暖和(冷)的意思,而不是高于暖和(热)的意思,虽然从逻辑上讲这两种意思应该有同等的(对称的)可能性。但 Jespersen 又指出,"不"有时候也可以"例外地"表示"多于、高于"的意思,例如(1)(2)(3)中的(b)。这就是说,语言实际上有两种否定,一种是符合"一般规则"的,即否定数量或程度词语的下限义,一种是"例外的"或特殊的,即否定数量或程度词语的上限义。按照标记理论,前一种符合"一般规则"的否定是无标记否定,后一种特殊的否定是有标记否定:

无标记否定	有标记否定
"不暖和"表示"冷",否定的是"暖和"的下限义"至少暖和"	"不暖和"表示"热",否定的是"暖和"的上限义"只是暖和"

在下面这些成对的否定句中,(a)都是无标记否定,(b)都是有标记否定:

(4) a. 这些话你会上不应该说。

　　b. 这些话你不是应该说而是必须说。

(5) a. 她长得不漂亮。

　　b. 她长得不是漂亮而是绝顶漂亮。

(6) a. 他不喜欢打麻将。

　　b. 他不是"喜欢"打麻将——都走火入魔了。

(7) a. 我不同意他出国。

　　b. 我不是同意而是竭力主张他出国。

从使用频率上看,有标记否定句大大低于无标记否定句。据我们对43万字材料的统计(《北京人——100个普通人的自述》),有标记否定句不超过20句,而无标记的否定句是大量的。在形式上,有标记否定句有一些额外的标志,汉语一般要在"不"后加"是"字,说成"不是",如(4)-(7)各例(b)所示。如果不加"是",往往是为了取得一种戏谑的效果,例如:

(8) 甲:[对我的能力]你是半信半疑。

　　乙:我不半信半疑——我是完全怀疑。(姜昆、唐杰忠相声:歌与舞)

如果不是说相声,乙的话"半"字一般带有特殊的语调,书面则常加引号。有时候被否定的成分前面加上一个虚指的"什么":

(9) 我可不是什么半信半疑,我是完全怀疑。

他不是什么"喜欢"打麻将,他都走火入魔了。

英语里用于有标记否定的否定成分也受一定限制,否定词缀不能这么用:

(10) Around here we don't like coffee——we love it.

* Around here we dislike coffee——we love it.

"这里的人对咖啡不是喜欢,而是嗜爱。"

(11) It's not possible for you to leave now——It's necessary.

* It's impossible for you to leave now——It's necessary.

"你现在不是可以走了,你是非走不可。"

无标记否定可以单独成句,有标记否定不能单独成句,后面要有一个接续的表示申辩或解释的肯定小句:

(12) a. 今天天气不暖和。(无标记否定)

b. 这天气不是"暖和",是"炎热"。(有标记否定)

此外,汉语的无标记否定可以有"~p,但q"和"~p,而q"两种形式,而有标记否定只有"~p,而q"一种形式。这跟无标记项的聚合形态一般比有标记项丰富这一判别有无标记的标准是一致的。(见第二章2.3节)例如(13)(15)无标记否定和(14)(16)有标记否定的比较:

(13) 这不是个关系到原则的大问题,但是个一般问题。

这不是个关系到原则的大问题,而是个一般问题。

(14) *这不是个一般问题,但是个关系到原则的大问题。

这不是个一般问题,而是个关系到原则的大问题。

(15) 我不是一直在上海住,但是在上海住过几年。

我不是一直在上海住,而是在上海住过几年。

(16) *我不是在上海住过几年,但是一直在上海住。

我不是在上海住过几年,而是一直在上海住。

在德语和西班牙语等语言中也有完全类似的情况,例如德语(17)和对应的西语(18):(参看 Anscombre & Ducrot 1977)

(17) a. Das ist nicht sicher, aber(但)/sondern(而) das ist wahrscheinlich.

"不是肯定如此,但/而是多半如此。"

b. Das ist nicht bewusst, sondern(而) ganz automatisch.

"不是自觉的,而是完全自动的。"

(18) a. No es cierto, pero(但)/sino(而) es probable.

b. Eso no es consciente, sino(而) totalmente automático.

有标记否定(b)只能用 sondern/sino,不能用 aber/pero,而无标记否定(a)两者都能用。这也说明有标记否定的分布要受一定的限制。这样一些不对称现象都跟判定有无标记项的标准相吻合。

4.2 适量准则

下面我们用"适量准则"来解释两种否定的不对称,也就是要说明为什么一般的否定(无标记否定)是否定数量和程度词语的下限义而不是上限义。

按照 Grice(1975[1967],1978),"适量准则"(Maxim of Quantity)是一条普遍适用的语用原则——合作原则——中的一条次则,因此先要说明一下什么是"合作原则"(Cooperative Principle)。会话中的"合作原则"是指,语言交流的参与者根据交流的意图和交流的环境采取互相合作的态度。合作的方式是多样的,具体要遵循四条准则:

a. 真实准则(Quality):要说真话,不说假话和无根据的话。

b. 适量准则(Quantity):提供的信息要适量,不多也不少。

c. 相关准则(Relevance):说跟话题有关的话,不说无关的话。

d. 方式准则(Manner):说话要清楚明了,简洁而有条理。

一般情形下,不仅说话人总是遵循"合作原则",听话人也总是相信说话人不会违背"合作原则",而且说话人也知道听话人相信自己总是遵循"合作原则"的。有些话表面上看好像是说话人违背了"合作原则",实际上是说话人在"利用"这一原则来传递某种言外之意。举例来说:

(19) 甲:这家公司要找个打字员。

乙:小李是大学毕业。

乙说的话似乎跟甲说的话不相关,但是按照"合作原则"中的"相关准则",乙是不会说不相关的话的,甲相信这一点,乙也知道甲相信这一点,所以乙说这样的话一定是在传递某种言外之意,比如说,小李当打字员是大材小用。究竟是哪一种言外之意,当然还要根据具体的语言环境(以下简称"语境")来确定,如普遍受教育的程度,这家公司的招聘条件,等等。

下面集中说明会话的参与者如何根据"适量准则"来传递和推导一种跟量有关的隐涵义。"适量准则"包含两个方面,一是提供的信息要"足量",一是提供的信息"不过量"。这两个方面并不是同等重要的,"足量"是第一性的,"不过量"是第二性的。这就好比买卖东西,一般情况下过秤时"足量"比"不过量"更重要。讨论"适量准则"的文献从一开始就集中讨论"足量"的一面,就是这个道理。下面讲"适量准则"主要是讲"足量准则"。[②]

(20) a 老郭有三个孩子。

b 老郭只有三个孩子。

当某人说出 a 时，人们一般理解为老郭只有三个孩子，也就是说，说话人是在传递 b 这样的隐涵义，听者也会推导出这一隐涵义。为什么？因为按照"适量准则"，如果老郭有不止三个孩子，说话人还是说 a 的话，那就没有提供足量的信息。然而说话人是不会违背"适量准则"的，听话人相信这一点，说话人也知道听话人相信这一点，所以一般情形下 a 隐含 b。这个隐涵义的传递和推导跟上面例(19)有一点区别，(19)传递和推导隐涵义时还要考虑具体的语境，而(20)传递和推导的隐涵义不需要凭借具体的语境。不过，都要凭借"合作原则"这一点，(19)和(20)是共同的。

概括地讲，"适量准则"涉及一个"量级"(scale)，[③]同一范畴的成员往往可以按它们的数量或程度大小排列起来，例如：

<总是,经常,有时>
<热,暖和,冷>
<全都,许多,有些>
<n,…,4,3,2,1>
<肯定,很可能,也许>
<必须,应该,可以>
<嗜爱,喜欢>
<主张,同意>

这些"量级"中的各项是按数量或程度从大到小排列的。可以这样来表达"适量准则"的运用：

如果所说的话涉及一个由大到小排列的量级<$X_1, X_2, X_3, \cdots, X_n$>，那么说出 X_2 时隐含着 $\sim X_1$，说出 X_3 时隐含着 $\sim X_2$ 和 $\sim X_1$；依次类推，说出 X_n 时隐含着 $\sim X_{n-1}, \sim X_{n-2}, \cdots, \sim X_1$。

说得通俗一点就是，说出量级上的某一项时隐含着该项左边的各个较大或较强的项不成立。例如,就上面的一些具体量级而言,说出"暖和"隐含着"不热",说出"应该"隐含着"不必",说出"三个"隐含着"只有三个",说出"同意"隐含着"不主张",等等。第一章开头提到英语否定前缀构词上的不对称,例如跟 not some 对应有 none 一词,而 not all 则没有对应的 *nall 一词。这是上述语用量级在构词法上的体现,具体是一条"羡余规则":如果一个概念在会话中可以按"适量准则"和上述量级推导出来,如 not all "不是全部"的意思可以从 some "有些"中推导出来,那么这个概念就不需要用一个独立的词来表达。(见 Horn 1972)

4.3 "衍推义"和"隐涵义"的否定

根据会话的"合作原则"传递和推导的隐涵义跟句子固有的意义有着本质的区别。为了避免互相混淆,Grice 给这种隐含意义专门起了个名称"会话隐涵义"(conversational implicature),简称"隐涵义"或"隐涵"。句子固有的意义叫作"衍推义"或"衍推"(entailment),实际上就是句子的真值条件(truth-conditions),也就是使句子表达的命题成真的条件。衍推义的定义是:

> 当且仅当在所有情况下 A 为真 B 也为真时,A 在语义上衍推 B。这就是说,如果 A 为真,B 一定也为真;如果 B 为假,A 一定也为假。但如果 B 为真,A 不一定为真。

按照这个定义,下面的 B 都是 A 的衍推义,即 A 衍推 B:

(21) A 我要一匹白马
　　 B 我要一匹马
　　 A 老郭有三个孩子
　　 B 老郭有孩子

A 小王跟小张结婚了
B 小王结婚了

衍推义是一种纯逻辑推导义,它是句子固有的、稳定不变的意义成分。隐涵义则不是通过纯逻辑推理推导出来的,它不是语句固有的、稳定不变的意义成分。"A 隐涵 B"的定义是:

如果 A 为真,B 一般也为真,但在特殊的语境里可以为假;如果 B 为假,A 严格地讲不失为真,只是说话人在知道 B 为假的情形下还说 A 是违反了语言交流的"合作原则"。

仍以(20)为例,如果"老郭有三个孩子"为真,一般来说,"老郭只有三个孩子"也为真;但如果遇到这样的语言环境:政府规定至少有三个孩子的家庭才可以领取生活补贴,而老郭家有四个孩子,这种情形下如果说"老郭有三个孩子",隐涵义"老郭只有三个孩子"就不再为真。反过来,如果老郭家有不止三个孩子,即"老郭只有三个孩子"为假,那么"老郭有三个孩子"仍不失为真,只是说话人在知道老郭有不止三个孩子时还这么说是违反了"适量准则"。

隐涵义跟衍推义的第一个区别就是隐涵义的"可消除性",即在特定的语境里可以被推翻。衍推义是不可被消除的,一旦被消除就会产生语义矛盾。试比较:

(22) 老郭有三个孩子,还不止三个。(消除隐涵义并不产生语义矛盾)

*老郭有三个孩子,其实没有孩子。(消除衍推义产生语义矛盾)

隐涵义跟衍推义的第二个区别是隐涵义的"可追加性",即可以明确地补说出来,由隐晦而变得显豁。衍推义不具有"可追加性",如果

追加上去就会产生语义重复。试比较:

(23) 老郭有三个孩子,只有三个。(追加隐涵义并不产生语义重复)

? 老郭有三个孩子,有孩子。(追加衍推义产生语义重复)

如果我们把语义学的范围限定为研究句子内在的、固定不变的意义,即句子的真值条件,把语用学的范围限定为研究句子外在的、随语境而变化的意义,那么衍推义是语义学研究的对象,隐涵义是语用学研究的对象。

到此我们可以明白,对数量和程度词语来说,下限义是它们固有的含义,或叫作衍推义,而上限义则是靠"适量准则"推导出来的隐涵义,这样我们就不必将语言中的数量程度词语都说成是歧义词。隐涵义在特殊的情形下才可以被消除,也就是可以被否定。换句话说,语言中的否定,否定句子的衍推义是"无标记否定",否定句子的隐涵义是"有标记否定"。这就解释了 Jespersen 指出的否定范围的不对称现象,即被否定的一般是数量或程度词语的下限义而不是上限义。归根结底,这种不对称是由语言使用的规律,具体说就是"合作原则"所决定的。下面一些实际例子,都是否定按"适量准则"推导的隐涵义:

(24) ……不是什么"有点儿不合适",而是十分冒昧,十分唐突,十分荒谬。(谌容《懒得离婚》)

(25) 他希望,不,他主张我和油田的一个什么人对换工作。(桑晔,张辛欣《北京人》)

(26) 她丢了脸,不,不但丢了脸,而且就得认头作个车夫的老婆了。(老舍《骆驼祥子》)

(27) 朋友们都说这面好吃,不对,是非常非常的好吃。(统一牌方便面电视广告词)

(28) 一年老令君大书县治之前,曰"三不要",注之曰:"一不要钱,二不要官,三不要命。"次早视之,每行下添二字:"不要钱"曰"嫌少","不要官"曰"嫌小","不要命"曰"嫌老"。(《筠廊偶笔》)

最后一例,显然这位县长大人用的是无标记否定,添字者是按有标记否定来理解的。

下面一些实际例子里被否定的是按"方式准则"推导出来的隐涵义:

(29) 中国足球健儿没有屡战屡败——他们是屡败屡战。(中央电视台体育评论)

(30) 我不是为了建立家庭才结婚的,是结了婚才有家庭的。(谌容《懒得离婚》)

(31) 王文成公封新建伯,戴冕服入朝,有帛蔽耳。某公戏曰:"先生耳冷?"公笑曰:"我不耳冷,先生眼热。"(冯梦龙《古今笑》)

(32) 去年崔兴汉去苏联访问,宾馆的一位服务员说:"我看您像日本人。"他纠正她:"不,应该说日本人像中国人!"苏联姑娘可能至今也不知个中的微妙区别。(金河《黄桃》,《东北作家》1988.2)

"方式准则"的内容之一是要求说话时按谈话的目的和需要在先说后说、顺说逆说、正说反说之间选择适宜的表达方式,不同的方式有不同的隐涵义。拿最后一例来说,从真值条件讲,甲像乙为真,则乙像甲也为真。但语序的差别有一定的隐涵义,"中国人像日本人"是以日本人为标准,"日本人像中国人"是以中国人为标准,这就是"个中的微妙区别"。

4.4 "预设义"的否定

除了衍推义和隐涵义,句子还可以有一种意义,叫作"预设"或"预设义"(presupposition)。预设义跟衍推义的区别在于,预设义在句子被否定之后一般仍然保留不变。④下面是几种常见的预设义:(B 是 A 的预设义,即 A 预设 B)

(33) A 张三的妻子病了/没有病。
    B 张三有妻子。
(34) A 张三后悔/不后悔搞语言学。
    B 张三搞了语言学。
(35) A 张三已停止/没有停止服药。
    B 张三服过药。
(36) A 离婚之前张三哭了/没有哭。
    B 张三后来离婚了。
(37) A 要出卖你的是/不是张三。
    B 有人要出卖你。

既然预设义具有在句子被否定后仍然保留的性质,似乎可以用如下的衍推关系来定义预设义:(~是表示否定的逻辑符号)

$$A \text{ 预设 } B = \begin{cases} A \text{ 衍推 } B \\ \sim A \text{ 衍推 } B \end{cases}$$

如果采用这样的定义,就得对语义理论中的逻辑系统作全盘的调整,即将二值逻辑改变为三值逻辑。根据二值逻辑,预设义 B 永远为真。但是我们还需要考察预设义为假的情形。当 B 为假时,按照 Strawson(1952)的观点,A 为第三个逻辑值"不真不假"。如果作出这样的调整后确能解决预设问题,采用三值逻辑也未尝不可,然而,问题在于预设义又跟隐涵义一样具有在特定语境里可以被推翻的特性("可消除性")。如前所述,衍推关系是一种固定不变的语义关系:如果 A 衍推 B,那么在凡是 A 为真的场合 B 也必定为真。然而,当 A 预设 B 时,A 真 B 不一定永远为真,在一定情况下 B 可能为假(即被消除)。首先,当人们的常识跟预设矛盾时,预设义不复存在,例如下面这句话(比较(36) A)不再预设"张三后来离婚了",因为谁都知道死者不能有离婚的举动:

(38) 离婚之前张三死了。

其次,一定的上下文也能使预设义消除,(37) A 的否定式出现在下面的上下文中不再预设(37) B:

(39) 你总以为有人要出卖你,但是要出卖你的不是张三,也不是李四,更不是王五,其实谁也不想要出卖你。

最后,交谈双方的共同知识也能使预设义消除。如果双方都知道张三搞的是文学而不是语言学,那么下面这句话(比较(34) A)就不再预设(34) B:

(40) 张三才不后悔搞语言学呢。

下面是一个经常被引用的典型例子,充分说明预设义的"可消除性":

(41) a. 如果总统邀请沃利斯太太去了白宫的话,他一定后悔还邀请了一位黑人斗士。

b. 如果总统邀请戴维斯去了白宫的话,他一定后悔还邀请了一位黑人斗士。

从上面例(34)得知,"后悔某件事"预设"某件事"的存在,因此

"总统邀请了一位黑人斗士"是"总统后悔邀请了一位黑人斗士"的预设义。然而这个预设义在(a)里成立,在(b)里不成立。因为凡是熟悉美国20世纪70年代政治的人都知道,沃利斯是出名的种族主义者,而戴维斯是著名的黑人民主斗士。所以(a)里的"黑人斗士"不大可能指沃利斯太太,而(b)里的"黑人斗士"多半指戴维斯。由于前面出现了"如果……"假设从句,上述预设义在(b)里被消除。正是这种背景知识决定了预设义的取舍。

既然预设义也具有"可消除性",是否可以说预设义的性质跟隐涵义一样呢?不完全是。首先,预设义跟衍推义一样是不可追加的,追加后会有语义重复的感觉:

(42) ? 张三的妻子病了,张三已经结婚了。

? 张三后悔搞语言学,他搞的是语言学。

其次,预设义虽然在特殊的语境里可能消除,但还得承认,在一般情形下简单肯定句的预设义是不能明言消除的,例如下面的话在语义上都前后矛盾:

(43) *张三的妻子病了,但张三没有结婚。

*张三后悔搞语言学,但张三没搞语言学。

*张三已停止服药,但张三没有服过药。

*要出卖你的是张三,但没有人要出卖你。

而隐涵义总是可以明言消除的(见例(22))。这样看来,预设义的性质介于衍推义和隐涵义之间,它的不可追加性和在一般情形下的不可消除性类似于衍推义,它在特殊情形下的"可消除性"类似于隐涵义。预设义的这种两面性在 Leech (1981) 对预设的定义中表现得极明显:

$$A \text{ 预设 } B = \begin{cases} A \text{ 衍推 } B \\ \sim A \text{ 在会话中隐涵 } B \end{cases}$$

过去在讨论句子的一种意义时,要么说它属于句子固有的意义(衍推义),要么说它属于句子非固有的意义(如隐涵义),现在明白,是不是句子固有的意义其实是一个程度问题。在完全固有的句义和完全非固有的句义之间有广阔的中间地带,预设义就处在这个中间地带。(参看沈家煊 1990)即使是隐涵义,前面说过,有的隐涵义的传递和推导要凭借具体的语境,有的隐涵义的推导不需要凭借具体的语境,因此这两种隐涵义在固有性上也有程度的区别。

因为句子的预设义一般不在否定的范围之内,在特殊的情形下才可以被否定,所以预设义的否定跟隐涵义的否定一样是"有标记否定"。我们在第三章 3.3 节已说明,预设义一般不在否定的范围之内,就是这个道理。下面是一些否定预设义的例子:

(44) 鲍小姐谈不上心和灵魂。她不是变心,因为她没有心。(钱锺书《围城》)

(45) ……想了好久,决定写"牛天赐传"。为什么?不能说,说破就不灵了。内容?还是不能说,没想出来呢。(《老舍幽默文集》)

(46) [坐火车逃难]上哪儿去呢?不,还不是上哪儿去的问题,而是哪里有火车呢?(同上)

(47) 有益的,有害的,受欢迎的,不受欢迎的,她都不觉得是灰色的。世界本来就是灰色的。(谌容《懒得离婚》)

有一则笑话,在餐厅里顾客对服务员说:"这碗汤我不能喝。"服务员换上一碗汤,顾客仍然说这碗汤他不能喝,于是又换上一碗,还是说不能喝。问:"为什么不能喝?"答:"因为没有勺。"之所以可笑是因为顾客实际否定的是通常情形下不予否定的预设。这个笑话说明只有在特殊情形下预设义才可以被否定。

除了否定隐涵义和预设义外,有标记否定还常常否定风格或色彩上的含义,这种隐涵义当然也不属于句子的衍推义(真值条件),例如:

(48) 我们没有"接吻"——我们"亲嘴"来着!

(49) 他不是什么"非正常死亡"——他是自杀!

(50) 这一吵吵得店主来了,肉里另有两条蛆也闻声探头出现。……店主取出嘴里的旱烟筒,劝告道:"这不是虫呀,没有关系的,这叫'肉芽'——'肉'——'芽'。"(钱锺书《围城》)

还可以否定语音或语法上的差错,这当然跟衍推义毫无关系,例如:

(51) 爸,你又买了两袋 péi 陵榨菜呀?
我没买 péi 陵榨菜——我买的涪(fú)陵榨菜。

(52) 哦,你有便秘(mì)。
我没有便秘(mì),我有便秘(bì)。

(53) 你用这根笔写吧!
我不用这"根"笔写,我用这"支"笔写。

以上各种有标记否定都不是否定句子的真值条件(衍推义),而是否定语句使用的"适宜条件"(felicity conditions),例如(24)是在实际很不合适的情况下否定说"有点儿不合适"的适宜性,(29)是否定"屡战屡败"这种表达方式的适宜性,(44)是否定说"鲍小姐变心"的适宜性,(49)是否定用"非正常死亡"来指称"自杀"的适宜性,(53)是否定"这根笔"这种说法的适宜性。自然语言交际受"合作原则"的支配,也就是说,说话人一般总是满足说话的"适宜条件",因此对"适宜条件"的否定就是一种特殊的、有标记的否定。

4.5 语序和否定辖域

一般而言,句子中被否定的成分总是出现在否定词的后面,如果出现在否定词的前面,那就要加标志,例如加特殊重音:

(54) 他不吃羊肉。
　　　'羊肉他不吃。

"他们没都去"和"他们都没去",前者副词"都"在"没"的后面,因此"都"在否定的范围之内,或者说"都"在否定词"没"的"辖域"(scope)之内;后者"都"在"没"的前面,因此"都"不在否定词"没"的辖域之内,相反,把"都"看作逻辑上的"全称量词",则否定词"没"在"都"的辖域之内。这就是说,一般来说,自然语言否定词和被否定成分的相对语序跟逻辑上辖域的表达方式是一致的。凡是无标记否定都符合这一规律,然而有标记否定却可能违反这一规律,被否定的成分可能出现在否定词的前面,尤其在否定预设的时候,例如:

(55) 老王的妻子没有怀孕——老王还没有结婚呢。
　　　要出卖你的不是张三,不是李四,也不是王五——根本就没有人要出卖你。

被否定的预设"老王有妻子"和"有人要出卖你"在句子中分别是由"老王的妻子"和"要出卖你的"这两个主语成分表达的,然而它们都出现在否定词的前面。因此可以作出这样的结论:

无标记否定:否定词和被否定成分的序列跟逻辑式的序列相一致
有标记否定:否定词和被否定成分的序列可能跟逻辑式的序列不
　　　　　一致

反过来说,语序和逻辑表达式一致的是无标记的语序,语序和逻辑表达式不一致的是有标记的语序。语序和概念上的逻辑表达式一致,也就是遵循前面说过的"象似原则"(第一章 1.3 节),我们在最后一章还要说明遵循"象似原则"是一种"元"无标记现象。

跟英语相比,汉语的语序和逻辑式保持较高程度的一致(参看 Huang 1981,沈家煊 1985),例如英语在否定辖域之内的全称量词 all,everything 可以在语序上位于否定词之前:

(56) All is not gold that glitters.

闪光的不都是金子。

Everything is not good in that country.

那个国家不是一切都好。

英语语序上位于否定词后面的逻辑量词可以不在否定词的辖域之内,例如下面这个句子不仅有汉语(a)的意思,也有汉语(b)的意思:

(57) He didn't solve many of the problems.

a. 他没有解决很多问题。

b. (有)很多问题他没有解决。

因此从类型学上讲,汉语相对英语是在语序上无标记程度较高的语言。

这一章说明的是否定范畴内部的不对称:无标记的否定是对句子真值条件的否定,有标记的否定不是对真值条件的否定,而是对语句使用的"适宜条件"的否定。造成这两种否定不对称的根源在于语用上的"合作原则":说话人一般不会不满足"适宜条件",所以否定"适宜条件"就成为特殊的否定。拿否定数量或程度词语来说,由于"适量准则"的作用,一般的否定总是否定下限义,否定上限义就成为特殊的否定。

　　从语序和否定辖域的关系看,语序和否定辖域保持一致的是无标记否定,语序和否定辖域不一致的是有标记否定。

　　在讨论两种否定不对称的同时,本章还区分了句子的三种意义:衍推义、隐涵义、预设义。语法分析要注重语义分析,区分不同性质的句子意义是十分重要的,我们在以下一些章节中还要经常用到这三种语义概念。

附　　注

　　① 沈家煊(1993b)把这两种否定分别称为"语义否定"和"语用否定"。Horn(1985)把"语用否定"称作"元语否定"。

　　② 后来的文献又注意"适量准则"的另一面"不过量",把"足量"和"不过量"看作是并重的(如Horn 1984),这是理论上的欠缺。汉语有句成语"过犹不及",这是"足量"为第一性的最好注解。

　　③ 这种"量级"最初是由Horn(1972)提出的,因此又叫"荷恩量级"。

　　④ 这是"预设"跟上一章所说的"先设"的差别,"先设"在句子被否定后不一定保留,例如"他看某本书"是特指问句"他看哪本书?"的先设,否定句"他不看哪本书"不一定保留这个先设。见上一章注①。

第五章 "差不多"和"差点儿"

本书的一个主要观点就是，语法是语用法约定俗成的结果。语法中的标记模式是一些语言使用的原则（简称语用原则）"语法化"的结果，因此语法现象可以从语用的角度来作出解释。前两章我们已经说明，自然语言交流的规律和语用的"合作原则"是造成肯定和否定的不对称以及否定内部不对称的原因。

上一章跟"合作原则"相联系，我们具体区分了句子的三种意义：衍推义、隐涵义、预设义。衍推义是句子的真值条件，隐涵义是根据会话的"合作原则"传递和推导的意义，预设义是谈话双方想当然而接受的前提，兼有衍推义和隐涵义的特性。

这一章我们将继续运用衍推义、隐涵义、预设义三个概念和相关的"合作原则"来分析和比较"差不多""差点儿"这两个词语在语法和用法上的异同。这样的分析比较不仅能透彻地揭示这两个词语异同的实质，即肯定与否定的不对称和否定内部的不对称，同时也反过来证明语用原则对语法现象具有的解释力。

5.1 "差不多"和"差点儿"的异同

用 P 表示受"差不多"或"差点儿"修饰的词语，"差不多 P"和"差点儿 P"都包含两个语义成分，一个是"接近 P"，一个是"非 P"。例如：

(1) 苹果差不多全烂了

(2) 苹果差点儿全烂了

这两句都是苹果"接近于全烂"而又"没有全烂"的意思。但是"差不多"和"差点儿"的分布又呈现出种种差异,有的句子可以用"差不多"不能用"差点儿":

(3) 走了差不多十五里山路

　　＊走了差点儿十五里山路

(4) 火车差不多快进站了

　　＊火车差点儿快进站了

有的句子能用"差点儿"不能用"差不多":

(5) 小王差点儿闹笑话

　　＊小王差不多闹笑话

(6) 火车差点儿出轨

　　＊火车差不多出轨

如果 P 包含数量或程度词语,似乎可以用不同的结构层次来说明"差不多"和"差点儿"的差别,例如:

(7) 苹果差不多全烂了

　　差不多　全　　烂
　　└──┘└──┘
　　　└─────┘

(8) 苹果差点儿全烂了

　　差点儿　全　　烂
　　　　　└──┘
　　└─────┘

(7)是"差不多"直接修饰"全",意思是烂的苹果占大多数,但没有全烂;(8)是"差点儿"直接修饰"全烂",烂的苹果不一定占大多数,甚至还一个都没烂。这样看来,一种结构层次对应于"差不多"的意思,一种结构层次对应于"差点儿"的意思。但是问题并不这么简单。(7)只能分析为"差不多"直接修饰"全",如果要加一个副词"快"或"没",只能加在"全"和"烂"之间,不能加在"全"字之前,因为(7)里的 P 是"全"而不是"全烂":

(9) 差不多全快烂了／*差不多快全烂了
　　 差不多全没烂／*差不多没全烂①

但是(8)除了分析为"差点儿"直接修饰"全烂"外,也可以跟"差不多"一样分析为直接修饰"全"。如果要加一个副词"就"或"没",可以加在"全"字之前,也可以加在"全"和"烂"字之间:

(10) 差点儿就全烂了／差点儿全就烂了
　　　差点儿没全烂／差点儿全没烂②

因此(8)里的 P 可以是"全烂",也可以是"全";如果是"全",结构层次就跟(7)一样了:

(8') 苹果差点儿全烂了

　　　差点儿　　全　　烂

这说明区分意义不能完全靠结构层次,意义和形式之间不完全是一一对应的关系。(见第十二章)下面的例子"差点儿"和"差不多"都只修饰一个"全"字,都是黑桃接近于全和事实没有全的意思,层次分析就无能为力:

(11) 这手牌黑桃差不多全了
(12) 这手牌黑桃差点儿全了

"差不多"和"差点儿"还有一个重要差别。"差点儿"可以修饰否定形式的 P,"差不多"一般不能直接修饰否定形式的 P:

(13) a. 球差点儿踢进去了　　b. 球差点儿没踢进去

(14) a. 球差不多踢进去了　b. *球差不多没踢进去

另外,"差点儿"修饰否定形式的 P 时能表示两种相反的意思,(13b)一种意思表示事情实现,球踢进去了,一种意思表示事情没有实现,球没有踢进去(跟(13a)的意思相同)。表示前一种意思时说话人希望球踢进去,表示后一种意思时说话人不希望球踢进去。(见朱德熙 1980a)③

还有一个过去不大注意到的语义上的区别,看例子:

(15) 他跳得差不多跟小朱一样高。

(16) 他跳得差点儿跟小朱一样高。

(15)可以理解为"他跳得比小朱低",也可以理解为"他跳得比小朱高",而(16)总是理解为"他跳得比小朱低"。这种种分布上和语义上的差异要求我们对"差不多"和"差点儿"的词义作出更确切的说明。

5.2　肯定和否定的不对称

这一节要说明,"差不多"和"差点儿"的对立本质上是肯定和否定的对立。我们先要证明,这两个词语共有的语义成分"非 P"是"差点儿 P"的衍推义,是"差不多 P"的隐涵义。④

5.2.1 "衍推"和"隐涵"

根据第四章 4.3 节对"衍推义"的定义,(17)衍推(18),即"没有全"(非 P)是"差点儿全了"(差点儿 P)的衍推义:

(17) 黑桃差点儿全了

(18) 黑桃没有全

因为如果(17)为真,(18)也为真;如果(18)为假,黑桃事实上全了,(17)就为假。但如果事实上黑桃没有全,即(18)为真,(17)不一定真,离全可能还差得远。

A 衍推 B,不可能同时又是"非 B"(衍推义的"不可消除性"),不然就造成语义矛盾。下面这句话就是前后矛盾的:

(19) *黑桃差点儿全了,而且全了。

类似的例子还有:

(20) *小王差点儿闹笑话,还就是闹笑话了。
　　　*火车票差点儿买到了,还确实买到了。
　　　*船差点儿翻了底,还真的翻了底。

A 衍推 B,B 是不适宜追加的(衍推义的"不可追加性"),追加了会造成语义重复:

(21) ?黑桃差点儿全了(但)没有全。
　　　?小王差点儿闹笑话(但)没闹笑话。
　　　?电冰箱差点儿买到了(但)没买到。
　　　?船差点儿翻了底(但)没翻底。

根据第四章4.3节对"隐涵义"的定义,(22)隐涵(23),即"非 P"(没有全)是"差不多 P"(差不多全了)的隐涵义:

(22) 黑桃差不多全了
(23) 黑桃没有全

如果(22)为真,(23)一般也为真,但在一定的情形里可以不再为真,例如下面这句话,后继的小句把(23)给明言否定了:

(24) 我这手牌黑桃差不多全了,也确实全了。

如果说话人知道(23)为假,黑桃事实上全了,严格地讲(22)仍不失为真,只是说话人没有提供足量的信息。⑤

A 隐涵 B,可以同时又是"非 B"(隐涵义的"可消除性"),所以(24)听上去并没有前后矛盾的感觉。类似的例子还有:

(25) 我差不多等了两个小时,还就是等了两个小时。

头发差不多全白了,还确实全白了。

你比我差不多高一头,还真的高一头。

A 隐涵 B,B 是可以追加的(隐涵义的"可追加性"),追加后不会有语义重复之感:

(26) 黑桃差不多全了,但没有全。

我差不多等了两个小时,但不到两个小时。

头发差不多全白了,但没全白。

你比我差不多高一头,但没到一头。

在一般情形下,(24)(25)里的话都是可以说的,没有前后矛盾的感觉,因为隐涵义可以消除;(19)(20)里的话是前后矛盾的,因为衍推义不能消除。这里说的"一般情形"是指"差不多"和"差点儿"不是句子的强调重音。强调一个词往往会起到强调这个词的隐涵义的效果,因而把隐涵义升格为衍推义。例如,根据"适量准则"(第四章 4.2 节),"有些学生会游泳"有"不是全部学生会游泳"的隐涵义。如果有人问"这些学生是不是都会游泳",可以用"'有些人会游泳"("有些"重读)来作否定回答。同样,"黑桃'差不多全了"("差不多"重读)可以作为对"黑桃是不是全了?"的否定回答。下面还要谈到特殊重音对意义的影响。

"隐涵义"的消除不一定靠上下文,在其他语言环境里也能消除。假如打牌的规则是够三张黑桃才能叫牌,那么问"你有资格叫牌吗?"

回答"我有三张黑桃"就不再隐涵"我只有三张黑桃"的意思。再例如，"差不多一米八高"隐涵"不到一米八高"的意思，但是如果有一则征婚启事说一位女青年要找一位身高差不多一米八高的男青年，身高正好一米八零的男青年自然也符合条件。那么这不是跟"不到一米八高"的隐涵义相矛盾吗？能不能说，那位男青年符合条件是按常理作出的判断，跟"差不多"的隐涵义没有关系呢？不能。因为如果征婚启事里说的是要找一位"差点儿到一米八高"的男青年，那就是完全另外一种条件了。所以我们只能认为"差不多一米八高"有"不到一米八高"的隐涵义，只是它在这个特定的环境里被消除了。

衍推义一般不需要追加、不宜追加，而隐涵义可以追加或需要追加，正是这一差别造成"差不多"和"差点儿"在否定式上的不对称：

(27) a. 黑桃差点儿全了 b. 黑桃差点儿没全。(有肯定否定两种意思)

(28) a. 黑桃差不多全了 b. *黑桃差不多没全。

说(28a)时的隐涵义是"没全"，因为隐涵义是隐而不显的，说话人怕听者不明白或领会不到这个隐涵义，往往就把"没全"明说出来。根据隐涵义可以追加的特性，可以说成：

(29) 黑桃差不多全了,(但)没全。

如用来回答"黑桃是不是全了？"的问话,(29)可以省略后变成：

(30) 差不多,没全。

"没全"虽然不是多余的，但显然是说话人为了加强这个隐涵义而添加上去的，所以"差不多"后面有停顿(用逗号表示)。如果把停顿取消就得出不合格的(28b)。

(27b)可以说，而且有黑桃全了和黑桃没有全两种意思。表示黑桃全了的意思时,说话人希望黑桃全,表示黑桃没有全时,说话人不希望黑桃全。为什么如此呢？表示黑桃全了的意思时,句中的"没全"是P,"非P"(也就是黑桃全了)是"差点儿P"的衍推义。(27b)表示黑桃没全的意思时,"没全"实际不是P,而是一个追加的衍推义：

（31）黑桃差点儿全了,(但)没全。

省略的说法就是：

（32）差点儿,没全。
　　　黑桃差点儿没全。(同(27b))

前面说过,衍推义一般是不可追加的〔见例(21)〕,追加了会产生语义重复。但这是就一般情形而言的,在特殊的情形下,衍推义也可以追加。这个特殊情形就是衍推义是一种消极意义,或者是表示说话人不希望发生的事情,这时说话人感到有强调事情没有发生的必要。就(32)而言,是说话人不希望黑桃全了。

我们也可以反过来这样解释：衍推义是句子固有的意义,按照"适量准则"是不需要追加的,一旦追加就会产生某种隐涵义,也就是说话人"利用"适量准则来传递某种隐涵义。这里的隐涵义就是"说话人不希望事情发生或实现"。

为什么这种特殊的隐涵义是"不希望某事发生或实现"而不是"希望某事发生或实现"呢？某件事是不是希望发生或实现,难道不是因事而异、因人而异吗？如果打牌时我希望黑桃全,我的对手就不希望黑桃全。同样,甲队的支持者希望球踢进去,乙队的支持者就不希望踢进去。我们的回答是：在通常情形下,人们总是希望某件中性的事情(不带好坏偏向)能够实现。对没有任何偏向的观众来说,观看比赛总是希望看到踢进球。希望踢进是正常的、无标记的期待心理,不希望踢进是特殊的、有标记的期待心理。正面的、积极的意义是无标记的,负面的、消极的意义是有标记的,这是一般的标记模式,我们在第六章 6.6 节和第八章还将详细论证这一点。

现在我们明白,"差点儿 P"和"差不多 P"虽然都表达"非 P"的意思,但差别在于这个"非 P"是"差点儿 P"的衍推义,是"差不多 P"的隐涵义。

5.2.2 "背衬衍推"和"前突衍推"

"差不多"和"差点儿"还都有"接近 P"的语义成分。"接近 P"似乎同为这两个词语的衍推义,因为在任何情形下"差不多 P"或"差点儿 P"为真,"接近 P"也为真。衍推义不可消除,所以下面的话都有语义矛盾:

(33) *黑桃差不多全了,但离全还远着呢。
　　　*黑桃差点儿全了,但离全还远着呢。

衍推义不可追加,所以下面的话都有语义上的重复感:

(34) ? 黑桃差不多全了,离全不远了。
　　　? 黑桃差点儿全了,离全不远了。

但是"接近 P"作为"差点儿 P"的衍推义又不同于作为"差不多 P"的衍推义。作为"差点儿 P"的衍推义,当"差点儿 P"为假(即被否定)时"接近 P"仍然为真。例如"黑桃差点儿全了"为假,即黑桃事实上全了,"黑桃接近全了"仍不失为真。这正符合我们前面定义的预设义的特点。因此说,"接近 P"是"差点儿 P"的预设义。

如前所述,预设义兼有衍推义和隐涵义的性质,因此具体处理时可以把预设义当作一种特殊的衍推义,也可以当作一种特殊的隐涵义。我们采用前一种办法,把预设义当作一种特殊的衍推义,即"背衬衍推"。

一个词语可以有若干个衍推义,它们的主次不一样。有的是主要的、突出的,有的是次要的、背衬的。在一主一次的情形里,我们把主要的称作"前突衍推",把次要的称作"背衬衍推"。在通常情形下,主次关系是确定的。例如,"差点儿"的词重音通常在"差"字上,"差点儿P"的前突衍推是"非P",背衬衍推(预设义)是"接近P"。在特殊情形下,"差点儿"的重音移到"点儿"上,"接近P"升格为前突衍推,"非P"反而退居为背衬衍推。⑥试比较:

(35) 黑桃'差点儿全了。

(36) 黑桃差'点儿全了。

(35)的意思是黑桃接近于全但没有全,重点在没有全;(36)的意思是黑桃没有全但接近于全了,重点在接近全。这种前突衍推和背衬衍推互相交替的现象好比认知心理学中"图像"(Figure)和"背景"(Ground)的关系。在通常情形下,"图像"和"背景"的关系是确定的,但有时也有模棱两可的情形,例如:

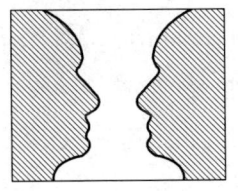

图7

图7可以把当中的花瓶看作突出的"图像",其余部分是"背景",也可以反过来把两侧相对的人头看作"图像",中间部分是"背景",形成的是两个不同的心理"意象"。当图形被否定时,背景可以保持不变。例如图像不再被看作花瓶,而被看作别的东西(如雕刻石柱),背景仍然保持不变。这就是为什么通常情形下"预设义"(即这里所说的"背景衍推")在句子被否定的情形下保持不变的原因。前面说过,否定一个

命题往往只否定命题的一部分,通常是否定前突衍推,背景衍推不受否定的影响。(见第三章3.5节)例如"被谋杀"有两个衍推义,一个是"被杀死了",一个是"杀害是非法的",比较(37)和(38):

(37) 他没有被谋杀,只是自杀。

(38) 他没有被谋杀,只是受重伤。

(37)否定的是"杀害是非法的",(38)否定的是"被杀死了"。(37)似乎听上去更自然,这说明在通常情形下"被谋杀"的前突衍推是"杀害是非法的"。

"图像"和"背景"的区别可以用来解释"差点儿"一词用法上的所谓"例外",看下面一个例子:

(39) 你差点儿把做人的道德丢了！现在,拣回来了。(引自毛修敬1985)

既然是"拣回来了",说明原来确实丢了,"差点儿P"没有"非P"(做人的道德没丢)的意思。这是因为在这个上下文里,"接近P"上升为前突衍推,而"非P"退居为背衬衍推。背衬衍推也就是预设义,如前所述,预设义在特殊的语境里是可以被消除的。

词序的颠倒也能将背衬衍推和前突衍推颠倒过来,比较:

(40) 宝玉娶的是宝钗

(41) 娶宝钗的是宝玉

两句都有"宝玉娶了"和"宝钗嫁了"这两个衍推义,但主次不一样。(40)的前突衍推是"宝钗嫁了",背衬衍推是"宝玉娶了",(41)则相反。(40)和(41)的否定式都各自保留各自的背衬衍推(预设义):

(42) 宝玉娶的不是宝钗

(43) 娶宝钗的不是宝玉

其实这种句式变化和强调重音是一回事,例如在一般情形下,(44)的语义重点(重读)在"宝钗",所以(44)相当于(40),但在特殊情形下,强调重音在"宝玉",(45)相当于(41):

(44) 宝玉娶'宝钗

(45) '宝玉娶宝钗

很明显,(40)和(41)的预设(背衬衍推)都是句子的"话题",是说话人和听话人共有的背景知识。预设义和话题一般都不在否定的范围之内,两者还通常都置于句首:

(46) 你想来,今天别来,明天再来。

(47) ？今天别来,明天再来,你想来。

"今天别来,明天再来"的预设是说话人知道听话人想来,可以作为话题像(46)那样置于句首,而(47)的语序是本末倒置。可见,"预设"可以是跟说话环境相关联的"话题",是交谈双方共同的出发点。现在我们可以解释"差点儿"和"差不多"如下的不对称:

(48) 黑桃差不多全了,但还差点儿。

(49) ？黑桃差点儿全了,但还差不多。

"差点儿"的预设是"接近P",也就是"差不多P",所以"差不多P"可以作为交谈的话题,像(48)那样置于句首,而(49)则是本末倒置。概括地讲,如果A的预设是B,语序一般是BA而不是AB。[7]

现将"差不多"和"差点儿"的语义差别归纳如下:

	预设	衍推	隐涵
差不多 P		接近 P	非 P
差点儿 P	接近 P	非 P	

这样的语义分析跟我们平常对"差不多"和"差点儿"的语义差别

的直觉是一致的。我们的直觉是差别在于"接近P"和"非P"这两个语义成分的主次关系:"接近P"对于"差不多P"是主要的,对于"差点儿P"是次要的;"非P"对于"差点儿P"是主要的,对于"差不多P"是次要的。"黑桃差不多全了"和"黑桃差点儿全了"这两句话虽然都有黑桃接近于全和事实没有全的意思,但是前一句主要讲接近于全,后一句主要讲事实没有全。"差不多"和"差点儿"虽然都含有一个"差"字,但"差不多"侧重相差的距离或数量的"不多",词的重音通常落在"多"字上;"差点儿"侧重差距的存在,至于相差的这"点儿"有多大不是语义重点,词的重音一般落在"差"字上。这就解释了为什么"差不多"修饰的P通常包含数量或程度词语,"差点儿"修饰的P一般不带数量或程度词语(《八百词》90页)。有时"差不多P"的P虽然不带数量或程度词语,但P必须可以从数量或程度上去衡量,如:

(50) 要见的人他差不多见着了。
　　　事情差不多办成了。
　　　那些题差不多答出来了。

有时"差点儿P"也带有数量或程度词语,但整个P必须能够理解为可以实现的动作或事件,如:

(51) 小王差点儿四门课不及格。
　　　得票差点儿没过半数。
　　　金价差点儿突破四百美元。

如果P不是表示动作或事件,只是表示数量或程度,就不能用"差点儿"修饰,见(3)(4)例。有时候P用"差不多"或"差点儿"修饰都可以,但表达的意思有所不同:

(52) 河水差不多结冰了。

(53) 河水差点儿结冰了。

(52)是从数量或面积上讲,大部分河水已经结冰,但没有全部结冰。(53)是讲结冰这件事情接近实现而事实没有实现,河水的温度接近零度,但在数量或面积上还没有结冰。

虽然这种直觉是很粗略的、不确切的,但还是抓住了实质,即"差不多"本质上是一个肯定性词语,因为"接近P"是它的衍推义;"差点儿"本质上是一个否定性词语,因为"非P"是它的衍推义。"差不多"和"差点儿"的对立本质上是肯定和否定的对立。[⑧]

既然"差不多"和"差点儿"的对立是肯定和否定的对立,那么这两个词语的分布和使用频率也应该符合肯定与否定的标记模式(见第三章)。情形确实如此。上面比较两个词语的异同时都是比较它们作副词时的情况,但是"差不多"在句中除了可作副词还可作形容词,而"差点儿"只能作副词不作形容词:

(54) 这件事差不多/*差点儿的人都知道了。
    北京队的得分跟大连队差不多/*差点儿。
    麦子割得差不多/*差点儿了。

根据《现代汉语频率词典》,"差不多"的词次为102,"差点儿"的词次为38。"差不多"在四种类型的语篇中都出现,"差点儿"只在三类语篇中出现(未见于科普书刊,在报刊政论文中出现率极低)。把频率和分布面结合起来得出的使用度,"差不多"为83,"差点儿"仅为26。

5.3 "差点儿"的定向性

由于"差点儿"本质上是一个否定性词语,它就要受否定内部的不对称规律的支配,即否定通常情形下是否定数量或程度词语的下限义而不是上限义。(见第四章)这就是要说明的"差点儿"的定向性问题。

"差不多"和"差点儿"都表示"接近P"和"非P"的意思,也就是和目标P有差距。差距不仅有程度的不同,还有方向上的区别。例如,"差点儿结冰了"是在零度以上接近于零度,"差点儿解冻了"是在零度以下接近于零度,方向正好相反。"差点儿达到零度"则两种方向都可以表示。现在比较以下两句:

(55) 小朱最近跳高的成绩差不多是二米零三。

(56) 小朱最近跳高的成绩差点儿是二米零三。

(56)不仅有成绩"不是二米零三"的意思,而且还有"低于二米零三"的意思。(55)的意思严格地讲可以低于二米零三,也可以高于二米零三。本章开头(15)(16)的语义区别属于同一性质:

(15) 他跳得差不多跟小朱一样高。

(16) 他跳得差点儿跟小朱一样高。

(15)可以理解为"他跳得比小朱低",也可以理解为"他跳得比小朱高",而(16)总是理解为"他跳得比小朱低"。我们可以这样来解释这种定向性上的差别:按照否定一般是否定下限义的规律,当P包含数量词语时,"非P"一般是表示"小于P"的意思。例如:

(57) 小王没有小李那么高。

(58) 小王有小李那么高。

(57)不仅表示小王不跟小李一样高,而且有事实比小李矮的意思。(58)虽然也可以有小王至少有小李那么高的意思,但可以只理解为小王跟小李一样高。(57)却很难只是理解为小王跟小李不一样高。第四章已花很大的篇幅论证,这是由语用上的"适量准则"决定的。(57)如果只是表示小王不跟小李一样高,那就没有提供足量的信息,因为随便找两个人很难正好一样高,这是在意料之中的,因此如果表示这样的意思就会违背"适量准则"。那么为什么(57)的含义是小王比小李矮而不是比小李高呢? 这也得用"适量准则"来解释。首先,说小王的高度超过小李要比说小王的高度没有超过小李提供的信息量大。这个道理我们在第三章3.4节里已经说明:说"当中一块是黑的"要比说"当中一块不是白的"提供的信息量大,因为不是白的不一定就是黑的,可以是其他颜色。同样,说小王的高度没有超过小李不一定就是小王比小李矮,两人可以是一样高。那么就(57)而言,既然说话人没有说"小王比小李高",根据"适量准则",听话人就认为小王的高度没有超过小李,所以只能得出小王比小李矮的意思。(58)为什么可以只有小王和小李一样高的意思呢? 因为即使没有小王至少有小李那么高的意思,说两个人长得一样高已经提供了相当的信息量,符合说话的适量准则。

由于"非P"是"差点儿P"的衍推义,所以"差点儿P"通常情形下也就有了"小于P"的意思;由于"非P"是"差不多P"的隐涵义,隐涵义不是词语固有的意义,所以"差不多P"不容易得出"小于P"的意思。这样"差点儿"和"差不多"在有无定向性上的差别(或定向性强弱的差别)就得到了合理的解释。

这一章是运用前两章得出的结论来描写和解释"差不多"和"差点儿"这对词语在语法和用法上的异同。运用"衍推义""隐涵义""预设义"三个语义概念可以比较精确地说明这对词语语义上的异同。"差不多"和"差点儿"的对立本质上是肯定和否定的对立。"差点儿"作为一个否定性词语受否定内部标记模式的支配,具有在通常情形下否定下限义的定向性。"差不多"和"差点儿"在语法和用法上的异同也反过来证明了肯定与否定的标记模式以及否定内部的标记模式,证明了语法现象是说话时遵循"适量准则"这样的语用法固定下来的结果。

附　注

①　这句话如在"差不多"后稍加停顿是可以说的,但意思相当于"差不多全烂"。见下 5.2.1 节。

②　说这句话的人希望苹果烂。见下 5.2.1 节。

③　有人认为,"差点儿没踢进去"这样的话在书面上有歧义,在口头上却可以靠重音来区分两种不同的意义:(王还 1990)

a. 差点儿没踢进'去。

b. 差点儿没'踢进去。

(a)是"去"字重读,意思是实际踢进去了,(b)是"踢"重读,"进去"读轻声,意思是实际没踢进去。这是很细致的观察。Wang(1966)和小玲(1986)有类似的看法,如"我差点儿没告诉他",如果"没"轻读,意思是实际已告诉他,如果"没"重读,意思是实际没告诉他。但我们的语感是,轻重音和意义并不总是一对一的关系,(b)诚然只有实际没踢进的意思,但(a)仍然可能有两种意思。而且以平常音调(即不在任何词上放特殊重音)说出的句子确有歧义。(参看第十二章轻重音跟意义之间的不对称关系)

④　沈家煊(1987)曾把衍推和隐涵分别称作蕴含和含义,名称过于一般,容易混淆,现在改过来。

⑤　按第四章的说法,是违背了说话的"适宜条件",但并没有违反"真值条件"。

⑥　这里只涉及"差点儿"的词重音,至于句重音和词重音交叠的情形比较复杂,有待深入研究。

⑦　预先设定的在语序上放在前头,这也是体现"顺序象似"的原则。见第一章 1.3 节和上一章 4.5 节。

⑧　"差不多"大致相当英语的 almost,"差点儿"大致相当 not quite,关于英语 almost 和 not quite 的差别,参看 Sadock(1981)。

第六章 极性词的肯定和否定

6.1 极性词在肯定句和否定句中的分布

语言中有些词语一般只能用在肯定句,有些词语一般只能用在否定句。如果把肯定、否定看作正、负两极,那么语言中有些词语属于"极性词"(polarity words)。英语中有不少这样的极性词,例如"ever"和"lift a finger"等是"负极词",一般只用于否定句:

(1) *Max ever works.

　　Max doesn't ever work.

　　"麦克斯从来不干活。"

(2) *He lifted a finger to help.

　　He didn't lift a finger to help.

　　"他一点忙都不帮一帮。"

(3) *I could eat a bite.

　　I couldn't eat a bite.

　　"我一口也吃不下。"

(4) *The dog would budge.

　　The dog wouldn't budge.

　　"那条狗一动不动。"

相反,"delicious"和"still"等是"正极词",一般只用于肯定句:

(5) *The soup isn't delicious.

The soup is delicious.

"汤的味道好极了。"

(6) *Someone isn't still holed up in this cave.

Someone is still holed up in this cave.

"有人还被关在这个洞里。"

(7) *You had not better set off at once.

You had better set off at once.

"你最好马上动身。"

(8) *Max would not rather stay at home.

Max would rather stay at home.

"麦克斯宁愿呆在家里。"

这里说"一般"只用于肯定句或否定句,因为还有不一般的特殊情形,下面再谈。这一章要证明,极性词在肯定句和否定句分布上的限制受语用原则和认知规律的支配。

汉语中的极性词,石毓智(1992)曾作过较全面和系统的研究,他主要是从"量"的概念出发,用一条"自然语言的肯定和否定公理"来解释极性词的分布特点。这条公理是:

自然语言的肯定和否定公理

语义程度极小的词语,只能用于否定结构;语义程度极大的词语,只能用于肯定结构;语义程度居中的词语可以自由地用于肯定和否定两种结构之中。

语义程度实际上是个连续变化的过程,所以词语用于肯定结构和否定结构实际是个频度问题。随着语义程度由小到大的变化,用于肯定结构的频率也由小到大,用于否定结构的频率则由大到小。也可以这样表述:语义程度小于中等的词语较多地用于否定结构,语义程度大于中等的词语较多地用于肯定结构。

上面英语例子中"a finger""a bite""budge"等都表示语义程度极小的量,而"delicious""still""had better"等都表示语义程度极大的量,因此符合上述公理。石著论证这条公理对汉语中各个词类的词都适用。例如形容词"景气—发达—鼎盛",在语义上"景气"是极小量,所以一般只说"不景气",不说"景气","鼎盛"是极大量,所以一般不说"不/没鼎盛",居中的"发达"则肯定否定都能说。动词"介意—记得—铭记",极小量"介意"一般只说否定的"不介意",极大量"铭记"一般不说"不铭记",而"记得"则肯定否定都说。名词"声息—声音—响音",也是极小量一般用于否定,说"没声息",极大量"响音"很少用于否定结构,中间的"声音"则肯定否定都用。这条公理有很强的解释力,例如汉语中"动+得+补"和"动+不+补"两种表可能的动补结构使用频率上有悬殊差别,后者的出现率大大高于前者,原因在于"动+得"表达的可能性是一个很小的量。诸如此类的肯定和否定的不对称现象都在石著中得到比较合理的解释。

石著认为自然语言的肯定和否定公理建立在客观世界的一条常理之上,这条常理就是:量小的事物容易消失,而量大的事物则容易保持自身的存在。例如一滴水很容易蒸发掉,一湖水就不容易干枯。这就是说,量小的事物否定性强,量大的事物肯定性强。人所认识的这条客观世界的常理在语言上的"投影"就是,表示极大量的词语具有肯定性、表示极小量的词语具有否定性,由此得出上述自然语言肯定和否定的公理。

这里有一个环节还没有搞清楚:为什么表示极小量、具有否定性的词语只能用在否定句?为什么表示极大量、具有肯定性的词语只能用在肯定句？为什么不可以反过来,譬如说,极小量正因为容易消失,所以更应用肯定句把它保持住？另外极大量和极小量词语的分布比想象的要复杂,会出现相反的情形,极大量词多用于否定句而极小量词多用于肯定句,需要对此作出解释。(见以下6.5节)

从标记论的角度来看,上述"公理"表述的是一种"关联标记模式",可表示为:

无标记配对	无标记配对
肯定	否定
极大量	极小量

肯定和极大量有自然的联系,构成一个无标记的配对,否定和极小量也有自然的联系,构成另一个无标记的配对。这种关联标记模式归根结底是由语用和认知规律决定的,因此是有理据的(motivated)和可论证的。

要说明极性词在肯定句和否定句中的分布,还得弄清语言中极性词形成的原因。我们将按照"语法是语用法凝固化的结果"这一思路(见第一章1.5节),证明极性词是语用上的"适量准则"和认知上的"常规推理"语法化的结果。

6.2 "否定量域"和"适量准则"

我们先来证明极性词的形成跟语用上的"适量准则"相关。石毓智(1992)在提出自然语言肯定和否定的公理后,接下来还对极性词形成的原因作了探讨。他论证的出发点就是极性词跟否定的含义有关。为了表述的精确,我们把跟"量"有关的否定范围称为"否定量域",以区别于通常所说的否定范围。石著指出,否定的量域呈现以下规律:

否定量域的规律

对某一个量 x 的否定,否定量域是大于或等于 x 的量;

对某一个量 x 的否定,意味着肯定一个接近 x 的较小的量。

可以用一个例子来说明:

(9) 老郭没有三个儿子

```
   1  2  3  4  5
   |—————————————→
     |否定量域≥3
```

这句话是否定"老郭有三个或三个以上的儿子",而没有否定"老郭有三个以下的儿子",否定量域是大于等于三;同时这句话又意味着肯定老郭有一个或两个儿子,而不是一个没有。从这一否定量域的规律可以进而推导出"全量肯定否定规律":

全量肯定否定规律

对一个最小量的否定意味着全量否定;

对一个最大量的肯定意味着全量肯定。

"一"是自然数中的最小量,否定老郭有一个儿子,否定量域就是大于等于一,即全量否定。

(10) 老郭没有一个儿子

```
   1  2  3  4  5
   |—————————————→
     |否定量域≥1(全量否定)
```

在"否定量域规律"和"全量肯定否定规律"的支配下,要否定一个概念一般就否定这个概念的极小量,要肯定一个概念一般就肯定这个概念的极大量。极性词的分布就是在这样的基础上形成的。然而,全部论证的出发点——否定的涵义("不够、不及")或"否定量域规律"——是未经论证就加以接受的。我们认为,"否定量域规律"有语用或认知上的基础。否定量域的规律首先是由语用上的"适量准则"决定的,遵循"适量准则"的语用法约定俗成的结果就产生了语言中的极性词。我们在第四章4.3节里实际已经作出这样的论证,这里再阐述一下。

按照"适量准则",提供的信息要足量,肯定句(11)除了它的衍推义还有它的隐涵义"老郭只有三个儿子":

(11) 老郭有三个儿子

衍推义	隐涵义
老郭有三个儿子	老郭没有四个儿子
老郭有二个儿子	老郭没有五个儿子
老郭有一个儿子	老郭没有六个儿子
老郭有儿子	⋮

衍推义是(11)本身固有的涵义,不可以被消除,如被消除就会出现语义矛盾;隐涵义不是(11)本身固有的涵义,而是根据"适量准则"推导出来的语用意义,它在特殊的情形下可以被消除:

(12) * 老郭有三个儿子,但没有一个儿子。(语义矛盾)

老郭有三个儿子,其实还不止三个。(隐涵义"只有三个"被消除)

正因为隐涵义不是(11)本身固有的涵义,所以在否定(11)时一般并不否定这个隐涵义,也就是说,否定(11)时这个隐涵义一般情况下仍被保留,于是得出(9)的否定量域是≥3,否定量域的规律就是这么得来的。按第四章的说法,否定量域大于等于 x 也就是否定 x 的下限义,如"不"否定的是"暖和"一词的下限义"至少暖和"或"三个"一词的下限义"至少三个"。

按照"适量准则"(11)同时意味着老郭有一个或两个儿子,因为如果老郭一个儿子没有,说话人就应该说(10),如果仍然说(11)那就是提供了过量的信息,这一般是不会发生的。语用上的"适量准则"从根本上解释了为什么否定词的涵义一般是"不够、不及",解释了否定一个量 x 时的否定量域是 ≥x。说得更明确些,从逻辑上讲,否定一个量 x 时,否定量域应该有两种可能,或 ≥x,或 ≤x,然而由于语言使用的规律,否定量域呈现出偏向一个方向的不对称。

6.3 "常规推理"和"正负颠倒"

否定量域的规律如石著所述在各个词类上都起作用,下面我们要证明这条规律还在语法、语义、语用三个层面上都起作用。[①]为了说明问题,有必要从语义上把表示极大量或极小量的语词统称为"极量词",并把考察的范围限定在某一类极量词,这些词语本身没有表示全称或周遍的意思,但在一定的句式中可以有这种意思。这些词语包括"一……""———……""再……也……""最……也……""连……也……"等,例如:

(13) 他一字不识。(所有的字都不认识)
　　　见一个,爱一个。(凡是见到的都爱)
　　　再大的困难也能克服。(一切困难都能克服)
　　　最容易的题他也不会做。(所有的题他都不会做)
　　　连他的敌人也不得不佩服他。(人人都佩服他)

这些词语所在的句式有的是肯定句有的是否定句,如果把肯定句变为否定句或把否定句变为肯定句(我们称之为"正负颠倒"),结果会出现三种"异常"的情形:

　　甲,不合语法

乙,不合(原来的)语义

丙,不合语用法

分别说明如下:

甲,不合语法

(14) 没休息一天　休息了一天

　　 没去过一次　去过一次

　　 没吭一声　　吭了一声

　　 没动一动　　动了一动

这里"一+名量/动量"可以用在否定句也可以用在肯定句,用在否定句时表示周遍义,如"没休息一天"是天天不休息的意思,②用在肯定句则不表示周遍义,但仍然合乎语法。如果把带"一"的词语移到动词前,情况就不一样:

(15) 一天(也)没休息　＊一天休息了

　　 一次(也)没去过　＊一次去过

　　 一声(也)不吭　　＊一声吭了

　　 一动(也)不动　　＊一动动了

否定句仍然含有全称或周遍的意思,"也"字可以不出现或用"都"代替。如果改成相应的肯定句,句子就不合语法。(不合语法的句子我们用＊标示)"一天休息""一字识"这样的话只有在对举时才能说,如"一天工作,一天休息""一字识,一字不识",而且语义上已失去全称或周遍的意思。③所以位于动词前的"一"是"负极量词"。与"一"类似的负极量词还有"半""一点儿""一丁点儿""丝毫"等。如:

(16) 这事情我一点儿不知道。＊这事情我一点儿知道。

　　 他丝毫不让步。　　　　＊他丝毫让步。

再看下边的句子：

(17) 见一个,爱一个。(凡是见到的都爱)
　　 有一件交代一件。(每一件都交代)
　　 一天有一天的事情。(天天都有事情)

这三个句子都是肯定句,这里的"一……一……"也含有全称或周遍的意思,如果由肯定改为否定,句子就不合语法：

(18) *见一个,不爱一个。
　　 *有一件不交待一件。
　　 *一天没有一天的事情。

下面两个句子前后两个分句都是否定句,全句也含有周遍义：

(19) 只要还有一分国土没解放,战斗就一天不会停止。(国土没全部解放的时候战斗将天天进行)
　　 这声音一分钟不停,我的文章一分钟写不下去。(声音不停的时候都写不下去)

如果把后面的主句改成相应的肯定句,整个句子也就不再合语法,例如：

(20) *只要还有一分国土没解放,战斗就一天会停止。
　　 *这声音一分钟不停,我的文章一分钟写得下去。

所以"一……一……"也是"极量词"。"正负颠倒"后造成的不合语法的"极量词"就叫作"极性词"。

乙,不合(原来的)语义

(21) 再大的困难他也能克服。(他能克服一切困难)
　　 最贵的我也买得起。(不论什么价钱都买得起)

(22) 再便宜我也买不起。(不论什么价钱都买不起)
　　　最简单的题他也不会做。(他什么题都不会做)

这些句子也都含有全称或周遍的意思。"再"和"都"可以互换而不影响句子的意思。(21)是肯定句,(22)是否定句。如果把(21)改为相应的否定句,把(22)改为相应的肯定句,得到的句子仍然合乎语法,但失去了全称或周遍的意思,也就是不再符合原来的语义。(不合原来语义的句子我们用#标示)

(23) #再大的困难他也不能克服。(现在这点困难他还能克服)
　　　#最贵的我也买不起。(不是最贵的我还买得起)

(24) #再便宜我也买得起。(现在较贵我买不起)
　　　#最简单的题他也会做。(这些题不是最简单的,他不会做)④

"再/最……也……"这种极量词跟(甲)里的极量词有所区别。"正负颠倒"(肯定变否定,否定变肯定)后虽然结果都出现异常,但是在(甲)里变得不合语法,这样的极量词是极性词,(乙)只是变得不合原来的语义,没有不合语法,所以只能叫作极量词,不能叫作极性词。

丙,不合语用法

(25) 连他的敌人也不得不佩服他。(人人都佩服他)
　　　连老婆他也输掉了。(一切都输光了)
　　　连看电影也没兴趣。(对一切都不感兴趣)
　　　就算你请我坐汽车去,我也不去。(你怎么请我都不去)
　　　皇帝老子他也敢骂。(谁他都敢骂)
　　　乔姆斯基自己也不懂转换语法。(谁都不懂转换语法)

这些句子也都含有周遍的意思,"也"可以用"都"替代;"连""就算"等字眼不一定出现。这里的周遍义来自一定的"先设",例如:他的敌人是最不可能佩服他的人,看电影是最有趣味的事,皇帝是最骂不得的,乔姆斯基因为是转换语法的创始人,自然最懂转换语法。这些句子有的是肯定句,有的是否定句,正负颠倒的结果,句子仍然合乎语法,语义上仍可保留周遍的意思,但在语用上不合适,也就是跟一般承认的先设相冲突。(不合语用法的句子我们用%标示)

(26) %连他的敌人也不会佩服他。

%连老婆他也没输掉。

%连看电影也有兴趣。

%就算你请我坐汽车去,我也去。

%皇帝老子他也不敢骂。

%乔姆斯基自己也懂转换语法。

在特殊的语境里改变了通常为人们接受的先设,这些不合适的句子也就变为合适的句子,并且具有周遍的意思。最明显的是把"看电影是最有趣的事"这一先设变为"看电影是最无趣的事",那么"连看电影也有兴趣"就是对什么都感兴趣的意思。如果有人一坐汽车就恶心,最不愿意坐汽车,那么"就算你请我坐汽车去,我也去"就是不管怎么样我都去的周遍意思。所以,"连……也/都……""就算……也……"这样的词语既不是语法上的极量词(极性词),也不是语义上的极量词,而只是语用上的极量词。

由于"正负颠倒"而引起的(甲)语法、(乙)语义、(丙)语用三个层面上的异常变化可以用一条认知原则作出统一的解释。这条认知原则具体涉及一个"量级"(scale)(详见 Fauconnier 1975),可以用重量为例图示如下:

量级

$$\begin{bmatrix} m(最轻) \\ x_2 \\ x_1 \\ M(最重) \end{bmatrix}$$

在这个重量等级上,人们根据对客观世界的认识形成一种"常规推理":

与量级有关的常规推理

在 x_1 比 x_2 重的情形下,如果某人能举起 x_1,那么在不需要其他信息的情形下就可以得知,他也能举起 x_2。

注意,这不是逻辑上的蕴含关系(logical implication),因为完全有可能 x_2 比 x_1 轻,但 x_2 反而比 x_1 难举起(由于形状、大小、先举后举等原因)。这只是人根据经验建立的一种"常规"而已,它跟人的认知能力和认知特点密切相关。运用这种"常规"可以推导出极量词的周遍义:

极量词周遍义的常规推理

用 $R(x)$ 表示一个命题,如"张三能举起 x"对一个句子表达的命题 $R(x)$ 而言,如果它能与一个量级 $\langle M \cdots x_1, x_2, \cdots m \rangle$ 相联系,其中 x_1 大于 x_2,M 为极大量,m 为极小量,那么,对任何 x 而言,

(i) $R(M) \Rightarrow \forall x R(x)$ ($\forall x$ 表示 x 的全称量,$\Rightarrow$ 表示推导)

这个式子的含义就是:对一个极大量 M 的肯定意味着对全量的肯定,例如:

张三能举起最重的东西 $\Rightarrow$ 张三能举起一切重物

句子由肯定变为否定,量级的方向要颠倒过来,极大量 M 和极小量 m 要交换位置:

（ⅱ）$\sim R(m) \Rightarrow \forall x \sim R(x)$　（~是否定词）

这个式子的含义就是：对一个极小量的否定意味着对全量的否定，例如：

张三举不起最轻的东西$\Rightarrow$张三举不起任何重物

用 m 代替(ⅰ)中的 M，或用 M 代替(ⅱ)中的 m，句子都不会得出全称量或周遍义："张三能举起最轻的东西"并不能推导出"张三能举起一切重物"，"张三举不起最重的东西"也不能推导出"张三举不起任何重物"。我们以上讨论的含有周遍义的句子都跟上述量级相联系，所谓的极量词都代表量级上的 m 极或 M 极。"一"一般代表数量等级的最小极点。"最"本身就表示极点，"最大的困难"在困难大小的等级上处于极点。大了可以再大，大到不能再大时就成了最大，所以"再大的困难"最终也会处于极点。按通常的先设，"他的敌人"在佩服他的可能性等级上也处于极点。如果不把量级的方向颠倒过来，句子的正负颠倒就得出不合语法、不合原来的语义、不合语用法的结果。值得注意的是，m 极和 M 极可随着先设的改变而交换位置。

这一节证明的是，全量肯定和否定的规律实际是建立在上述量级和常规推理的基础之上的。有意思的是，凭上述认知原则得出的全量肯定否定规律跟我们前面按"适量准则"得出的全量肯定否定规律是一致的，这证明人的认知规律跟人使用语言的规律可能是相通的。

"极量词"语法化的程度可以不一。在上述认知原则的支配下，有一部分极量词语已经完全"语法化"而变为"极性词"，如"一""一……一……"，如果出现"正负颠倒"就造成不合语法的句子；有一部分极量词语还没有"语法化"，如"连……也……"，如果出现"正负颠倒"，只是造成语用上的不合适；还有一部分极量词大概处在"语法化"的过程中，如，"最……都……""再……也……"，如果出现"正负颠倒"，造成的结果是不合原来的语义。

6.4 非现实句和否定句的互通性

语法上的"正极词"和"负极词",前者只用于肯定句,后者只用于否定句,这是指一般的简单陈述句而言,在一些特殊的句式里不一定如此。例如英语的负极词"ever"出现在以下的复杂句的一个分句里,这个分句可以是肯定句,而且必须是肯定句:

(27)　*Max ever works.

　　　You can't convince me that Max ever works.

　　　"我不相信麦克斯什么时候干过活。"

　　　If Max ever works he will be rewarded.

　　　"麦克斯无论何时干点活的话就会受奖励。"

　　　Alex works more than Max ever worked.

　　　"阿历克斯干活干得比麦克斯任何时候干过的活多。"

这就是说,特定的上下文能使上面所说的量级的方向颠倒过来,这不仅适用于语法上的极性词,也适用于语义和语用上的极量词。下面举一些这样的例子。

　　"我不相信……"

(28)　*张三会见一个不爱一个。(不合语法)

　　　这么好的东西我就不信他会见一个不爱一个。(周遍义:相信他个个都爱)

(29)　#最简单的题他就会做。(无周遍义)

　　　我就不信最简单的题他就会做。(周遍义:相信他什么题都不会做)

(30) %(连)乔姆斯基本人也懂转换语法。(不合语用法)

我就不信乔姆斯基本人就懂转换语法。(周遍义:相信谁也不懂转换语法)⑤

假设小句

(31) *保质期内坏一个不换一个。(不合语法)

假如保质期内坏一个不换一个,可以投诉消费者协会。(周遍义:假如保质期内不是坏的个个都换……)

(32) #最便宜的他买得起。(无周遍义)

要是最便宜的他买得起的话我就不姓王。(周遍义:我认定他什么也买不起)

(33) %他(甚至)不敢拿老婆当赌注。(不合语用法)

这种人要是不敢拿老婆当赌注,那才怪呢!(周遍义:这种人敢拿任何东西当赌注)

比较句

(34) *有一件不交待一件。(不合语法)

你虽然彻底坦白得晚了些,但总比有一件不交待一件的人强。(周遍义:总比什么都不交待的人强)

(35) #最小的字很难看清。(无周遍义)

看这些字比看最小的字还难看清。(周遍义:比看任何字都难看清)

(36) %(连)死了爹妈也伤心。(不合语用法)

这件事叫他比死了爹妈也还伤心。(周遍义:比死了任何人都伤心)

是非问句

(37) *见一个不爱一个。(不合语法)

这么好的东西他会见一个不爱一个?(周遍义:他会不个个都爱?)

(38) #他有一点儿悔改的意思。(无周遍义)

他有一点儿悔改的意思吗?(周遍义:他全无悔改的意思吗?)

由此可见,对肯定句而言,将它变为否定就是一种特定的上下文:不能在肯定句出现的极性词或极量词可以在否定句出现;否定只是改变句子极性的诸多手段之一罢了。如何说明这一现象呢?

造成这一现象的原因是假设句、是非问句、否定句是相通的,都属于"非现实句"(石毓智1992称之为"虚拟句")。"现实"(realis)和"非现实"(irrealis)属于情态范畴。按照Palmer(1986)"情态"是反映说话人对命题的态度或认识状况。说话人用"现实句"表明他认为相关命题表达的事情是现存的、实际的,用"非现实句"表明他认为相关命题表达的事情只是可能发生的,或虚设的。如"他昨天在家"是现实句,而"他昨天可能在家""他明天在家""如果他现在在家""他昨天是不是在家?"等为非现实句。否定句和非现实句又有相通之处。在说话人判定命题真假的程度等级上,非现实句靠近否定句的一端(Givón 1990:321):

先设 > 现实肯定 > 非现实肯定 > 否定
想当然为真   强判定为真   弱判定为真   判定为假

从情态上讲,否定句跟疑问句、条件句等非现实句一样都不是对现实的明确肯定。因此可以说否定也是一种情态,它处于以上等级的一个极端。

否定句跟是非问句相通,证据来自有些语言(如拉丁语和土耳其语)里疑问词和否定词的形式相同。(见 Lehmann 1974:153)也有人认为,汉语里的句末疑问词"吗"源自否定词"不(无)"。(见吕叔湘 1982:286-287,王力 1980:453-454,太田辰夫 1987:232-234)否定句跟特指问句相通在汉语里更是明显:

(39) 你跑什么?=别跑!
  你哪里知道?=你不知道。
  你说得是什么话?=你说得不像话。

在许多语言中,假设条件句又跟疑问句有相同的结构(Haiman 1985),如英语的 if 既是条件句的标志又是(间接)问句的标志,条件句和问句还都能采用"倒装句"(助动词置于主语前):

(40) If he will go today, I can go with him.
  "如他今天走,我可以跟他一起走。"
  Let us inquire if he will go today.
  "让我们问一问他是不是今天走。"

(41) Had I known what was going to happen, I would never have left her alone.
  "当时要是我知道要发生的事,我就不会撇下她一个人了。"
  Had you known what was going to happen?
  "当时你知道要发生什么事了吗?"

"正负颠倒"时为了保证句子不出现异常,量级的方向必须相应地颠倒过来,而保持不变的是认知上的"常规推理"。这可以从下面的例子中看得更清楚:

(42) a. 再装上最轻的一只箱子船也会下沉。(再装任何一只箱子都会下沉)

b. 再装上最重的一只箱子船也不会下沉。(再装任何一只箱子都不会下沉)

前一句极小量词(最轻的)用于肯定句得出全量的结果,后一句极大量词(最重的)用于否定句得出全量的结果,这是因为条件小句将量级的方向颠倒了过来,然而保持不变的是这样的"常规推理":如果装较轻的箱子会使船下沉,那么装较重的箱子也会使船下沉。

普遍的语言调查发现,现实句是无标记句,非现实句是有标记句。(参看 Givón 1994)因此可以明了,以上所述的否定量域的规律和全量肯定否定的规律是对无标记句式而言的。下面我们用"关联标记模式"来进一步分析极性词分布上的复杂情况。

6.5 极性词的否定和词序

说"极性词"只能用于否定句或只能用于肯定句,这种说法未免笼统了一点。上面已经说明非现实句这样的有标记句式会使极性词的分布发生颠倒。事实上即使在现实句中也会发生这样的颠倒。有时候肯定一个极小量词得出肯定全量的意思,否定一个极大量词得出否定全量的意思。先看前一种情形:

(43) a. 他一块钱都不给家里寄。

b. 他一块钱都给家里寄去。

(a)不成问题,否定一个极小量表示否定全量,而(b)肯定一个极小量也得出了肯定全量的结果(他有了钱都给家里寄去),跟全量肯定规律不符。但必须指出的是,语言中用肯定极小量来肯定全量的句子虽然

有,但很受限制,必须采用"有标记"的句式。例如(43a)可以用(44a)表达,(43b)却不能用(44b)表达:

(44) a. 他不给家里寄一块钱。
b. #他给家里寄去一块钱。

(44a)仍然是否定全量,(44b)则变成肯定一个极小量。(44)的宾语"一块钱"在动词之后,(43)则移到动词之前。宾语位于动词之后是无标记的句式,宾语位于动词之前是有标记的句式,我们将在第九章详细论证这一点。有时候数量宾语出现在动词之前不合语法,例如:

(45) 不识一字/识一字　一字不识/*一字识
不动一动/动一动　一动不动/*一动动

这就是说,只有在有标记的句式里,肯定一个极小量才可能得出肯定全量的结果,而无标记句式总是遵循全量肯定否定的规律。无标记的句式里,否定的范围和词序是一致的,也就是被否定的词位于否定词的后面,如(44a),在有标记的句式里,否定的范围跟词序不一致,也就是被否定的词位于否定词的前面,如(43a)。这个规律我们在第四章4.5节已经说明。它可以用来解释其他一些有关现象,例如:

(46) a. 他没学三个小时　b. 他三个小时没学
他没上四天课　　　他四天课没上
他没参加一次会　　他一次会没参加

(a)的数量词语在否定词的后边,意思是接近这个数量而没达到这个数量,如"没学三个小时"是学了不到三个小时;(b)的数量词语在否定词的前边,意思是这个数量段全部被否定,如"三个小时没学"是有三个小时都没有学习。当数量为最小的"一"时,在否定词前还是后意思可以一样,都是全量否定。为什么会这样?(a)组是无标记的词序,(b)组是有标记的词序。按照第四章无标记否定和有标记否定的区分,(a)组对数量 x 的否定意味着肯定一个接近 x 的量,也就是说否定量域是大于等于 x,因此是无标记否定;(b)组正好反过来,否定量域是小于等于 x,因此是有标记否定。无标记否定采用无标记句式,有标记否定采用有标记句式,这是很自然的了。(另见第九章9.3.2节从另一角度作出的解释)

过去在说一个词只能或不能用于否定结构时往往不说明这个词和否定词的相对位置,例如有的书上说"总"只用于否定结构不用于肯定结构,那是指"总"位于否定词之前,"总"位于否定词之后是不受此限的:

(47)算了几遍,总没算对/*算了几遍,总算对了。
(48)他不总是这样/他总是这样。

过去讲"总不"和"不总"的区别,后者是"总"在"不"的否定范围之内,前者是"总"在"不"的否定范围之外。现在从否定量域的角度看,"总不"是用否定一个极大量来否定全量,属于有标记否定,所以"总"位于"不"之前;"不总"否定一个极大量时只否定这个极大量,或肯定一个接近"总"的量,属于无标记否定,所以"总"位于"不"之后。因此我们又可以得出如下的关联标记模式(参看第四章4.5节):

被否定成分在否定词之后是无标记词序和无标记否定;
被否定成分在否定词之前是有标记词序和有标记否定。

明确这种关联的标记模式之后就可以理解极量词分布上的一些"例外"。汉语中有一些表极大量的副词,如"从来、老、总、始终",用在否定句很自由,用在肯定句反而受限制,有一些表极小量的副词,如"马上、刚",用在肯定句很自由,用在否定句反而受限制,例如:(均引自《八百词》)

(49)我从来没听说过。　*我从来听说过。
　　　我跟他老没见了。　*我跟他老见了。[6]

算了几遍,总没算对。　＊算了几遍,总算对了。

他始终不屈服。　　＊他始终屈服。

(50) 这事我马上办。　　＊这事我马上不办。

他刚说完。　　　　＊他刚没说完。

这些例子中极量词都不在否定词的后面,例如,"马上"是表示时间量极小的词,只能说"这件事我不马上办",不能说"这件事我马上不办"。前一句"马上"在否定词后面,因此在否定范围之内,后一句"马上"在否定词前面,因此不在否定范围之内。"始终"是表示时间极大量的词,只能说"他始终不屈服",不能说"他不始终屈服",因为前一句"始终"不在否定范围之内,后一句"始终"在否定范围之内。

我们在第四章 4.5 节还说过,跟汉语相比,英语在否定范围和词序保持一致的程度上不如汉语,因此英语中常会遇到真正的例外,例如"until"和"in a coon's age"是极大量词语,但限用于否定句而且位于否定词的后面:

(51) The bomb didn't explode until 10:00.

"炸弹到十点钟才爆炸。"

＊The bomb exploded until 10:00.

(52) No one has seen Martha in a coon's age.

"好久好久没人见到玛莎了。"

＊Fred has seen Martha in a coon's age.

6.6　标记模式和"正常期待"

用标记理论来表述全量肯定否定的规律就是:用否定极小量来否定全量是无标记的表达方式,用肯定极大量来肯定全量也是无标记的表达方式,相反,用肯定极小量来肯定全量,用否定极大量来否定全量都是有标记的表达方式。这种不对称的原因来自人们的"期待"心理,也就是说无标记的表达方式符合人的正常期待,有标记的表达方式不符合人的正常期待。说"他一块钱不给家里寄"时说话人期待他"多"给家里寄钱,是用否定一个极小量来否定全量,而说"他一块钱都给家里寄去"时说话人期待他"少"给家里寄钱,是用肯定一个极小量来肯定全量。有人可能认为,期待多寄还是少寄是由语境决定的,因人因时因地而异,因此谈不上哪一种期待是正常的期待。其实不然。可以把"给家里寄"改为意思相反的"自己留下":

(53) a. 他一块钱自己也不留下。

b. 他一块钱也自己留下。

(54) a. 他自己不留下一块钱。

b. #他自己留下一块钱。

这种不对称的格局跟(43)(44)是一样的,(53a)仍然是说话人期待他"多"留,(53b)仍然是期待他"少"留。这就是说,在没有语境因素影响的一般情形下,人总是期待"多"而不是期待"少"。(43)的(a)和(b),或(53)的(a)和(b),涉及的量级是一样的,差别都在期待的方向上,也就是主观形成的"意象"不一样(见第一章1.3节):

(55) a.　　　　　b.

$$\begin{bmatrix} M(最多) \\ x_2 \\ x_1 \\ m(最少) \end{bmatrix} \begin{matrix} 期 \\ 待 \\ 方 \\ 向 \end{matrix} \downarrow \qquad \begin{bmatrix} M(最多) \\ x_2 \\ x_1 \\ m(最少) \end{bmatrix} \begin{matrix} 期 \\ 待 \\ 方 \\ 向 \end{matrix} \uparrow$$

我们把(a)期待"多"称之为"正向期待";(b)期待"少"称之为"负向期待"。"正向期待"是正常的期待,"负向期待"是不正常的期待。"正向期待"和"负向期待"的对立十分重要,我们在第五章讲"差点儿没"时已经涉及这个问题,第七、八两章还将作进一步论述。

我们可以用同样的道理来论证,用肯定极大量来肯定全量是无标记的表达方式,用否定极大量来否定全量是有标记的表达方式。例如,假定某人一共挣了100块钱,那么他给家里寄钱的话100块就是极大量:

(56) a. 他给家里寄去100块钱。
　　　 100块钱他都给家里寄去。
　　 b. #他不给家里寄去100块钱。
　　　 100块钱他都不给家里寄去。

(a)是用肯定极大量来肯定全量,用无标记句式和有标记句式都不成问题,如要用否定极大量来否定全量必须像(b)那样用有标记的句式才行,即必须把宾语置于否定词的前面。

总之,由于"正常期待"心理的作用,要对某一个概念作全量否定,最常用的方法就是否定表示这个概念极小量的词语;要对某一个概念作全量肯定,最常用的方法是肯定表示这个概念极大量的词语。但是在说话人改变了正常的"期待方向"时,极小量词也可跟肯定相配、极大量词也可跟否定相配来表示全量。这跟否定量域的语用解释是相通的:虽然否定一个量 x 时通常情形下的否定量域是 $\geqslant x$,但在特殊情形下(如改变了正常的期待)否定量域也可以是 $\leqslant x$。

实际上语言中的极小量词语和极大量词语不是绝对的、固定不变的,随着人们期待方向的变化,极小量和极大量往往会互相转化,例如有些副词既可以表示小量又可以表示大量,如"就":

(57) a. 他就要了'三张票,还剩好几张呢。("三"重读,言三张为少,"就"表小量)

b.'他就要了三张票,没剩几张了。("他"重读,言三张为多,"就"表大量)

"就"表小量的例子还有"干了就'半天""他家'就在胡同里头""说完就走"。"就"表大量的例子还有"一干就'半天""小王从小就爱学习""一说就没完没了"。说(a)时的期待量是大于三张票,说(b)时的期待量是小于三张票,期待的方向正好相反。

心理"期待"也是一种心理"视角"。由于视角不同,同一个词可以理解为极小量也可以理解为极大量。副词"净"作"光、只"讲时是表示小量,如"净剩下后排的票了""不能净听你一个人的";作"总是、老是"讲时是表示大量,如"北京春天净刮大风""他净写错别字"。但是"书架上净是科技书刊"这句话中的"净"既可理解为"只"也可理解为"全",句子意思基本不变,道理很简单,如果书架上只是科技书刊,当然也就全是科技书刊:

(58) 书架上只是科技书刊=书架上全是科技书刊

有人曾经对报纸上两个相反的措词表示相同的意思感到奇怪:(程工1984)

(59) 片面追求升学率=全面追求升学率

"片面"追求升学率也就是"只"追求升学率,而"只"和"全"是可以相通的,只是说话人的心理视角不同而已。

数词"一"一般表示极小量,但如果改变我们的视角,"一"也可以变为极大量,例如:

(60) 他一天没干

可以有两个意思,一个意思(A)是,譬如说,一个礼拜七天,他一天活也没干,"一"是极小量,一个意思(B)是他一天没干活,"一天"是

"一整天",是极大量,两者的差别就在于说话人的着眼点:

(61) A
　　　|1　2　3　4　5　6　日|
　　　　　　　一天

　　 B
　　　|上午　中午　下午　晚上|
　　　　　　　一天

同样的例子还有:

(62) 咱们'一间房也买不起("一间房"是极小量,"一"重读)

　　　咱们一幢'楼也买得起("一幢楼"是极大量,"楼"重读)

前一句是否定全量,后一句是肯定全量。"一"表示极大量或全量的用例还有很多:

(63) 他一路上没说话

　　　房间粉刷一新

　　　干一行爱一行

语言的结构和语言的使用受人的心理期待或心理视角的作用和支配,这就证明我们从语言的外部来寻找对语言结构的解释是合理的。

这一章我们用"关联标记模式"来描写和解释极性词或极量词在肯定句和否定句中的分布:极大量和肯定有自然的关联,极小量和否定有自然的关联,都构成无标记的配对;极大量和否定、极小量和肯定是有标记的配对,例如出现在数量宾语居动词前的有标记句式。

决定这种关联标记模式的是否定量域和全量肯定否定的规律,而后者又是由"适量准则"这样的语用原则和"常规推理""正常期待"这样的认知规律决定的。

极量词肯定否定的标记模式在语法、语义、语用三个层面上是一致的。由于遵循"适量准则"或运用"常规推理"这样的语用法或认知方式在"语法化"的程度或进程上有所不同,有些极量词已变成语法上的"极性词",有些极量词还没有变成或没有完全变成语法上的"极性词",因此在正负颠倒的情况下会出现不合语法、不合语义、不合语用法三种异常现象。这也说明,基本的、普遍适用的认知规律在解释语言现象时可以打破语法、语义和语用的界线。

附　注

① 这方面的内容已在沈家煊(1995a)一文论述过。

② 这句话还有"休息不足一天"的意思,下面再说,这里暂不考虑。

③ "一天也休息""一次也去"在一定的条件下似乎也可以说,但"一"必须重读,意思是"即使只休息一天也要休息""即使只去一次也要去"。见以下6.6节。

④ "也"字的语义也有所变化,如在(23)第一句里是指"他"跟别人一样,(21)第一句里是指"再大的困难"跟其他困难一样。这种词义变化我们暂且不讨论。

⑤ 这一句不能用"也",原因待考,但注意"乔姆斯基本人就懂转换语法"并无周遍义。

⑥ "老"表示"经常"义时可有肯定式。

第七章　肯定与否定对立的消失

以上讨论的都跟肯定和否定的对立有关,这种对立是无标记和有标记的对立,因此是对立而不对称。自然语言中还有一种跟逻辑不一致的现象,那就是肯定和否定在一定的语言环境里对立消失。这一章将先说明肯定和否定对立消失的现象也是一种标记现象,并可从认知和语用两个方面找到原因,然后再从否定的有标记性和语言交际策略来解释跟双重否定有关的一些现象。

7.1　心理期待的正负值

7.1.1　"一会儿"和"不一会儿"

上一章证明表示极小量的语词跟否定有一种自然的关联,在一般情况下否定一个极小量等于否定一个全量。极小量语词还有一个特性,那就是有时可以添加一个否定词而不怎么改变原来的意义,例如:

（1）一会儿饭做好了＝不一会儿饭做好了
（2）过几天就会回来的＝过不了几天就会回来的
（3）过些日子他就会厌烦的＝过不了一些日子他就会厌烦的
（4）麦子几天就可以收割了＝麦子不几天就可以收割了

"一会儿"是时间上的极小量,"不一会儿"是连这个极小量都达不

到,意思好像有所差别,其实都是表示时间极短,说话时似乎并不在乎这点差别:

(5) 不一会儿,水开了。曹霑满以为翠儿就该泡茶了,没曾想,她从从容容打开盖子,用竹水斗舀了一点冷水,加了进去,盖好,又煮了起来。一会儿,水又开了。(端木蕻良《曹雪芹》)

这一句前面用"不一会儿",后面用"一会儿",两者换个位置,意思好像也没有变化。但两者还是有不能换用的地方,例如:

(6) 急什么,再坐(*不)一会儿吧。

(7) 这件事过(*不)几天再商量。

毛修敬(1985)认为,叙述未来情况的"一会儿"不能用"不一会儿"替换,(6)是他举的例子。但是下面这句话以及上面的(2)(3)(4)也表示未来情况:

(8) (不)一会儿就会回来的。

下面的例子虽然不表示未来情况,但也不能用否定式来替换:

(9) 等了(*不)一会儿饭才做好。

其实,这里涉及一个心理视角的问题。上一章说极小量词(如"一天")由于心理视角的不同可以表示极小量也可以表示极大量。这里极小量词,如"一会儿",由于心理视角的不同,从听话人的期待来说,它可以是相对"零"而言,也可以是相对一个较大的量而言。(6)(7)(9)三例显然是相对"零"而言的情形:原先是听者立即要走,立即要商量,以为饭已经做好,他所期待的"离去""再商量"和"做好饭"的间隔时间为"零"。(1)-(4)以及(8)是相对一个较大量而言的情形:拿(1)来说,听者期待的做好饭的时间要大于"一会儿"。凡是有"就"字出现的都是相对一个较大量而言的,如以上(2)-(4)和(8)诸例。(1)虽然没有"就"出现，但可以加进去。凡是相对"零"而言的情形都不能加"就"但可以加"才"，如(9)。① 在下面这个例子中，前一个"一会儿"是相对"零"而言，后一个"一会儿"是相对一个较大量而言：

(10) 急什么，再坐一会儿，就一会儿。

这种差别类似于英语中的 a few 和 few：

(11) a. He has a few friends in high places.
        "他有几个身居高位的朋友。"
    b. He has few friends in high places.
        "他没有几个身居高位的朋友。"

a few"有几个"和 few"没有几个"表示的实际数量可能是相等的，都是一个很小的量，差别在于"没有几个"表示的数量是相对某个较大的期待量而言，言少，带有否定的意思，"有几个"表示的数量是相对于零而言，虽然量小，但带有肯定的意思。客观上都是一个很小的量，主观上可以形成两个不同的"意象"。(见 Langacker 1987；第一章 1.3 节)

但是"一会儿"和"不一会儿"的区别又跟英语 a few 和 few 的差别不完全一样。"一会儿"可以相对"零"而言，也可以相对一个较大量而言，而"不一会儿"只相对一个较大量而言。在相对一个较大量而言的情形下，用"一会儿"和"不一会儿"都可以，在相对"零"而言的情形下，只能用"一会儿"。这里又出现形式和意义之间不是一一对应的扭曲关系(见第十二章)，而这种不对称跟标记模式是一致的：肯定式"一会儿"是无标记项，它的分布范围比否定式"不一会儿"(有标记项)的广。

"一会儿"相对"零"而言时是一个正值，因为是在期待量上"增加"一个量；"一会儿"和"不一会儿"相对一个较大量而言时则是一个负值，因为是在期待量上"减去"一个量。极小量词表示一个正值是无标记的，表示一个负值是有标记的，"不"就是一个附加的标志。也可以这样说,极小量词的肯定式和否定式对立消失的现象是一种特殊的现象,一般只发生在极小量词表示一个负值(有标记)的情形下。负值是有标记项,第八章还要进一步说明。

说极小量词表示一个正值是无标记的,表示一个负值是有标记的,这还可以从另一个角度得到佐证。在阐述"适量准则"时已经明白(见第四章4.2节),说出一个量 X 时的隐涵义是"只有 X",如说出"老郭有三个儿子"的隐涵义是"老郭只有三个儿子"。同样,说出一个极小量词,如"一会儿",隐涵义是"就一会儿"。这个隐涵义是一个负值,它是相对一个较大量而言的。词语的隐涵义相对词语的本义(衍推义)而言是特殊的、有标记的,它在特殊的语境里可能被"消除",也可以被"追加",例如:

(12) 我等了一会儿,其实还不止一会儿。(隐涵义"消除")
　　　我等了一会儿,就一会儿。(隐涵义"追加",同例(10))

总之,"一会儿"和"不一会儿"的对立和对立的消失是由心理期待量的正负值决定的,正负值的不对称也就是无标记项和有标记项的不对称。

7.1.2 "除非……"

(13) a. 除非男女双方同意,才能离婚。
　　　b. 除非男女双方同意,不能离婚。

在"除非……"小句之后,肯定与否定的对立似乎也消失,两句都是表示满足男女双方同意这个唯一条件才能离婚的意思。在实际语言中,这两种用法并存,古代就是如此,不能说其中一种((b)的用法)是不规范的用法。(见祝注先1981)(a)和(b)当然不是绝然相等,虽然都是从"唯一条件"的角度出发,但(a)侧重在强调怎样"才能离婚",

(b)侧重在强调"不能离婚"的原因。(a)里的"除非",其词义跟"只有"相同;(b)里的"除非",其词义跟"除了"相同。然而问题是为什么"除非"会有这两个词义,为什么"除非"比"除了"多一个"非"而词义相同。原因仍在于心理期待值。"才"这个副词表示的是一种心理期待的负值,这可以从"才"和"就"的对比中看得很明显(详见第八章8.3.1节):

(14)煮半天就能煮烂。

(除非)煮半天才能煮烂。

用"就"时听者期待"煮烂"需要的时间大于半天,期待值是个正值;用"才"时听者期待"煮烂"需要的时间小于半天,期待值是个负值。这个心理期待的负值有否定的含义,也就是"煮不到半天的话煮不烂"。由于说话人感到这个否定的含义不明显,有必要明确说出来,于是说成"除非煮半天,(否则)不能煮烂"。可见(13)的(a)和(b)是一正一反两种表达方式,在语感上(b)表达的否定意味更突出,有强调的语义效果。证据是(b)前后两个小句可以互换位置,"除非"小句移到后面后明显地是一种补叙,语调很低,补叙的内容不是强调的对象,前面的小句就相对突出。(a)则不能这么互换。

(15) a. *才能离婚,除非男女双方同意。

b. 不能离婚,除非男女双方同意。

要指出的是,这种正反表达方式只适用于心理期待为负值的"才"字句,不适用心理期待为正值的"就"字句。心理正负值的对立也是无标记和有标记的对立。

7.1.3 "差点儿"和"差点儿没"

"差点儿"和"差点儿没"也是有时候对立消失。(16)是对立的例子,如"差点儿考上重点大学"是没考上的意思,"差点儿没考上重点大学"是考上的意思。(17)是对立消失的例子,如"差点儿闹笑话"和"差点儿没闹笑话"都是没闹笑话的意思。

(16) 差点儿考上重点大学≠差点儿没考上重点大学
    差点儿赢了那场球≠差点儿没赢那场球
(17) 差点儿闹笑话=差点儿没闹笑话
    差点儿答错了题=差点儿没答错了题

我们在第五章已经论证,这种肯定和否定对立消失的现象也跟说话人的心理期待有关。一般是在涉及不如意的事情时"差点儿"和"差点儿没"的对立才可能消失。(17)里的"闹笑话""答错题""摔一跤""输光"都是不如意的事情。如果把如意的事看作正值,不如意的事看作负值,那么这种现象实际上也跟心理期待的正负值或标记性相联系:

  凡是说话人期望发生的事情,"差点儿"表示否定,"差点儿没"表示肯定,两者对立;

  凡是说话人不期望发生的事情,"差点儿"表示否定,"差点儿没"也表示否定,两者对立消失。

有人(毛修敬1985,石毓智1992)认为用心理期待来解释不如用词语的意义是积极的还是消极的来解释好,看他们举的例子:

(18) 这一下差一点没有把张维气死,气得他直瞪着眼,大张着嘴,足有一分钟没说上话来。(赵树理《张来兴》)
(19) 你,在朝鲜战场是个怕死鬼!我差点没有枪毙你!(丁隆炎《最后的年月》)

"张维"是说话人的仇人,"把张维气死"是期望发生的事情,但却是实际没有气死的意思。"差点儿没"这里可以用"差点儿"替换,两者的对立消失是由于"气死"一词是表示消极意义的词。(19)也是说话人期望"枪毙你",但实际没有枪毙,跟"差点儿枪毙你"同样表示否定。看来,决定对立消失的是"气死"和"枪毙"的消极意义。也就是说,期望和不期望随说话人的主观愿望变化,词语表示积极意义还是消极意义则是客观的和固定的,"差点儿"和"差点儿没"的意义还是由后者决定的。

我们认为,词语固有的积极意义和消极意义归根结底还是跟人的期望有关系。因为积极意义是人们通常所期望的,消极意义是通常所不期望的。人们通常不期望死,所以"死"这个词才有了"消极"意义。看下面的例子:

(20) 那个叛徒,我差点儿没枪毙他!

那个叛徒,我差点儿枪毙了他!

"枪毙"虽然是消极意义的词,但如果说话人不期望枪毙他(为了留活口,譬如说),这两句话就都表示实际没有枪毙,肯定和否定的对立消失。(19)之所以理解为实际没有枪毙,实由语境所决定:说话人不可能对已经被枪毙的人说话。同样(18)是因为上下文表明"张维"不可能已被气死。我们在第五章5.2.2节已经说明,"差点儿P"有两个语义成分,通常情形下,"非P"是它的"前突衍推","接近P"是它的"背衬衍推"。由于语境或重音的作用,"背衬衍推"和"前突衍推"是会发生颠倒的,因此得出的肯定或否定的理解可能跟一般规律相反。但在通常情形下,一般规律是起作用的。

法语里相当于汉语"差点儿"的词语是"s'en falloir de peu",有时候多一个否定词"ne",意思保持不变。跟汉语有所不同的是,法语的这种肯定和否定对立的消失不仅适用于消极成分(21),也适用于积极成分(22)。(参看贝罗贝1991)

(21) a. Il s'en est fallu de peu qu'il tombe.

　　 b. Il s'en est fallu de peu qu'il ne tombe.

　　 "他差点儿摔了／没摔了一跤。"

(22) a. Il s'en est fallu de peu qu'il gagne le prix.

　　 b. Il s'en est fallu de peu qu'il ne gagne le prix.

　　 "他差点儿中奖。"

但是在我们所知道的语言中，还没有一种语言肯定与否定对立的消失适用于积极意义的词语而不适用于消极意义的词语。用一个"蕴含通性"（第二章2.2.2节）来表述就是：如果一种语言里肯定与否定对立的消失适用于积极意义的词语，那么也一定适用于消极意义的词语，反之则不然。因此法语的情形并不构成上述规律的反例。②

汉语里肯定与否定对立消失的其他句式大多发生在消极意义的词语上。现把文献中已见到的各种句式列出如下（部分引自吕叔湘1987a）：

(23) 一个人难免犯错误＝一个人难免不犯错误

(24) 这样才能避免今后发生错误＝这样才能避免今后不发生错误

(25) 以免再次发生此类事件＝以免不再发生此类事件

(26) 能否防止再发生病虫害＝能否防止不再发生病虫害

(27) 难道还要抵赖你参与其事？＝难道还要抵赖你没参与其事？

(28) 我真后悔跟他吵架＝我真后悔不该跟他吵架

(29) 怪我来晚了＝怪我不该来晚了

(30) 留神摔下来＝留神别摔下来

(31) 谁也不否认这些戏有教育意义吧＝谁也不否认这些戏没有教育意义吧

(32) 就差写一篇序了＝就差没写一篇序了
(33) 有个别单位拒绝执行＝有个别单位拒不执行

这种添加一个否定词后意思不变的情形,正如 Jespersen(1924:333)早就指出的,是因为原来的句子含有否定的意思而又没有明确表达出来,说话人感到有必要强调否定的意思以避免误解,于是就加上实际上是赘余的否定词。像上面"避免""防止""后悔""拒绝"这样的词语都含有否定的意义又都不是明确的否定词。当然,一般总是在否定不如意的事情时这种强调否定才尤为必要。③(23)-(30)否定的都是不如意的事,(31)似乎是例外,"这些戏有教育意义"表示积极意义,但注意前面的动词本身是个双重否定的"不否认",句子不是要否定什么而是表示肯定,因此很难说是反例。真正的例外只有(32)(33)。

7.2 语用原则和"好不"

肯定与否定对立的消失实际有两种情形:一种是否定式的意义等于肯定式的意义,例如"好不热闹"等于"好热闹";另一种正好相反,是肯定式的意义等于否定式的意义,例如"好容易"等于"好不容易":

(34) 好不热闹＝好热闹(肯定义)
　　　好容易＝好不容易(否定义)

这种不对称似乎完全是由语言习惯造成的,没有理据可言。我们将用标记理论来证明这种现象不完全是语言习惯问题。④

7.2.1 "礼貌原则"和褒贬词

吕叔湘(1984a:76)指出,"安分""争气""上算"这一类形容词本身不能用"好"来加强,可是用"不"否定之后就可以用"好"来加强:

(35) *好安分　好不安分
　　　*好争气　好不争气
　　　*好讲理　好不讲理
　　　*好公平　好不公平
　　　*好知足　好不知足
　　　*好上算　好不上算

这些词语在语义上有没有什么共同点,吕先生认为很值得研究。

首先要说明的一点是,说"安分""讲理"等词语本身不能用"好"来加强,这是指一般用法而言。在特殊用法中,例如使用反语,则不受此限。事实上,当这些词语用"好"来加强时必须按反语来理解,如"好安分"是对"不安分"的反语表达,"好讲理"是对"不讲理"的反语表达。这一节里"好"字前的*号表示反语。如果我们把"好容易"也看作一种反语表达(见下),那么这些词语都跟(34)里面的"容易"一个类型:

(36) *好安分=好不安分
　　　*好争气=好不争气
　　　*好讲理=好不讲理
　　　*好公平=好不公平
　　　*好知足=好不知足
　　　*好上算=好不上算

(36)里涉及的形容词在语义上大多是表示在特定社会和文化中的道德规范或行为准则的,可称之为"道义词"(deontic words),它们包括:安分、争气、讲理、公平、人道、知足、识相、道德、知趣、晓理、识时务、识抬举、通人情、守妇道、懂交情、得人心,等等。其中有些词语,如"安分"和"守妇道"等明显带有特定社会性质的烙印。[5]

还有一些词语虽然不属于"道义词"，但表示人们在社会活动中对行为结果的某种期待，例如"值得""上算""经济""习惯"，等等。这些词语跟"道义词"一起构成一类特定的带有社会性的褒义词。首先，这类褒义词与所有的贬义词形成对立。凡是贬义词都可以用"好"来加强，而且一般不能按反语理解。贬义词用"不"否定之后用"好"来加强，结果是"好"和"不"结合成一个加强副词"好不"，意思等于"好"：

(37) 好不蛮横＝好蛮横
好不糊涂＝好糊涂
好不狼狈＝好狼狈
好不惭愧＝好惭愧
好不蹊跷＝好蹊跷
好不邋遢＝好邋遢

上述这类特定的褒义词不仅与贬义词形成对立，而且也有别于其他性质的褒义词，如：表示愉快心情的词语——高兴、自在、痛快等；表示繁盛景象的词语——热闹、繁华、兴旺等；表示才智和身体上优良素质的词语——聪明、伶俐、漂亮等。这些性质的褒义词跟(37)里面的贬义词一样都跟(34)里的"热闹"同属一个类型：

好不兴旺＝好兴旺
好不高兴＝好高兴
好不自在＝好自在
好不聪明＝好聪明
好不伶俐＝好伶俐

这里的"好不"也已结合为一个加强副词。但需要指出的是，这些词语中有一些的表现是游移不定的，例如，在近代汉语，"好不聪明"多表示否定意义，"好不自在"也有"好不自在"（肯定）和"好不自在"（否定)两种意思(见袁宾1984),在现代汉语里仍然如此。据有些人的语感,"好不高兴"和"好不痛快"也都有肯定和否定两种意思。我们认为,这是因为前面所说的带有社会性的那类褒义词没有明确界定的范围,尤其是表示人们对行为结果的某种期待的词语,它们与其他褒义词的界线难以划清。不过总的来说,在受"好"修饰和加"不"受"好"修饰时,带有社会性的褒义词独自构成一类,跟贬义词和其他一般的褒义词形成对立。

这种对立可以用语用上的"礼貌原则"来解释。语言中褒贬词语的用法跟"礼貌原则"有密切关系。譬如,汉语中"不大、不太、不怎么、不很、不十分"这样一些表示程度的词语如果修饰褒义词,往往是对不如意事情的一种委婉表达;后面如果跟的是贬义词则不是委婉表达:(参看马清华1986)

(38) 不大合适,不太礼貌,不很熟悉,不很投机,不怎么喜欢,不十分高兴

(39) 不很饿,不太矮,不大打我,不怎么恶心,不十分粗俗

(38)里的词语实际是"不合适""不礼貌"等等的委婉说法,例如:

(40) "你为什么要这样对我提问题?这样不太礼貌,是不是?"……我觉得她太没有礼貌了。(戴厚英《人啊人》,引自马文)

说话人心里觉得对方"太没有礼貌",可嘴上却说"不太礼貌"。相反,(39)里的词语都不是"不饿""不矮""不粗俗"等等的委婉说法,比如,假如你觉得某人不粗俗,如果你说他"不太粗俗",那倒反而有他"比较粗俗"的意思了,因为我们在第六章6.2节说过,否定某一个量 X 往往意味着肯定一个接近于 X 的量,说某人"没有三个儿子"意味着他"有一个或两个儿子"。

带有社会性的褒义词对"礼貌原则"特别敏感是很自然的,因为

"礼貌"本质上是一种社会规范。参照 Brown & Levinson(1978),我们把"礼貌原则"简要地表述为:

礼貌原则:用言语进行评价,尤其是评价人的社会行为时,对坏的要说得委婉,对好的要说得充分。

一般来说,对缺点的批评是一种有损对方面子的行为,不宜直接使用贬义词,因而往往用"不"加相应的褒义词来代替。例如,不直接说对方"蛮横",而说他"不讲理"。相反,对优点的肯定应直接使用褒义词,不宜用"不"加相应的贬义词,例如,对方如果是个通情达理的人,就不该用"不蛮横"来评价他。这种不对称可以图示如下:

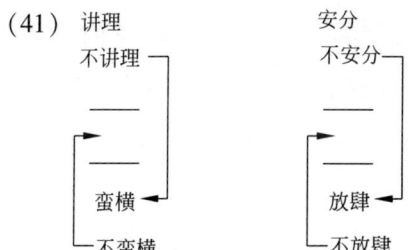

否定褒义的"讲理"隐含着贬义的"蛮横",否定贬义的"蛮横"隐含的却是介于褒贬之间的中性意思。受"礼貌原则"的支配,人们经常用"不讲理"来评价蛮横的人,结果是"不"和"讲理"的结合变得很紧密,"不"逐渐变为一个"否定前缀";由于人们不常用"不蛮横"来评价讲理的人,"不"和"蛮横"保持松散的结合关系,"不"仍然是个句法上的否定词:

(42) 不　讲理,不　安分("不"相当于否定前缀)
　　　不　蛮横,不　放肆("不"是句法上的否定词)

这两种结构前再加上"好"来加强,自然就会导致"好不讲理"和"好不蛮横"在结构和语义上的对立:

(43) 好　不讲理(否定义)
　　　好不　蛮横(肯定义)

"不讲理"和"不蛮横"受副词"多"修饰的感叹句也呈相似的不对称,一般只说"多不讲理!",不说"多不蛮横!":

(44) 多不讲理　　＊多不蛮横
　　　多不安分　　＊多不放肆
　　　多不好看　　＊多不难看

7.2.2　反语的语用法

"礼貌原则"还未能解释"好蛮横"跟"＊好讲理"之间的对立,即为什么"好讲理"一定要作反语理解才能成立。同样有待解释的是,为什么"好不蛮横"(是"好"修饰"不蛮横")一定是反语,"好不讲理"则不是反语。

作为一种修辞手段,反语常见的是用正面的词语来表示反面的意思,很少用反面的词语来表示正面的意思。我们常用"你真聪明"来表示"你真笨",用"你真讲理"来表示"你蛮不讲理",但很少用"你真笨"来表示"你真聪明",用"你真蛮横"来表示"你真讲理"(需要特殊的语境才能这么用),这种不对称可表示为:

(45) 你真聪明⇒你真笨
　　　你真笨⇒你真聪明

一般的修辞书把反语定义为"正话反说或反话正说",没有指出反语使用的这种不对称,有的书虽然指出了这种不对称,却没有对此作出任何解释。

Sperber & Wilson (1981)从语用角度来解释这一现象,提出了反语的"引述理论"。他们认为,使用反语是按字面意义"引述"一个词语并对其表明一种(讽刺的)态度。"引述"是相对"陈述"而言,两者的区别见于以下例子:

(46) 我已通知小李来开会,他五点钟到。他说是四点到,但他总是迟到一小时。

(47) 我已通知小李来开会,他五点钟到。他总是迟到一小时,所以他要六点才到。

"他五点钟到"这句话在(46)里是说话者自己的陈述,在(47)里是说话者引述小李的话。有一种"引述"是"回声引述",乙的应答好像是甲说的话的回声,例如:

(48) 甲:我这个人从来不蛮不讲理。

乙:你不蛮不讲理,那天底下还有谁是蛮不讲理的!

"引述"的内容也可以是对方的话所隐含的意思,对方并没有明说出来,例如:

(49) 甲:这不是我的错。

乙:那这是我的错啦,你什么意思?

名言警句也经常成为引述的对象,例如:

(50) 尊老爱幼!现在的年轻人才不管这一套呢。

(51) 要爱祖国,可是谁爱我呀?

总之,引述的用意不在传递某种命题内容,而是表示已听到或听懂对方的话并同时表明一种态度。例如(48)-(51)都是表明一种讽刺的态度,不以为然的态度。

就"好蛮横"和"﹡好讲理"的对立而言,"好蛮横"的"好"是一个陈述性加强副词,"蛮横"是陈述和加强的对象;"﹡好讲理"的"好"是一个引述性加强副词,"讲理"是引述和加强的对象。副词"好"用于反语时有引述的作用可从"好(一)个……"的句型中看得更清楚:

(52) 好个"友邦人士"!(鲁迅《"友邦惊诧"论》)

(53) 你没有反映出生活的本质和主流,你写的只是现象和支流罢了!……好一个本质和主流!(王蒙《睁开眼睛面向生活》,《光明日报》1979.9.5)⑥

反语的不对称用法可以这样来解释:在用言语进行评价,特别是评价人的社会行为时,经常要引用按文化定义的行为规范或道德标准,也经常要提到我们对行为结果的正常期待。因此,当有人明显违背行为规范和道德标准,或当我们的正常期望落空时,我们就常用讽刺的口吻引述这些规范、标准和期待,例如说"你好讲理呀!""这样做好值得呀!"等等,于是褒义词中的"道义词"和表示正常期待的词语就经常成为引述的对象;相反,对不道德、不规范、令人失望的行为的批评总是针对某些具体的人或事,因此贬义词语一般不会是引述的对象。

词义的演变经常有褒贬义互相转换的。例如"吹嘘"原来是"赞扬、夸奖"的意思,褒义,现已变为"自我虚夸"的贬义,"爪牙"原来也是褒义,指捍卫国家的武臣或指能辅佐的人,现在是贬义,指走狗、帮凶。贬义变褒义的例子如"冤家",原为怨家,指仇人,后来又能指心爱的人或东西;"因陋就简"原为简陋苟且、不图改进的贬义,现为力求节约办事的褒义。在褒贬义的互转过程中会出现一个词兼有褒贬二义,即"美恶同辞"现象,如"老实""骄傲""天真"等词(孙德宣1983)。需要指出的是这样一个事实:历史上由褒义变为贬义的多,而由贬义变为褒义的少。(参看甘玉龙1987)如何解释这种褒贬义互转的不对称呢?使用反语应该是一个重要原因,褒义词用作反语的可能要大大高于贬义词,褒义向贬义转化也就多于贬义向褒义转化。可见词义的演变也要受语用原则的支配。

"*好讲理"这类词语中的"好"是一个引述性的加强副词,它所引述和加强的对象限于一类特殊的、表示道义和对行为结果正常期待的褒义词。这类褒义词在语义上的特点是,如果我们说某人不具备这类褒义词所表示的品质,实际就是对此人的批评,例如说某人不讲理或不安分是在批评他,而如果是说他不高兴或不机灵,那就没有批评的意思,或批评的意思不重,虽然"高兴"和"机灵"也是一般的褒义词。我们还不知道除了汉语,其他语言中从语义上定义的"道义词"是否也能在用法上找到相应的特点。有一点可以指出的是,"道义"总是和"应该"相关,例如法语中"devoir"一词既表示"应该",又表示"道义上该做的事",即"义务"或"责任"。"道义词"前面总是可以加"应该":应该安分,应该讲理,应该识时务,应该守妇道,等等;其他性质的褒义词则不然,例如,我们一般不说"应该机灵",而说"应该机灵一点";不说"应该热闹",而说"应该再热闹一些";也不说"应该高兴",而说"这种场合应该高兴才对"。这是因为道义标准总是相对稳定的,不会变来变去,而其他性质的褒义词在不同的语境中可以有不同的理解,例如,"热闹"算是繁盛景象,但有人却喜欢清静;我们感到"高兴"的事会使我们的敌人扫兴。也正因为道义词的褒义具有稳定性,所以它们才经常成为引述的对象。

7.2.3 副词"好不"的语法化过程

双音副词"好不"的形成是一个"语法化"(grammaticalization)的过程,也就是一种语用法约定俗成之后变为语法的一部分的过程。这个过程我们暂且假设如下:

(54) 好(引述)不蛮横(反语)⇒好不(陈述)蛮横⇒好不(陈述)热闹

这个式子表示,"好不"这个双音副词的形成源自"好"这一单音副词的一种语用法,即"引述+讽刺"的反语用法。可以设想这样的使用场合:

(55) 甲:你怎么这么蛮横!
乙:我根本不蛮横。
甲:你好"不蛮横"呀!

这里的"好"是个引述性副词,由于"不"和"蛮横"的联系比较松散(见以上 7.2.1 节),上述用法在变得频繁后,"好"和"不"就逐渐结合在一起形成"好不"。这个"好不"不再是引述性的,而是陈述性的,从而使语句的字面意义重新与实际要表达的意义相一致。这种演变过程很可能首先像(55)那样发生在用"不"否定的贬义词语上,待"好不"形成后再扩展到(除贬义词以外的)其他词语上,如"好不热闹""好不高兴"。设想这一顺序的理由是,如前所述,反语用法的"好"一般用于正面词语,而"不蛮横"比"不高兴""不热闹"更接近于道义上的正面词语。支持这一设想的证据是袁宾(1984)提供的历史材料。袁文统计了 25 种近代汉语著作中"好不"的使用情况。《西游记》之前的十六种著作中皆不见表肯定的"好不"用例,《西游记》之后的七种明清著作,肯定和否定的"好不"并存,各书表肯定的用例一律多于否定式,而《西游记》一书却否定的用例(为 15)多于肯定的用例(为 7)。这说明考察《西游记》中"好不"的用例可以知道"好不"最初用作反语表示肯定的情况。该书七处表示肯定的用例,我们发现其中六例都用的是贬义词,只有一例是褒义词。⑦

至此我们已经解释了为什么"好不热闹=好热闹",还有待解释的是"好容易=好 不容易"。考虑到"好"的反语用法,这也不难解释。首先注意当我们说"好容易"等于"好 不容易"时,大多是针对"好容易"

作状语而言的,而且后面往往还带有副词"才",例如,

(56) 找了半天,好容易才找到他。
(57) 千辛万苦好容易才挣下这份家业。

而当"好容易"不作状语时不一定等于"好 不容易",例如:

(58) 要吃这吃那,说得好容易,谁来做呀!
(59) 老太太叫把蓝呢蒙上,说得好容易,谁是轿子店的出身?[⑧]

虽然"说得好容易"隐含"做起来不容易"的反面意思,但"好容易"本身在这里仍表示很容易的意思。我们说,作状语用的"好容易"是它的反语用法"语法化"的结果:

(60) ＊好(引述)容易(反语)⇒好容易(状语,非反语)

这里的＊号跟"＊好讲理"中的一样表示要按反语来理解,而作状语用的"好容易"已经凝固成一个表示否定意义的副词性成分,说话人在使用时已不再意识到它是一种反语用法。这种语法化跟(54)所示的"好不"的语法化过程有所差别,主要跟结构层次的变化有关。(54)的语法化使结构层次发生迁移,(55)的语法化使一个结构层次消失:

(61) 好'不蛮横⇒好不'蛮横(＝(21))
(62) 好'容易⇒好容易(＝(27))

这两种结构层次的变化都是语法化过程中的常见现象。(见 Langacker 1977,沈家煊 1994b)

反语"好容易"在状语的位置上语法化,这可能是由于后面的"才+动词"决定了它只能表示否定的意思。总之,作状语用的"好容易"跟(58)(59)中作补语的"好容易"的区别,以及跟"＊好讲理"的区别,都只在于反语用法"语法化"的程度不同而已:作状语的"好容易"语法化程度最高,作补语的"好容易"次之,而"＊好讲理"程度最低。

据上引袁文对近代汉语的考证,在"好容易"一语出现之前,未发现"好不容易"的说法。因此可以说"好不容易"表示"很不容易"的否定说法是说话人考虑到反语"好容易"的否定意义还不够显豁,有必要添加一个否定词使否定义明显化,从而使字面意义跟实际意义相吻合。这跟本章7.1节说明的情况是一样的。因此"好不容易"的产生应该在"好容易"之后:

(63) ＊好(引述)容易(反语)⇒好(陈述)不容易

这一节说明与副词"好"和"好不"有关的不对称用法实际是由褒义词和贬义词的不对称造成的。褒义词是无标记项,贬义词是有标记项,这是一般规律,下一章还将进一步论证这一点。受社会因素的作用,例如对道德规范和行为标准的注重,表示道义的一类褒义词由于对"礼貌原则"的特别敏感而跟其他词形成对立。词义的演变和语法化的过程也都要受褒贬义标记模式和语用原则的制约。

7.3 "判断语词"和双重否定

7.3.1 双重否定和否定词移位的两种结果

跟肯定和否定的对立消失一样,自然语言中的双重否定也不像数学上负乘负得正那样互相抵消。最突出的是有些场合双重否定大大改变了原来的单纯肯定的意义,特别是含有能愿动词的句子(见吕叔湘1987a):

(64) 我不能不来＝我必得来≠我能来
    你不会不知道＝你一定知道≠你会知道
    他不得(dé)不说＝他得(děi)说≠＊他得(dé)说

他不肯不来＝他一定要来≠他肯来

他不敢不去＝他只好去≠他敢去

其他动词的例子有：

(65) 不怕他不来≠怕他来

不说他不好≠说他好

不知道他不在家≠知道他在家

但是有的双重否定并不怎么改变原来单纯肯定的意义，例如：

(66) 不相信他不知道＝相信他知道

不希望他不参加＝希望他参加

不赞成他不考大学＝赞成他考大学

为什么会得出这样两种不同的结果是这一节要讨论的问题。

比较(67)中的(a)和(b)可以看出，两种结果是由介于两个否定词"不"之间的主要动词"知道"和"相信"造成的：

(67) a. 不知道他不在家≠知道他在家

b. 不相信他不在家＝相信他在家

概括地讲，在双重否定格式"不 V_1+(N)不 V_2"里，两种结果是由不同的主要动词 V_1 造成的。

我们还发现，在单一否定的格式"V_1+(N)不 V_2"里，如果把 V_2 前的"不"移到 V_1 前的位置，也会得出相应的两种结果：

(68) a. 知道他不在家≠不知道他在家

b. 相信他不在家＝不相信他在家

对(b)中的"＝"须作一说明。X＝Y 在这里实际是指 X 在语义上"衍推"Y，但 Y 不能"衍推"X。（关于"衍推"的定义见第四章4.3节）如果

"相信他不在家",那么也一定"不相信他在家";但反过来如果"不相信他在家",不一定就"相信他不在家",可以什么也不相信。因此(b)中的"="所表示的是一种单向衍推关系,即 X→Y。(a)则根本不存在这种衍推关系:"知道他不在家"的意思是事实上"他不在家",而"不知道他在家"的意思是事实上"他在家",两个意思正好相反。其他例子有:

(69) a. 怕他不来 ≠ 不怕他来
　　　说他不好 ≠ 不说他好
　　b. 赞成他不考大学 = 不赞成他考大学
　　　希望他不参加 = 不希望他参加

概括地讲,"$V_1+(N)$ 不 V_2 → 不 $V+(N)V_2$"这种单一否定词的移位得出的两种结果也是由主要动词 V_1 决定的,而且跟双重否定的两种结果相一致。为了阐述的方便,我们集中解释单一否定词移位现象,也就是要说明为什么否定词移位适用于(a)而不适用于(b)。如果能对这种现象中 V_1 的性质作出说明,也就同样能说明双重否定得出的两种结果。

以上(64)给出的能愿动词的例子都得出同一种结果,有人也许会推测否定词移位对能愿动词也一律不适用。可以一一检验:

(70) 我能不来 ≠ 我不能来
　　　你会不知道 ≠ 你不会知道
　　　*他得(dé)不说 ≠ 他不得说
　　　他肯不来 ≠ 他不肯来
　　　他敢不去 ≠ 他不敢去

但是这种推测是不对的。"应该""该""想"等能愿动词都适用否定词移位:

(71) 你应该不去=你不应该去

　　该不说的不说=不该说的不说

　　你到底想参加还是想不参加？=你到底想参加还是不想参加？

这些能愿动词的双重否定式,两个否定也恰好抵消。吕叔湘(1982:256)已经提到"不该不"不是"可",仍然是"该"的意思,例子是:

(72) 早知如此,不该不听他的话。

吕著还指出,这是因为情理所宜,"不该去"实即"该不去"。我们准备把这种"情理"阐述清楚。⑨

适用否定词移位的动词和能愿动词在语义上大致可以分为以下四类:

(73) a. 表示见解:认为,以为,相信
　　　b. 表示感觉:觉得,像,显得
　　　c. 表示意愿:想,打算,希望,愿意,喜欢
　　　d. 表示该应:应该,应当,该,主张,赞成

各举一二例如下:

(74) 我认为我们没有错=我不认为我们有错
　　　我觉得这不丢人=我不觉得这丢人
　　　他像是不会就此罢休=他不像是会就此罢休
　　　我要你不再多管闲事=我不要你再多管闲事
　　　我打算不考大学=我不打算考大学
　　　我主张你不再上诉=我不主张你再上诉

(73) 列出的四种语义可以分为两组,(a)和(b)相通,构成一组,都是对表述的内容是否符合事实作出判断。例如,表示感觉的"觉得"常用

作"认为",只是语气较轻。说"像是……"显然也是在表达说话人的看法。(c)和(d)也相通,构成一组,说"愿意做某事"跟说"应该做某事"一样,都是对做某事的好坏利弊的权衡和判断。事实上有些词既能表示意愿又能表示该应,例如"要"(我要去/你要当心)。

有待解释的是,同样是这二组四种意思,有一部分动词不适用否定词移位:

(75) 表示见解/感觉:知道,说,断定,肯定,明白,承认,意识到
表示意愿/应该:肯,能,让,可以,允许,必须,得(děi),好意思,保证,同意

具体例子如下:

(76) 我断定他不是好人≠我不断定他是好人
他承认他不会写诗≠他不承认他会写诗
我允许你不参加≠我不允许你参加
你必须不再追查≠你不必再追查
你好意思不回信?≠你不好意思回信?

其实,这种否定词移位的不一致现象不限于动词和能愿动词,还有一些表示判断的副词,如"一定"和"可能":

(77) 我一定不麻烦你≠我不一定麻烦你
我可能不参加≠我不可能参加

有意思的是,"很可能"跟"可能"不一样:

(78) 他很可能不参加=他不很可能参加(一般说"他不大可能参加")

对可能性作出判断的程度差别造成了不同的结果,这是我们解答上述问题的关键。

7.3.2 "判断语词"的语义强度

句子可以划分为陈述句、疑问句、祈使句三种基本类型。每个类型又有肯定和否定两种形式。下面我们采用的一些术语引自 Halliday (1985)。句子的肯定和否定称为"极性"。从信息交流的角度看,陈述句和疑问句的功能都跟命题有关,命题在逻辑上可以判别真假。如果用 P 表示命题,对命题的肯定和否定两极分别是"是 P"和"不是 P"。两极之间的中间状态称作"情态"。情态分为"概率"(或然性)和"频率"。判断命题真假的概率有"可能 P-多半 P-肯定 P"几个不同的等级,判断命题真假的频率有"有时 P-通常 P-总是 P"几个不同的等级。祈使句的功能不是命题,而是"命令",命令无法像命题一样判断真假。命令的肯定和否定两极是"做 P"和"别做 P",命令的中间状态称之为"意态"。命令的出发点是对实施 P 的利弊的判断:肯定的命令是肯定实施 P 的好处,否定的命令是否定实施 P 的好处。中间的意态可以从两方面讲。从命令发布者来讲,有强制程度的差别:"允许-应该-必须";从命令的接收者来讲,有个意愿程度的差别:"同意-赞成-保证"。我们将语言中表达情态和意态的语词统称为"判断语词",情态语词是判断真假,意态语词是判断好坏。

7.3.2.1 概率情态和语义强度

先将各种不同程度的概率情态及其语词表达形式列出如下:

(79) 概率情态 $\begin{cases} [可能 P]可能,能,会 \\ [多半 P]很可能,像,显得,相信,觉得 \\ [肯定 P]肯定,断定,知道,说,承认,一定 \end{cases}$

我们把这种情态差别用互相关联的两个语义上的强度等级(参看 Horn 1972)表示出来:

146 不对称和标记论

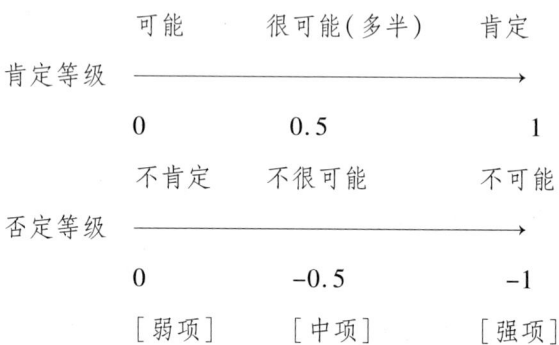

这两个等级的特点之一是,位于等级右边的语词语义上衍推位于左边的词语,反之不然:

(80) 不仅可能是 P,而且多半是 P/肯定是 P
不仅多半是 P,而且 *可能是 P/肯定是 P
不仅肯定是 P,而且 *可能是 P/*多半是 P
不仅不肯定是 P,而且不很可能是 P/不可能是 P
不仅不很可能是 P,而且 *不肯定是 P/不可能是 P
不仅不可能是 P,而且 *不肯定是 P/*不很可能是 P

特点之二是,在一个等级上否定一个弱项("可能")得到在另一个等级上的强项("不可能");在一个等级上否定一个强项("肯定")得到在另一个等级上的弱项("不肯定")。但是,在一个等级上否定一个中项("很可能")仍然得到在另一个等级上的中项("不很可能")。⑩

否定词移位的规律是:上述等级上处于中项位置的语词才适用否定词移位,强项和弱项都不行。

强项为什么不行?有两类强项语词,一类是无论肯定式还是否定式都衍推相关的命题,也就是说,F(p)和~F(p)都衍推 p,我们已经把这种衍推义叫作"预设"义(见第四章4.4节)。例如"知道",说"知道他在家"和"不知道他在家"都衍推"他在家"。有人因此把这类预设 p 的判断语词称作"叙实词"(factives)。(见 Kiparsky & Kiparsky 1970) 叙实词不限于判断语词,但凡是叙实词都预设相关的命题,如"后悔""奇怪""责怪""忘记"等等:(⇒表示衍推)

(81) 我后悔/不后悔当初没考大学⇒我当初没考大学
我十分奇怪/一点不奇怪他没有申诉⇒他没有申诉
我责怪/不责怪你事先不告诉我⇒你事先不告诉我
我忘了/没忘你帮过我的忙⇒你帮过我的忙

还有一类强项语词只是肯定式衍推相关的命题,也就是只有 F(p) 衍推 p,~F(p)不衍推 p。例如"肯定",只有肯定式"肯定他在家"才表示说话人认为事实上"他在家"。同类词还有"断定""承认"等等:

(82) 我断定/*不断定他在家⇒他在家
我承认/*不承认我也有错⇒我也有错

只有肯定式衍推相关命题的语词称作"半叙实词"。正是因为叙实词和半叙实词预设或至少衍推相关的命题,所以不适用否定词移位。

弱项为什么也不适用否定词移位呢?虽然弱项语词的肯定式并不衍推相关命题,但它的否定式却衍推一个相关的否定命题,也就是说,F(p)不衍推 p,但~F(p)衍推~p。例如"可能",说"不可能他在家"显然排除了"他在家"的可能性,也就是衍推"他不在家"。因此弱项语词也是一种半叙实词。

中项的情形就不一样了。无论是肯定式还是否定式,中项语词都不衍推相关的命题,也就是说,F(p)不衍推 p,~F(p)也不衍推 p 或 ~p。例如"相信"作为中项语词,说"相信他在家"没有事实上"他在家"的意思,"不相信他在家"也没有事实上"他在家"或"他不在家"的意思。我们可以举例归纳如下:(*表示判断前后矛盾)

(83) 强项"知道"　　＊我知道他在家,也许他不在家。
　　（叙实词）　　＊我不知道他在家,也许他不在家。
　　强项"肯定"　　＊我肯定他在家,也许他不在家。
　　（半叙实词）　　我不肯定他在家,也许他在家。
　　弱项"可能"　　可能他在家,也许他不在家。
　　（半叙实词）　　＊不可能他在家,也许他在家。
　　中项"相信"　　我相信他在家,也许他不在家。
　　　　　　　　　我不相信他在家,也许他在/不在家。

总之,面临一个表示情态的判断词 F,得看 F(p) 或 ~F(p) 是否衍推 p 或 ~p,如果是,则 F 不适用否定词移位。以上没有举 F(p) 衍推 ~p 的例子,其实这样的语词是有的,例如"装作""梦想""幻想"等,它们意味着相关的命题不符合事实,有人称这类语词为"逆叙实词"（counterfactives）。值得注意的是,有的中项语词另有"逆叙实词"的用法,这样用时意味着作出的判断与事实不符,否定词移位也就不适用,试比较"以为"的两种用法:(a)用作中项判断词,跟"认为"相似;(b)用作"逆叙实词",即强项判断词:

(84) a. 我以为他不合适,(你怎么认为?)= 我不以为他合适
　　　b. 我以为他不合适,(其实他合适。)≠ 我不以为他合适

我们也可以用"排中律"来说明为什么中项语词适用否定词移位。只有中项 F(p) 的含义可以是一个析取式"F(p)∨F(~p)"(∨是析取词"或")。例如只有"相信他在家"的含义可表达为:"相信他在家"∨"相信他不在家"。根据排中律要么相信他在家,要么相信他不在家,非此即彼。如果排除 F(p),即说的是 ~F(p),就得出 F(~p) 的结果。总之,就中项语词而言,~F(p) 和 F(~P) 的语义差别很小:"不相信"和"相信不","不大可能"和"很不可能",意思差别不大,而"不知道"和"知道不","不可能"和"可能不",意思截然不同。

7.3.2.2 意态和语义强度

如前所述,意态包括强制度和意愿度两个方面。不同的强制度和意愿度有不同的语词表达形式:

(85) 意态 $\begin{cases} [允许/同意]允许,同意,可以,能,让,肯,\\ \qquad\qquad 得(dé),准 \\ [应该/赞成]应该,赞成,打算,建议,希望,\\ \qquad\qquad 要,想,主张,考虑,适宜 \\ [必须/保证]必须,强迫,命令,保证,须要,\\ \qquad\qquad 坚持 \end{cases}$

这种意态差别也可以用语义强度等级表示出来:

(86)

```
         可以        该        必须
肯定等级 ─────────────────────────→
          0         0.5         1

         不必       不该       不可
否定等级 ─────────────────────────→
          0        -0.5        -1

        [弱项]    [中项]     [强项]
```

意态的强度等级和概率情态的强度等级具有相同的特性。吕叔湘(1982:254)已经指出:"否定甲的可能就成为非甲的必要,例如'不可粗心'等于'必须不粗心';否定甲的必要也就成为非甲的可能,例如'不必细说'等于'可以不细说'。""应该""赞成""希望"等适用否定词移位正是因为它们处于意态等级的中项位置:在一个等级上否定一个中项仍然得到在另一个等级上的中项。

表示意态的强项和弱项语词并没有预设或衍推相关的命题。说"必须做 p"没有事实上是 p 的意思,说"不允许做 p"也没有事实上不是 p 的意思,只是表示为了避免不良或不利的后果必得或不得做 p。但是,表示情态和表示意态的语词都是"判断语词",只不过前者是判断真假,后者是判断好坏。语言中有好多语词兼有这两种用法,除了前面提到的"要"还有"该"(他该来了吧/我该走了)、"能"(满天星星,哪能下雨/不能只考虑自己)、"一定"(你一定知道/我一定要去)、"想"(我想他不会去/我想自己去一趟),还有"可以""必"等等。⑪

"敢"和"怕"好像不是直接的判断词,但是隐含判断的意思。"不敢不去"隐含"不能不去","怕他不去"隐含"他必须去"。"敢"和"怕"都不是中项语词,因此也就不适用否定词移位。从意态上讲,"怕"是一个强项,这可以从它跟中项"希望"的对比中看出:

(87) 我不仅希望他参加,还怕他不参加。

　　＊我不仅怕他不参加,还希望他参加。

7.3.2.3 数量和频率等级

上面提到,情态除了概率的差别还有频率的差别。表示数量和频率的语词也处在一个强度不同的等级上:

(88) 数量等级　有些　好些　多数　大多数　全部
　　 频率等级　有时　时常　通常　几乎总　总是
　　　　　　　0　　　　　　0.5　　　　　1
　　　　　　　0　　　　　　-0.5　　　　-1
　　　　　　[弱项]　　　　[中项]　　　[强项]

同样,在这个强度等级上只有中项语词适用否定词移位:

(89) 我相信有些书不适合你看≠我不相信有些书适合你看(弱项)

　　 我相信这些书全都不适合你看≠我不相信这些书全都适合你看(强项)

　　 我相信多数书不适合你看=我不相信多数书适合你看(中项)

频率语词也一样,"有时不去"和"不(是)有时去","总不去"和"不总去",意思差别很大,而"常不去"和"不常去"则意思比较接近。可见,否定词的移位不仅取决于主要动词、能愿动词和副词,还取决于数量和频率语词的强度。

7.3.2.4 强度等级的连续性

判断语词在语义强度的等级上并不是分布在弱、中、强三个离散的位置上,而是由弱到强的连续变化。这在数量和频率等级上比较明显,例如"好些"和"时常"都介于弱项和中项之间,"大多数"介于中项和强项之间。否定词移位对这些语词是否适用也就有点把握不定。"不是大多数去"和"大多数不去"的意思差别虽然不像"不全都去"和"全都不去"的差别大,但是跟"不是多数去"和"多数不去"相比差别大的多。在 7.3.1 节我们曾把"可能、能、会"都列在概率等级上的弱项位置,其实"能"和"会"表示的概率比"可能"来得大,也许应该列在弱项和中项之间的位置。丁声树等(1979:90)说,"不可能"是一定不能,比"不能、不会"的语气要确定得多,例如"不会有宗派主义"比"不可能有宗派主义"语气弱。既然"能"和"会"比较接近于中项,那么否定词移位也不会完全不适用,双重否定的结构也可能是大致抵消,等于肯定。丁著中也确实提供了这样的例子(201 页):

(90) 妈,我知道旁人会笑话我,您不会不同情我的。(曹禺)

"不会不同情"是说"会同情",但如果改成"不可能不同情"就是"必定同情"的意思了。

我们曾把"愿意"一词列在意态等级的中项位置,其实"愿意"作"希望"理解时是个中项,作"同意"理解时是个弱项,试比较:

(91) 我愿意不参加,你管不着=我不愿意参加,你管不着("愿意"中项)

好吧,我愿意不追究≠好吧,我不愿意追究("愿意"强项)

有些语词算是中项还是强项不易确定,"需要""得"(děi)"要求"等似乎介于应该和必须之间。

判断语词的语义强度呈现出连续性,否定词移位的适用程度也呈现出相应的连续性,这进一步证明上述语义强度等级确实制约着否定词移位。否定词移位和双重否定的两种结果都可以用语义强度等级上的强弱项和中项的对立来作出统一的解释:

(92) 双重否定　　　　　　　　　否定词移位
　　　弱项:你不可以不来≠你可以来　你可以不来≠你不可以来
　　　强项:你不必不来≠你必须来　　你必须不来≠你不必来
　　　中项:你不该不来=你应该来　　你应该不来=你不应该来

7.3.3　交际策略上的解释

语法学家早就注意到,否定词移位大多见于第一人称现在时态的句子。试比较以下两个句子:

(93) a. 我不认为她会来
　　　b. 他当时没认为她会来

(a)是第一人称现在时态,可以理解为对"她会来"的否定,而(b)则主要是对"他当时认为"的否定。这是因为,"我认为她不会来"和"她不会来"都是同一说话人在同一场合作出判断,只是前者的判断强度较弱而已。⑫而"他当时认为她不会来"和"她不会来"则是不同的说话人在不同场合作出判断。这说明否定词移位现象跟实际语言交流中的说话人密切相关。

从交际策略上讲,否定词移位时说话人要受语言交流的两条一般原则的支配,一条是避免误解的原则,一条是说话委婉的原则。我们在

第三章已说明,否定相对于肯定是有标记项,说话人使用否定句是明确告诉听者他预先假设的肯定命题错了,因此常常会造成不太礼貌或令人不快的后果。说话人对一个否定判断往往想"留有余地",说得委婉一些,不管这个判断是要否定某事的真实性还是否定做某事的好处,而否定词移位恰恰能起到减弱否定的效果,例如说"我不认为她会来"比说"我认为她不会来"要委婉一些,否定的力度低一些。但是一旦这种移位将引起误解,造成信息交流的混乱,就阻止移位的发生。判断语词的中项在语义上对否定词的移位不太敏感,不会引起误解,而强项和弱项语词在语义上对否定词的移位很敏感,容易引起误解,这是强项和弱项判断语词不适用否定词移位的原因。对双重否定也可作类同的解释:对中项判断语词的双重否定一般是直接肯定的委婉表达法,例如"你不应该不来"一般比直接说"你应该来"语气上弱一些。[13]但如要肯定语义上的强项和弱项,双重否定就会引起误解。可见,说话委婉的原则还得服从避免误解的原则。

这一章归纳起来就是,肯定与否定对立消失造成的是形式和意义上的不对称,肯定形式和否定形式同时表示肯定意义或同时表示否定意义;这种不对称也受标记模式的支配。标记模式的形成又可从心理和社会两方面找到原因:心理期待上的正负值是无标记和有标记的对立,由社会文化决定的褒贬义对立也是无标记和有标记的对立,这种对立先造成语用法上的不对称,语用法"语法化"的结果就造成语法的不对称。

双重否定是否改变原来单纯肯定的意义,否定词移位是否改变原来的意义,这跟"判断语词"的语义强度有关,语义等级上的中项跟强弱项形成对立。否定的有标记性促使说话人在避免误解的前提下设法减弱否定的力度,这种语言交际策略是造成双重否定和否定词移位两种结果的原因。

附　注

① "就"和"才"的对立见以下第八章 8.3.1 节。

② 我们推测,法语里肯定与否定对立消失的情形大多发生在消极意义的词语上。这一点得到贝罗贝来信的证实。

③ 人总是向往如意的事情,这一点第八章还要谈到。Jespersen(1924:331)还提到,和逻辑的否定不同,自然语言的否定是表达一种"抵触的感情"。

④ 这部分内容沈家煊(1994a)已发表过,这里有所补充。

⑤ 这里只考虑双音节和三音节的形容词。节律因素也不在考虑之列。例如,"好不　通情达理"跟"好　不通情理"意思正相反,一个肯定,一个否定,就很可能是音节的数目在起作用。

⑥ 此二例引自徐志清(1980)。徐指出这一句型的特点就是"对上文(句或段)的主要意思进行摘引或概括",并含有否定、讽刺、蔑视的感情。Biq(1989)为解释"好不 A"等于"好 A",认为其中的"不"是个元语否定词(即引述性否定词),这种解释十分牵强,而且不能解释"好 A"的反语用法。我们认为,把"好"看作元语副词(即引述性副词)能对有关现象作出更全面更自然的解释。

⑦ 这七例是:好不利害,好不疼,好不滑,好不凶恶,好不凶丑,好不重(皆为贬义),好不溜撒(褒义)。其中"滑"和"重"在上下文里表示不如意的情形,"好不重"的"重"是指打人的棍子重(说话人是被打对象),"好不滑"的"滑"是指井壁滑,无法爬上去(说话人在井底)。

⑧ 此例出自《官场现形记》737 页,是袁宾(1984)举的例子。袁指出,这样的例子代表"好容易"正从一般用法向反语用法过渡,我们同意这一看法。

⑨ 现代的模态逻辑包含 "～□～P＝◇P" 和 "～◇～P＝□P",有待解释的是为什么"不应该 P＝应该 P"。

⑩ 中项词语实际上处在略超过中间(0.5)的位置,因为判断总是带有一定的倾向性。

⑪ 按照 Sweester(1990) 的研究,表示情态的能愿动词是从表示意态的能愿动词虚化而来的。

⑫ Wittgenstein(1953)指出:当我说"我认为……"时,我是在描述我自己的思想状态,只是这种描述不是直接的,就像为描述实物而描述实物的相片一样。

⑬ 双重否定也有起到加强肯定的效果的,例如"没有不赞成的"比说"都赞成"口气强一些,但更多的是减弱肯定。见吕叔湘(1987a:2.4)。

第八章 反义词的标记模式

8.1 反义词的不对称

反义词的不对称,最引人注意的就是一些正反形容词,如"大-小""长-短""高-矮""深-浅"等表现的不对称,例如:

(1) 这块布八尺长　＊这块布八尺短
　　这条河二米深　＊这条河二米浅
　　这条鱼三斤重　＊这条鱼三斤轻

另一种表现是,表示正面意义的形容词只有一个意思,但前面加上表否定的语素后却有两个意思,例如吕叔湘(1984a:74)谈到,"舒服"和"不舒服","舒服"是身体或精神上感到轻松愉快的意思,"不舒服"除了跟这个意思相反(2a)外,还有一个意思(2b)是跟"没有病(没事儿)"相反:

(2) a. 这么躺着不舒服,还是坐起来舒服。
　　b. 我今天有点不舒服,请个假。

同样,"错"的反义词是"对","简单"的反义词是"复杂",然而下面例句中的"不错"有"好"的意思,"不简单"有"有本事、有办法"的意思;"怎么样"本来没有好的意思,但"不怎么样"有"不太好"的意思:

(3) 她长得不错。

他能左手写毛笔字,不简单!

他这篇文章写得不怎么样。

这种不对称可表示为:

(4) 错-不错(对)　　简单-不简单(复杂)

不错(好)-坏　　不简单(有本事)-没本事

赵元任(1968:344)指出作副词用的"好-坏"和"容易-难"这两对反义词之间有一种参差现象:首先,能说"这菜好吃"(good to eat),不说"这菜坏吃",得说"这菜难吃";"好吃"还有"容易吃"的意思。"容易吃"只有一个意思,而"难吃"除了"不容易吃"的意思外还有"不好吃"(tastes bad)的意思。

(5) 好吃 1. good to eat　　容易吃 easy to eat

　　　 2. easy to eat　　难吃 1. tastes bad

　　*坏吃　　　　　　　　　 2. difficult to eat

一对反义词内部和多对反义词之间的不对称都可以用统一的标记理论来解释,这就是本章要论述的内容。

8.2　反义词的种类

8.2.1　"相反词"和"相对词"

"反义词"这个名称的含义非常宽泛,涵盖了各种词义对立的情况,有必要把它们梳理一下。首先,应该在反义词中区分"相反词"和"相对词"。所谓"相反"(contradiction)就是在一个概念域内,非 A 即

B，非 B 即 A，只有两头，没有中间，概念域因此不是一个连续体。例如在"性别"这一概念域内，非男即女，非女即男。"相反词"有的是形容词，有的是动词：

(6) 男-女　正-反　死-活　真-假　对-错　直-弯
　　 开-关　成功-失败　已婚-未婚　及格-不及格
　　 接受-拒绝　服从-违抗　抵抗-投降

"相反词"所在的概念域因为不是连续体，没有程度的变化，所以如果是形容词一般都不能受程度词语的修饰，例如"＊很男""＊非常女""＊十分正""＊有点反"等都是不能说的。它们也不能用在"A 比 B——"的比较句里，如"＊我比他对""＊他比我错""＊我比他已婚""＊他比我未婚"也都不能说。如果用在"不 A 不 B"的格式里，有的是没有意义，如"不正不反""不真不假""不开不关"，有的是表示一种特殊的不满意，例如：

(7) 你这打扮不男不女的，像什么样子！
　　 这不死不活的局面真叫难办。
　　 他做学问不中不西，中国和外国的都不精通。

所谓"相对"(contrariety)就是在一个概念域内，由一端到另一端是渐变的、连续的程度之差，两端之间有中间地带。例如在长度这个概念域内，"长"和"短"是相对而言，程度有别。"相对词"基本上都是形容词：

(8) 大-小　长-短　深-浅　高-矮　粗-细　厚-薄
　　 宽-窄　重-轻　远-近　早-晚　冷-热　干-湿
　　 肥-瘦　好-坏　多-少　升-降　上-下　前-后
　　 左-右　聪明-笨　高兴-难过　容易-困难
　　 认真-马虎

"相对词"一般都能受程度词的修饰,都能用在"A 比 B——"的格式。如果用在"不 A 不 B"的格式都含有恰好,令人满意的意味,例如"不长不短""不冷不热""不肥不瘦""不软不硬""不前不后""不多不少"等。①

关于"相反词"有两点要说明。一是区分 A 和 B 的界线可能不易确定,但这并不影响两者的相反关系。死和活的界限有时在医学或法律上不好定,但这并不影响我们做出"非死即活、非活即死"的判断。二是"相反"也可能有程度问题,有的是绝对的相反,例如一枚钱币的一面要么是"正"要么是"反",但是"男"和"女"相反只是就通常情形而言,因为还有个别两性人存在;至于赌博游戏,只是就大多数情形而言不是赢就是输,因为有一部分可以是不输不赢,和局。这说明"相反"是一种主观上的认识,客观上不见得就是"非此即彼"。另一方面,"相对词"内部也不一致。"干净-脏"可以说是"相对词",因为有程度之别,可以说"很干净""特别脏""A 比 B 干净"等,但是"干净-脏"这种相对词跟"大-小""长-短"这一类相对词不太一样。说"不干净"时意味着"至少有一点脏",如下面这句话就很别扭:

(9)？这教室不干净,但也一点不脏。

而说"不长"时却没有"至少有一点短"的意思:

(10) 这条绳子不长,但也一点不短。

这说明"干净-脏"作为"相对词"也带有一定的相反性。总之,"相反词"和"相对词"也没有说一不二的界线,也许可以把"相反词"看作一种特殊的"相对词"。

8.2.2 三类"相对词"

"相对词"又可以分为三小类,为了说明这三类的区别,有必要先引入两个比较概念:"实比"和"虚比"。根据(11)前后两个分句的语义联系,我们说后面的比较分句表达的是"实比":

(11) 这只箱子很大,而且比那只大。

因为这只箱子本来就大,又比那只大,所以叫"实比"。根据(12)前后两个分句的语义联系,我们说后面的比较分句表达的是"虚比":

(12) 这只箱子很轻,但是比那只重。

因为这只箱子本身很轻,只是比那只重些,所以叫"虚比"。用"实比"和"虚比"来衡量,"相对词"可分为三类:(甲)大小类,(乙)好坏类,(丙)冷热类。

甲,大小类 包括:大-小,长-短,高-矮,深-浅,厚-薄,宽-窄,重-轻,粗-细,远-近,快-慢,等等。

以"大-小"为代表,"大"和"小"都可以有"虚比":

(13) 这只箱子很小,但是比那只大。
　　 这只箱子很大,但是比那只小。

在语义上"大"和"小"都可以分出两个意思,"这只箱子很大/小"里面的"大/小"表示绝对的、实在的大小[②],是"大$_1$"和"小$_1$",而"但是比那只大/小"里面的"大/小"表示相对的大小,是"大$_2$"和"小$_2$"。

乙,好坏类 包括:好-坏,细心-粗心,认真-马虎,高兴-难过,聪明-笨,大方-小气,容易-困难,积极-消极,成熟-幼稚,清楚-糊涂,整齐-杂乱,等等。

以"好-坏"为代表,只有正面义的"好"有"虚比",反面义的"坏"

不能有"虚比":

(14) 这条裤子做工很坏,但是比那条还好一些。

? 这条裤子做工很好,但是比那条还坏一些。

有的词本身含有"坏"的意思,就不能用"好"虚比,例如:

(15) ? 这次事故影响很坏,但是比那一次好一些。

? 他骂人很凶,但是比她骂人和气些。

"事故""骂人"本身有"坏"义。一般来讲,语义上"好"应该分出两个,"做工很好"的"好"表绝对的好,是"好$_1$","比那条还好一些"里的"好"表相对的好,是"好$_2$",而"坏"只要分析为一个意思(绝对的坏)就可以了。

丙,冷热类　包括:冷-热,干-湿,甜-苦,肥-瘦,喜欢-讨厌,高兴-难过,舒服-难受,自豪-自卑,等等。

以"冷-热"为代表,"冷"和"热"都只有"实比",没有"虚比":

(16) ? 这间屋子很冷,但是比那间热。

? 这间屋子很热,但是比那间冷。

从语义上讲,"冷"和"热"都只需分析为一个。

也可以用其他标准来区分这三类相对词,例如黄国营、石毓智(1993)用"有多+A?"和"A+吗?"两种问句作测试标准。这两种问句都有"中性问"和"偏向问"之别。例如:

(17) ——这只箱子有多大?

——非常大/非常小。

问"有多大"时说话人并没有先设箱子是大是小,因此可以直接回答"非常大"或"非常小",所以"有多大?"是"中性问"。③相反:

(18)——这只箱子有多小?
——非常小/*非常大。

问"有多小"时说话人先设箱子小,④因此不能直接回答"非常大"。如果箱子实际很大,必须先否定问句的先设:

(19)——这只箱子有多小?
——不小,很大。

问"有多小"时必定先设"小",在冯骥才的小说《三寸金莲》里有很好的例子:

(20)"快瞧小脚呀!""我瞧见小脚啦!""多大? 多小?"

按小说内容脚"小"已成为企求的目标、评判的标准,所以问"有多小"比问"有多大"更合适。可见,对"大小类"而言,"有多 A?"中的 A 是"大、重、长"等正面词时是中性问,是"小、轻、短"等反面词时是偏向问。

对"好坏类"而言,"有多 A?"中的 A 不管是"好"是"坏"都是偏向问:

(21)——这条裤子做工有多好?
——非常好/? 非常坏。(得说:不好,非常坏。)
(22)——这条裤子做工有多坏?
——非常坏/? 非常好。(得说:不坏,非常好。)⑤

但是用"A+吗?"提问时,对"好坏类"而言,A 为"好"时是中性问,A 为"坏"时是偏向问:

(23)——这条裤子做工好吗?
——非常好/非常坏。
(24)——这条裤子做工坏吗?
——非常坏/*非常好。(得说:不坏,非常好。)

而对"大小类"而言,"A+吗?"都是偏向问:

(25) ——这只箱子大吗?
——非常大/?非常小。(得说:不大,非常小。)

(26) ——这只箱子小吗?
——非常小/?非常大。(得说:不小,非常大。)[6]

对于"冷热类"而言,"有多+A?"和"A+吗?"一样,不管 A 是"冷"是"热"都是偏向问:

(27) ——这间屋子冷吗?/有多冷?
——非常冷/?非常热。(得说:不冷,非常热。)

(28) ——这间屋子热吗?/有多热?
——非常热/?非常冷。(得说:不热,非常冷。)

如果从这三类相对词涉及的"量级"(scale)来考虑,区别如下(参看 Cruse 1986):

(A) "大小类"只涉及一个量级,例如就"长-短"而言只涉及一个长度量级:

(29)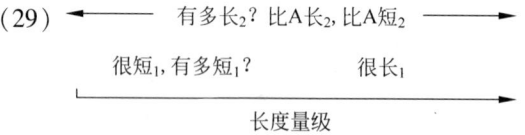

(B) "好坏类"要涉及两个量级,但一个量级叠套在另一个之上:

(30)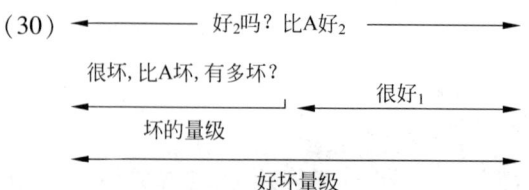

(C)"冷热类"也涉及两个量级,但各自分开,没有叠套在一起:

(31)

  ←—— 冷吗？有多冷？比A冷,很冷 ——→ ←—— 热吗？有多热？比A热,很热 ——→

  ←————————————————————————————————————→
            温度量级

从语义上看,这三类相对词的区别在于:"大小类"纯粹是对事物属性的客观描写,与主观评价无关,因此可以用度量衡单位来描写相关的量级(见下)。"冷热类"主要是表示人切身的知觉和感受,即便有评价的成分,那也主要不是按客观标准得出的。"好坏类"则是按一定的客观标准作出主观评价,如按社会道德标准来评价某人的好坏。可以说"大小类"客观性最强,所以只涉及一个统一的量级,"冷热类"主观性最强,冷和热分别代表两种类截然不同的心理/生理感觉,在语言上也就体现为两个独立的量级;"好坏类"则介于两者之间,体现为一个量级叠套另一个量级。

8.2.3 反向词

有许多反义词表示相反或相对的方向,可称之为"反向词",它们主要涉及方位词、趋向动词和一般动词,举例如下:

(32) 方位词:上-下 前-后 里-外 左-右

    趋向动词:上-下 上来-下来 进去-出去 来-去

        上来-下去 进来-出去

    一般动词:上-下 升-降 进-退 进-出 到-离

        穿-脱 系-解 装-卸 开-关 松-紧

        加-减 买-卖 借-还 教-学 开始-终止

8.3 反义词的标记模式

8.3.1 反义词的有标记项和无标记项

对"相对词"而言,有标记/无标记的对立主要存在于"大小类"和"好坏类":用"有多+A?"提问,A 为"大"时是中性问,"大"是无标记项,A 为"小"时是偏向问,"小"是有标记项。用"A+吗?"提问,A 为"好"时为中性问,"好"是无标记项,A 为"坏"时是偏向问,"坏"是有标记项。"冷热类"不存在有标记/无标记的区别。这是因为"大小类"和"好坏类"都有其中一项可以指称整个量级上的各个量:例如"长"可以指称整个长度量级上所有的量,"好"可以指称整个好坏量级上所有的量,而"冷"或"热"都不能指称整个温度量级上所有的量。"大小类"和"好坏类"的标记模式跟英语 dog 和 bitch,man 和 woman 的标记模式是一致的:

```
      长₂                dog₂
     /  \               /    \
   长₁   短           dog₁   bitch
```

无标记项的使用频率高于有标记项。邹韶华(1993)对《现代汉语频率词典》最常用的 1000 个积极意义与消极意义对立的反义词的频率进行统计,结果是"大小类"中"大"类与"小"类的累计出现频率大致为 78 比 22,"好坏类"中"好"类与"坏"类的累计出现频率大致为 87 比 13。在中性问中出现的限于无标记项,这已经说明无标记项的分布范围比有标记项大。这种分布上的不对称还表现在许多方面,具体说明如下。

8.3.1.1 "大小"和"好坏"

有许多事物和动作状态的名称有"大"无"小",第一章开头已列出

不少,这里再补充一些:(见赵元任 1968:194)

(33) 大亮　大吼　大闹　大热天　(起了个)大早
　　　 大好河山　大骂一顿　大有希望　大为不满
　　　 大有关系　大不相同

当然名词中也有只有"小"没有"大"的,例如:小辈、小丑、小费、小偷、小贩、小辫子、小伙子、小心眼,等等,但一则数量不如有"大"无"小"的多,二则"小"在这些名词中都是前缀,和词根的结合在结构和语义上都比较紧密。例如"小伙子"前面可以再加"大"说成"大小伙子"。

《现代汉语频率词典》中词的"使用度"是出现频率和分布面的综合指标,因此能更好地体现反义词的标记性。一部分"大小类"词的使用度对比:"大"5202,"小"3281;"长"600,"短"190;"深"308,"浅"57;"高"1167,"低"474。

量度词都由"大"类词加上"度"构成;用数词或物质名词表示量度也都用"大"类词:

(34) 高度　宽度　长度　厚度　深度　硬度　浓度
　　　 密度　重量
(35) 这块布六尺长(＊六尺短)
　　　 这块地才巴掌大(＊巴掌小)

"够+A"可以表示达到一定的程度,也可以表示程度很高,表示达到一定程度时 A 只能是"大"类词:

(36) 达到一定程度　　　　　　程度很高
　　　 绳子够长了(＊够短)。　　绳子真够长的(够短)。
　　　 你看够宽不够宽?(＊够窄)。　窗帘真够宽的(够窄)。

"好坏类"反义词有相似的不对称,例如只有表"好"的正面词能出现在"不够+A",中,表示未达到一定程度:

(37) 不够聪明(＊不够笨)　不够文雅(＊不够粗俗)
　　　不够干净(＊不够脏)

"A+过[+名]"表示超过,A只能是正面意义的词:

(38) 长得高过那棵小树了(＊矮过)。
　　　不知强过他多少倍(＊差过)。

"最不、十分不、太不、很不、有点不"等程度词语只能修饰"好坏类"中的正面词:

(39) 最不干净(＊最不脏)　十分不礼貌(＊十分不粗鲁)　太不讲理(＊太不蛮横)　很不机灵(＊很不呆板)　有点不认真(＊有点不马虎)

表示程度浅(抑的语气)的副词"还"修饰形容词表示基本上合意,或够标准,形容词多为褒义词:

(40) 他倒还虚心/＊骄傲。
　　　这个孩子还聪敏/＊笨。
　　　这间房子还干净/＊脏。

表示转折的副词"倒",后面多用积极意义的词语;"倒"表示舒缓语气用于肯定句时后面也多用积极意义的词语:

(41) 房间不大,陈设倒很讲究。
　　　内容一般,语言倒很生动。
(42) 种花,养养鱼,那倒也不错。
　　　咱俩能一起去,那倒挺好。

形容词重叠和双音节动词重叠一般限于褒义词:(石毓智 1992,王希杰、华玉明 1991)

(43) 好好的　　＊坏坏的
　　　干干净净　＊肮肮脏脏
　　　安安全全　＊危危险险
(44) 微笑微笑　＊奸笑奸笑
　　　优待优待　＊虐待虐待
　　　沟通沟通　＊私通私通
　　　申辩申辩　＊诡辩诡辩

使用度统计,只选几对就能说明问题:"好"3104,"坏"268;"干净"82,"脏"42;"聪明"76,"笨"11。

8.3.1.2 "多"和"少"

"多"和"少"做形容词、副词都是"多"为无标记项,"少"为有标记项。(参看赵元任 1968:262,陆俭明 1985,施一昕 1988)直接修饰名词或量词时有"多"无"少"的情况:

(45) 多人,多时,多年,多次,多起,多方面,多层次,多民族国家

有"多半"没有"少半";"多一半"和"少一半"也不对称:

(46) 多半人同意了　　＊少半人同意了
　　　多一半人同意了　？少一半人同意了⑦

"很多"和"很少"也不对称:

(47) 那儿有很多人　＊那儿有很少人
　　　很多人这么干　＊很少人这么干(很少有人这么干)

"不少"等于"多","不多"等于"少","不少"和"不多"也不对称:

(48) 那儿有不少人　＊那儿有不多人

　　 不少人这么干　＊不多人这么干(不多的人这么干)

比较(47)和(48)可以看出,否定是"标记颠倒"的一种手段:否定句的分布正好跟肯定句相反。(49)似乎跟(47)(48)的分布情况相反,但考虑到"几个""点儿"本身有"少"的含义,也就可以理解了,这跟本身含有"坏"义的词不能用"好"来虚比的道理是一样的(见上8.2.2节例(15)):

(49) 不多几个人　＊不少几个人

　　 ＊很多几个人　很少几个人

　　 不多点儿酒　＊不少点儿酒

　　 ＊很多点儿酒　很少点儿酒

"多"和"少"作补语也一样不对称:

(50) 差得多了　＊差得少了

　　 热闹多了　＊热闹少了

　　 厉害多了　＊厉害少了

"多"可以重叠,"少"不行,说"多多原谅""多多批评""多多地吃",不说"少少插嘴""少少罗嗦""少少地吃"。询问程度、数量时用的是"多"(有多远?)。[8]使用度统计,形容词"多"为1932,"少"为515。

8.3.1.3　"上下"和"里外"

赵元任(1968:192)指出,在有方位词的复合词里,"上"和"里"的结合能力几乎是无限的:

(51) 街上　门上　身上　心上　书上　面子上

　　 家里　心里　碗里

而它们的反义词"下"和"外"就差得多,带"下"和"外"的复合词大多是词汇性的,如:天下、乡下、海外、例外。"上"和"里"的使用度大大高于"下"和"外",名词"上"7663,"下"1002,"里"5195,"外"760。吴之翰(1965)对约十万字材料的统计结果也一样,"上"出现 140 例,"下"仅 37 例,约 4∶1;"里"出现 157 例,"外"仅 40 例,也是约 4∶1。据张燕春(1994)对 984 个常用动词的统计,487 个能与"上"或"下"结合,这其中既能加"上"又能加"下"的有 139 个,占 29%,只能加"上"的有 317 个,占 65%,只能加"下"的有 31 个,只占 6%。可见大部分动词只能加"上",一部分两者都能加,极少数只能加"下"。

"上"既可以指位置高,又可以指接触物体表面,而"下"只可指位置低:

(52) 墙上站着一个人(位置高)

　　墙上挂着一幅画(接触表面)

　　墙下蹲着一个人(位置低)

　　*墙下挂着一幅画(接触表面)

作动词和趋向动词时,"上"不仅能表示由低处到高处,还能表示由一处到另一处,而"下"只是表示由高处到低处。

(53) 上楼　上车　上城　(由低处到高处)

　　上门　上医院　上你家　上电影院　上那儿去(由一处到另一处)

　　下楼　下车　下乡　(由高处到低处)

　　*下门　*下医院　*下你家　*下电影院　*下那儿去
　　(由一处到另一处)

水由高处往低处流,所以说"上游"和"下游"。我国地形大致是西高东低,因此有"西上川陕"和"东下苏中"之类的说法。空间的高低可以引申到其他一些概念领域,如城乡之别是一种高低之别,所以一般说

"下乡"。"上农村去接受锻炼","农村"在这里成为心理上的高处,因为是"接受锻炼"的好场所,一般不会说"上农村去吃苦"。同样是到工厂去,在上的干部是"下"厂劳动,和工人打成一片,待业青年则是盼着"上"工厂当名工人。注意"下"的引申用法也还是受限制:

(54) 上车间　上三车间　　上馆子　上川菜馆子
　　　下车间　*下三车间　下馆子　*下川菜馆子

有时"下"似跟"上"一样只是表示由一处到另一处,但去具体某个地点只能说"上"不能说"下",如(54)所示,这说明"上车间""上馆子"的语义和结构关系松,"下车间""下馆子"的语义和结构关系紧,带有词汇性。(张其昀 1995)

(55) 连地下(=地上)都坐满了人
　　　书掉地下(=地上)了,快捡起来。

好像是"下"和"上"一样表示接触表面,其实是参照点不一样,"地上"是以地面为参照点,"地下"是以说话人的位置(一般高于地面)为参照点。

"上"表示"合拢""达到""开始"等意义时没有对应的"下":

(56) 锁上门,合上书,闭上眼
　　　　过上好日子,住上新房子,说上几句话
　　　　研究上数学了,抽上烟了,拉上小提琴了

下面的"上"和"下"都能表示"完成",但 A 组的"上"不能换成"下",B 组的"下"却能换成"上":

(57) A 垒上一道墙,挂上一幅画,考上大学
　　　B 存下钱,订下报纸,买下那所房子

"上"和"下"还有一种不对称:"下"的宾语可以表示动作的终点,

也可以表示动作的起点,而"上"的宾语只能表示动作的终点:

(58) 跳下井底(终点)　　跳下舞台(起点)
　　 跳上舞台(终点)　　＊跳上井底(起点)

同样,"跳下船"里的"船"可以有终点和起点两种理解,而"跳上船"只有终点一种理解。这种分布状态似与应有的标记模式相反,"上"的出现位置反而不如"下"多。如何看待这一现象呢?可以用"关联标记模式"(见第二章2.2.1节)来作出合理的解释。物体在动作作用下从起点移动到终点,相应词语的"自然"顺序是表示起点的词位于动词之前,表示终点的词位于动词之后作宾语。也就是说,动词前的名词性成分表示起点、动词后的宾语表示终点,这都是无标记的组配方式,而动词前的成分表示终点、动词后的宾语表示起点则是有标记的组配。这一点我们在第九章还要详细论证。就上例而言,我们可以说,宾语表示起点这种有标记的组配只适用于"上"和"下"中的有标记项"下",不适用于无标记项"上"。用"标记颠倒"的理论来讲,两个范畴的有标记项也可以形成一个"自然的"、无标记的组配,宾语范畴中表示起点的有标记项跟上下方位范畴中的有标记项"下"能构成一个无标记的组配。

　　无标记组配　　无标记组配
　　　　跳上　　　　　跳下
　　　终点宾语　　　起点宾语

"跳上"和起点宾语组配是有标记的,不合语法,"跳下"和终点宾语组配也是有标记的,虽然合乎语法,但这种组配远不如"跳下"和起点宾语的组配频繁。"跳下船"里的"船"多半理解为起点而不是终点。因此(58)并没有违背标记理论,反而证明关联标记模式的普遍适用性。

"里"和"外"具体分布上的不对称如下。我们一般说"药片在瓶子里面",不说"瓶子在药片外围";说"五角星在这个圆圈里",不说"圆圈在这个五角星外"。"名词+里"常指时间,如"夜里""节日里""一个月里","名词+外"很少有这样的用法。"形容词+里"能表示方向、方面,如"往好里想""往少里说""横里看,竖里瞧,总觉得有点不合适","外"没有这样的用法。"里"的变体也较多,"内""内里""中",这符合无标记项聚合形态较多的特点。再看"里外"概念的引申:

(59) 存钱　　　取钱
　　 往银行存　从银行取
　　 存银行　　*取银行

只说"存银行",不说"取银行",说"取自银行"才合乎语法,这是有标记的表达方式(加标志"自")。

"借"有"借入"和"借出"二义,但正如《八百词》"借"条指出的,通常总是理解为借入,如:

(60) 我借了他十块钱
　　 这本书我借过,你借过没有?
　　 自行车让小陈借走了

必须要有一定的上下文或加标志(如用"给"引进借东西的人)才能明确是借出的意思:

(61) 他借了一笔钱给我
　　 他不肯把钱借给我

"图书馆星期天不借书"理解为"借出"是因为图书馆一般只借出。

方位词里"前"和"后"不对称,"前"是无标记项,"后"是有标记项。"前"和"后"的使用度差不多,分别为 1146 和 1151,但"前"可以

指过去,也可以指未来,"后"只能指未来:(参照吕叔湘1984a:72)

(62) 前天,前人,前年,前辈,前事不忘,前车之鉴(指过去)
　　 前程远大,前途无量,前景光明(指未来)
　　 后天,后人,后年,后辈,后患无穷,后顾茫茫(只指未来)

因此一些表示次序或时间的词语有"前"无"后":(参照赵元任1968:248)

(63) 前回,前次,前校长,前几天,前几年,前一会儿,前些时候
　　 (这里的"前"都指过去,"后几年""后几天"可以说,但并不指将来)

8.3.1.4 "加"和"减"

我们用"加-减"代表一系列反向动词。如"装-卸""穿-脱""借-还""买-卖""松-紧""拆-搭""贴-揭"等。"加"是无标记项,"减"是有标记项。有些例子似乎是标记模式的反例:(李临定1986,文炼1990)

(64) 他把工资减了　　＊他把工资加了(把工资加上了)
　　 他把货卸了　　　＊他把货装了(把货装上了)
　　 他把帽子脱了　　＊他把帽子戴了(把帽子戴上了)
　　 他把书还了　　　＊他把书借了(把书借来了)
　　 他把房子卖了　　＊他把房子买了(把房子买下了)
　　 他把螺丝松了　　＊他把螺丝紧了(把螺丝紧上了)
　　 他把窗子关了　　＊他把窗子开了(把窗子开开了)
　　 他把棚子拆了　　＊他把棚子搭了(把棚子搭上了)
　　 他把布告揭了　　＊他把布告贴了(把布告贴上了)

用在"被"字句也一样,如:

(65) 货被他卸了　*货被他装了(被他装上了)
　　 书被他还了　*书被他借了(书被他借走了)
　　 棚子被他拆了　*棚子被他搭了(棚子被他搭上了)

积极意义的"加"类词必须加标志(这里是"上""下"等字)才合乎语法,消极意义的"减"类词反而不用加标志。有人因此认为"减"是无标记项,"加"是有标记项。(见张国宪1995b)其实这是一种误解。先看以下祈使句的例子:

(66) 减了!　加上!　卸了!　装上!
　　 脱了!　戴上!　还了!　借来!
　　 卖了!　买下!　松了!　紧上!
　　 关了!　开开!　拆了!　搭上!

众所周知,"了"有两个,"$了_1$"用在动词后,主要表示动作完成或有了结果,"$了_2$"用在句末,主要肯定事态出现了变化或即将出现变化,有成句的作用。(66)因为是祈使句,"减"等消极义动词后的"了"显然是"$了_1$",表示动作的结果,跟加在动词后面的"掉"等词相似(见《现代汉语八百词》"了"字条):

(67) 减了!＝减掉!　卸了!＝卸掉!
　　 脱了!＝脱掉!　还了!＝还掉!
　　 卖了!＝卖掉!　松了!＝松开!
　　 关了!＝关上!　拆了!＝拆掉!

因此消极义和积极义动词的差别只在于前者可用"$了_1$"表示结果,后者不能,这是由"$了_1$"的词汇意义"了结""完结"所决定的。我们还知道,当"$了_1$"和"$了_2$"连续出现时合并为一个"了",即"$了_{1+2}$"。因此,(64)这些陈述句里"减"等消极义动词后面的"了"实为"$了_{1+2}$",例如:

(68) 他把工资减了 = 他把工资减了$_{1+2}$ = 他把工资减掉了

由此可见,"他把工资加上了"相对"他把工资减掉了"并没有增加什么标志。在其他句式里我们却发现"减"类动词的分布受限制,"加"类动词不受限制,例如:

(69) 卡车装木料　　木料装卡车

　　　*卡车卸木料　*木料卸卡车

(70) 胸前戴校徽　　校徽戴胸前

　　　*胸前摘校徽　*校徽摘胸前

(71) 把木料往卡车上装

　　　*把木料从卡车上卸(把木料从卡车上卸下)

(72) 把校徽往胸前戴

　　　*把校徽从胸前摘(把校徽从胸前摘下)

(73) 往卡车上装木料→卡车上装木料

　　　从卡车上卸木料→*卡车上卸木料

"赢"和"输","胜"和"败"有类似的标记模式:

(74) 我们赢他们三个球　*他们输我们三个球(输给我们三个球)

　　　我们赢了他们。　　*他们输了我们(输给了我们)

(75) 中国队胜朝鲜队　　*朝鲜队败中国队(败给中国队)

从使用度看,"加"304,"减"54;"开"动词824,补语965,"关"动词104;"买"375,"卖"228。因此还是"加"类词是无标记项,"减"类词是有标记项。

8.3.1.5 "来"和"去","这"和"那"

作一般动词或趋向动词,"来"表示动作朝着说话人所在地,"去"表示动作离开说话人所在地,因此这对反向词带有"指示"(deixis)的性质。按有无标记项的判别标准可以确定"来"是无标记项,"去"是有标记项。

使用度上,动词"来"5160,"去"4323。在许多句法位置上有"来"无"去"(《现代汉语八百词》;赵元任1968:215),例如:

(76) 来客了　　＊去客了
　　 来汽车了　＊去汽车了(除非表示"派去")
　　 快来杯水　＊快去杯水
　　 说来话长　＊说去话长
　　 算起来为数不少　＊算上去为数不少("看起来""看上去"都可说)
　　 打开来　　＊打开去
　　 靠拢来　　＊靠拢去
　　 谈得来,合不来　＊谈得去,＊合不去
　　 唱不来,做得来　＊唱不去,＊做得去

复合趋向动词大致对称,但普通话里偏偏有"起来"没有"起去":

(77)　上来　下来　回来　过来　进来　出来　起来
　　　上去　下去　回去　过去　进去　出去　＊起去

历史上曾经有过"起去",表"离去"的意思,但后来"离去"义减弱,由"起来"同时承担"起去"的功能(参见钟兆华1988)。这符合有无标记项判别的历时标准,先消失的是有标记项。(见第二章2.3节)"上来"和"上去"都能指向动作的终点,"气球飞上楼来了"和"气球飞上楼去了","楼"都是"上来"和"上去"的终点,"上来"是说话人在高处,"上去"是说话人在低处。但如果不指明动作的终点,不管说话人是在高处还是低处一律用"起来"(刘月华1988):

(78) 气球飞起来了　*气球飞起去了

表示"开始"义时,只用"起来",不用"起去":

(79) 秃起头来　　生起病来

　　　*秃起头去　*生起病去

打电话跟别人约会,如果是自己到对方那儿去,可以说"我就去"也可以说"我就来",但如果是叫对方到自己这儿来,只能说"你就来",不能说"你就去"。"来"的意义比"去"宽泛:"来"既可以表示向说话人方向移动,也可以表示向听话人方向移动,"去"只能表示向听话人方向移动。

"来"在上下文里可以代替某个动词,"去"没有这一用法:

(80) 你拿那个,这个我自己来(=自己拿)。

　　　你别动,让我来。

"这"指示离说话人较近的人或事物,"那"指示离说话人较远的人或事物。按有无标记项的判别标准,汉语里"这"是无标记项,"那"是有标记项。吕叔湘(1984a:72)指出,指上文,用"这"和"那"都可以;指下文,用"这"不用"那":

(81) 要说他到现在还一点不知道,那/这就怪了。(指上文)

　　　你给我评评这(*那)个:我的车他随便骑,他的车我一骑也不让骑。(指下文)

"这"可以指过去或现在,"那"只能指过去:

(82) 这年他上了大学(指过去)　　那年他上了大学(指过去)

　　　这个月他出差去了(指现在)　那个月他出差去了(指过去)

"这"可以复指"你、我、他","那"只能复指"他":

(83) 我这个人　＊我那个人

你这个人　＊你那个人

他这个人　他那个人

"这"可与"来、去"共现,"那"只与"去"共现:

(84) 来这儿　去这儿(指着地图上近处某个地方)

去那儿　＊来那儿

《现代汉语八百词》还指出许多用"这"和用"那"意思差不多的场合,但用"这"比用"那"的时候多。徐丹(1988)也指出,在使用频率上"这"位于第10个常用词,而"那"却位于第182位。⑨

"这"和"那"用在否定句中就会出现"标记颠倒"现象:"那"而不是"这"成了无标记项,比较下面"这么"和"那么"的用法:

(85) 既然你这么/那么喜欢它,就送给你吧。

既然你不那么/＊不这么喜欢它,就还给我吧。

(86) 原来问题有这么/那么严重

原来问题不那么/＊不这么严重

替代不好听的形容词用"那个"不用"这个"(赵元任1968:290),同样是因为贬义词具有否定性(见下8.3.3.2):

(87) 这位先生很有点那个。

这就是说,"这"和肯定有一种自然的联系,构成一个无标记的组配,"那"和否定也有一种自然的联系,构成另一个无标记的组配。

《现代汉语频率词典》中"这"和"那"的使用度比较:

这 9139　这个 1226　这样 1815

那 3264　那个 236　那样 355

英语的情况跟汉语不一样,英语 that 的使用频率大大高于 this,而且在许多句法位置上,that 的意思是中性的,不指明离说话人的远近,而 this 则必定指近,例如 That's it"正是这样",What's that in your hand?"你手里拿的什么?"I have done that much"我已干了这么些",其中的 that 都不能换成 this。因此 Lyons(1977:647)认为 that 是无标记项,this 是有标记项。我们还不太明白为什么英语和汉语会有这种差别。有一种可能的解释是英语注重 this 和 that 的距离远近的差别,跟"远"为无标记项、"近"为有标记项的模式相一致,汉语是注重"这"和"那"是靠近还是离开说话人的差别,跟"来"是无标记项、"去"是有标记项的模式相一致。

8.3.1.6 "就"和"才"

这是一对反向副词。白梅丽(1987)出色地论证了"就"是无标记项,"才"是有标记项。我们在这里加以说明并作些补充,并用"关联标记模式"对"就"和"才"一些复杂的分布情况作出解释。

按我们对白文的理解,可用下面的量轴来表示"就"和"才"的区别。

```
        相关值    参照值    相关值
负 ◄─────────┼─────────┼─────────► 正
         才       0       就
```

参照值等于量轴上的零,大于零的相关值是正的,小于零的相关值是负的。"就"是正向词,相关值>参照值;"才"是负向词,相关值<参照值。

"值"可以是数量上的值,时间或时态上的值,也可以是情态上的值,分别举例如下:

数量(相关值是期待的数量,参照值是实际的数量)

(88) 他吃了两碗饭就不吃了。相关值(两碗以上)>参照值(两碗)
　　　他吃了两碗饭才不吃了。相关值(两碗以下)<参照值(两碗)

时间(相关值是期待的时间,参照值是实际的时间)

(89) 他1950年就到北京来了。相关值(1950年以后)>参照值(1950年)
　　　他1950年才到北京来。相关值(1950年以前)<参照值(1950年)

时体(相关值是动作发生的时刻,参照值是说话的时刻)

(90) 我就来。(正在穿大衣)　相关值(说话时刻后)>参照值(说话时刻)
　　　我才来。(大衣还没脱呢)　相关值(说话时刻前)<参照值(说话时刻)

时体跟时间不同,它不是表示动作发生的时刻,而是表明动作发生的时刻和说话时刻的关系,因此把说出(90)的时刻定为参照值,把来的时间定为相关值。

情态(相关值是期待的条件,参照值是实际的条件)

(91) 他(只要)用功就能学好。相关值(多于用功)>参照值(用功)
　　　他(一定要)用功才能学好。相关值(少于用功)<参照值(用功)

用"就"时,"用功"是学好的充足条件,或者说"就"表示的情态是"可能性"。用"才"时,"用功"是学好的必要条件,或者说"才"表示的情态是"必要性"。总之,"就"因为是期待上的正向词,所以是无标记项,"才"因为是期待上的负向词,所以是有标记项。

我们在第二章曾指出,有无标记项的对立在某些位置上可能消失或"中和",而这个中和项的值总是无标记项的值。例如,英语音位/p/和/b/的对立在s-后消失,中和项是/p/。"就"和"才"也是这种情况,当"就"和"才"在某个位置上对立消失时，表达的是"就"的意义。具体说明如下。

我们定义"就"是正向词、"才"是负向词时，实际上是对句子中出现在参照值之后的"就"和"才"而言的，如(88)"就"和"才"出现在"两碗饭"之后，(89)(90)(91)几例也都是如此。如果"就"和"才"出现在参照值之前的位置，情形就不一样，看下例：

(92) 他就跳了三次。　相关值(多于三次)>参照值(三次)
　　 他才跳了三次。　相关值(多于三次)>参照值(三次)

这里"就"和"才"都是"只"的意思，"就"还是相关值大于参照值，然而"才"却由相关值小于参照值变为大于参照值。如果我们把(92)扩展成(93)就更能看出这种变化：

(93) 他就跳了三次就跳过去了。
　　 他才跳了三次就跳过去了。

"就跳了三次"跟"三次就跳过去了"意思一样，"才跳了三次"跟"三次就跳过去了"意思也一样，都是相关值(多于三次)大于参照值(三次)。这就是说，当"就"和"才"出现在参照值之前时，两者的语义对立消失，"才"跟"就"一样成了正向词。从移位的角度说，正向词"就"不管位于参照值之后还是参照值之前都保持正向义，而"才"由参照值之后的位置移到参照值之前的位置后就由原来的负向义变成了正向义。这种不对称可简单表示如下(+表示正向义，-表示负向义)：

(94) a. 就三次(+)＝三次就(+)
　　 b. 才三次(+)＝三次就(+)
　　 c. 就三次(+)≠三次才(-)
　　 d. 才三次(+)≠三次才(-)

(93)是(a)(b)的例子,(95)是(c)(d)的例子:

(95) *他就跳了三次才跳过去了。

*他才跳了三次才跳过去了。

另外,上面的归纳是就正常语调而言的。"他就跳了三次"的正常重音在句末的"三次"上。当句子的重音落在"他"上时,"就"要理解为相关值小于参照值:

(96) '他就跳了三次。相关值(少于三次)<参照值(三次)

而"'他才跳了三次"跟"他才跳了'三次"一样还仍然是相关值大于参照值。这也可以用本书提出的"关联标记模式"来解释。正常重音是无标记重音,特殊重音是有标记重音。(见第九章有关"自然焦点"的论述)无标记重音和无标记的正向义有一种自然的关联,有标记重音跟有标记的负向义也有一种自然的关联,构成两个无标记配对:

无标记配对	无标记配对
正常重音	特殊重音
正向义	负向义

这种关联模式又只适用于作为无标记项的正向词,不适用于作为有标记项的负向词。

从使用度看,"就"为9285,"才"为1498。"就"的用法要比"才"的用法来得多,分布范围要比"才"大:

(97)我就能买'三本书。

*我才能买'三本书。

如前所述,"就"表示的是"可能"情态,"才"表示的是"必要"情态,所以这里"才"不能跟后面的"能"共同出现。如果把"能"换成"须"则两句都能说(这说明"就"也能表示"必要"情态):

(98）我就须买'三本书。

我才须买'三本书。

再看(99)：

(99）我谁也不怕,就怕你一个人。

＊我谁也不怕,才怕你一个人。

(99)跟(92)不一样,(92)是表示"没有更多的",(99)是表示"没有其他的"。确切地说(99)的"就"是表达一种等同关系,"我怕的人"等同于"你一个"。下面(100)的"就"可以理解为"他不抽烟"的时间等同于"从来"。"才"没有这样的用法。

(100）他从来就不抽烟。

＊他从来才不抽烟。

除了以上白文提到的不对称分布,再补充两点：

(101）我就去了两回。　明年我就去两回。

我才去了两回。　＊明年我才去两回。（除非"明年"重读）

"就"可以表示过去和将来,"才"只能表示过去,这说明"就"的语义范围可以涵盖"才"的语义范围,就像英语 man 的语义可以涵盖 woman 的语义一样。再看(102)：

(102）我'就去。　　我'就不去。

＊我'才去呢。　我'才不去呢。

"就/才+动词"表示强调语气（"就/才"重读）,"就"可以用于肯定句和否定句,"才"多用于否定句。（见《现代汉语八百词》88 页）

8.3.2　有标记和无标记的对立程度

"大"和"小","好"和"坏",虽然都是无标记和有标记的对立,但是这种对立有程度上的差别,也就是说,反义词的有标记和无标记对立是个程度问题。

上面8.2.2节曾用"A+吗?"和"有多+A?"两种问句作检测来区分"大小类"和"好坏类"这两类相对词。当形容词A为无标记项时:

	大小类	好坏类
有多A?	中性问	偏向问
A吗?	偏向问	中性问

现在我们要说明,"有多+A?"是一种强中性问,"A+吗?"是一种弱中性问,理由如下。"A+吗?"是是非问句,"有多+A?"是特指问句。凡是特指问句都有一定的先设(见第三章3.1节):

(103) 你哪一年大学毕业的?(先设:你已经大学毕业)

这个会你为什么没参加?(先设·这个会你没参加)

你吃了多少个鸡蛋?(先设:你吃了鸡蛋)

因此特指问"有多+A?"也应该先设A,问"有多大?"时应该先设大,问"有多长?"时应该先设长。然而,这两问却是中性问,并不先设大和长,这种中性问否定了通常有的偏向性先设,所以是强中性问。"好吗?""干净吗?"也是中性问,但它们并没有否定什么先设,所以是弱中性问。

同样,偏向问也有强弱之分。"大吗?"和"有多好?"同是偏向问,前者偏向大,后者偏向好,但因为"有多好?"作为特指问本来就先设好,所以它是弱偏向问,而"大吗?"原本不先设大,所以是强偏向问。

因此对"大小类"而言,"有多+A?"和"A+吗?"分别是强中性问和强偏向问,"大"和"小"的无标记和有标记对立程度就比较高;对"好坏类"而言,"A+吗?"和"有多+A?"分别是弱中性问和弱偏向问,"好"和"坏"的无标记和有标记对立程度比较低。我们在谈起形容词的标记性时总是拿"大小类"作为典型例子就是这个道理。

前面说"冷热类"相对词没有有无标记的对立,这是相对"大小类"和"好坏类"而言的。其实"冷热类"也有微弱的有无标记对立,例如"喜欢-讨厌"属"冷热类",两项都不能有"虚比":

(104) a.？我喜欢甲,但比起乙来还是讨厌甲。
　　　b.？我讨厌甲,但比起乙来还是喜欢甲。

但相比之下我们觉得(a)似乎比(b)更别扭。介绍别人谈恋爱,初次见面后介绍人一般总是问"你喜欢她吗？"不会问"你讨厌她吗？"因此"喜欢"相对"讨厌"是一个微弱的无标记项。

相反词也总是或多或少表现出有无标记的对立,例如"活-死","活"是无标记项,"死"是有标记项,买鱼的时候下面的(a)是(弱)中性问,(b)是弱偏向问:

(105) a. 这鱼活的吗？
　　　b. 这鱼死了吗？

一般总是问"你父母还健在吗？"特殊情况下才问"你父母故世了吗？""已婚-未婚"也一样,调查人的婚姻状况,一般问"结婚了没有？"不大问"是不是单身？""在家"和"出门"是相反词,登门拜访,一般问"老李在不在家？"不大问"老李出门了没有？"在一对相反词中,也是正面词比反面词较为容易受程度词语的修饰,例如"开-关","关"不大用程度词来修饰:

(106) 门稍微开了一点儿　　门开得更小了
　　　＊门稍微关了一点儿　＊门关得更小了

8.3.3　反义词有无标记项的组配

各种类型的反义词,无标记项倾向于跟无标记项相组配,有标记相倾向于跟有标记项相组配。

8.3.3.1 "上"跟"大、好"组配,"下"跟"小、坏"组配

"形+起来"表示一种状态在开始发展,程度在继续加深,形容词多为积极意义的。据刘月华(1988)的统计,"起来"与积极义形容词结合和与消极义形容词结合的比例约为6:1。"形+下去"表示状态存在并将继续发展下去,形容词限于消极意义的。

(107) 胖起来　　瘦下去
　　　硬起来　　软下去
　　　亮起来　　暗下去
　　　好起来　　坏下去
　　　紧张起来　松懈下去
　　　富裕起来　贫困下去⑩

(108) 你得减肥了,再这样胖下去可不行。

(108)里"胖"和"下去"组配,这里的"胖"就得按贬义来理解。

"上、起来"表示事物由静态进入动态,"下来"表示事物由动态转为静态:

(109) 虎妞的嘴哆嗦上了。
　　　刚歇了一会儿,他们又干上了。
　　　天阴了,雪又下起来了。
　　　礼堂里响起一阵阵掌声。

(110) 敲打声慢慢停了下来。
　　　见母子平安,他这才放下心来。
　　　教室里怎么老是安静不下来?

"消极义形容词+起来"有时也可表示由动态转入静态,但前边常加有"反而、倒、忽然"等词语:(刘月华1988)

(111) 圆圆反倒觉得平静起来。(张洁《沉重的翅膀》)

(112) 盛气反而使他沉稳起来。(《曹禺选集》)

(113) 茶客们忽然全寂静起来,几乎是闭住呼吸地听着。(《老舍剧作选》)

空间上由低至高跟状态的由小变大、由静变动、性质的由坏变好相组配,空间上由高至低跟状态的由大变小、由动变静、性质的由好变坏相组配。因为"好"经常与"大"组配,结果"好"引申出程度高的副词用法:

(114) 好深的一口井　　眼睛瞪得好大好大的
　　　街上好热闹　　你这个人好糊涂

英语里也有类似情形:

(115) have a good swim in the river　　"畅游"
　　　a good beating　　　　　　　　　"狠揍一顿"
　　　We've come a good way.　　　　　"走了好多路"

从人的认知过程来讲,许多复杂的、抽象的概念都是从"上下"这种最基本的空间关系引申出来的(参看 Anderson 1971, Lyons1977, Lakoff 1980):

好为上,坏为下:上等货,下等货

长为上,幼为下:上有父母,下有子女

先为上,后为下:上半夜,下半夜

多为上,少为下:上了岁数,人数不下十万

热为上,凉为下:暖气片慢慢热上来了,又凉下去了

硬为上,软为下:硬不起来,口气软下来

明为上,暗为下:不要私下议论,摆桌面上来

前为上,后为下:上一个人,下一个人

接触为上,脱离为下:上刺刀,下刺刀;5号上,3号下

开始为上,结束为下:又吹上牛了,结下仇了
出现为上,消失为下:他的气又上来了,手上的泡全下去了
静变动为上,动变静为下:掌声响起来,车停下来

这种组配模式可以帮助我们判别某些不易判别的有无标记项。例如作动词的"多-少"(分别表示"多余"和"短缺")跟"这-那"的配合情况:(陆俭明1985)

(116) 多的这/那三个人
　　　少的＊这/那三个人

(117) 把多的这/那捆书送回去
　　　把少的＊这/那捆书找回来

"这"必须跟"多"配合,不能跟"少"配合,所以可以确定"这"和"多"一样是无标记项。(见上8.3.1.2节)

这种组配模式也就是"关联标记模式":"上""大""好"都是正面词,有自然的联系,共同构成一种无标记的组配;"下""小""坏"都是反面词,也有自然的联系,共同构成一种无标记的组配。

8.3.3.2 反义词与肯定否定的组配

"正面词"与"反面词"的对立也是肯定与否定的对立。反面词都含有一个语义成分:否定。这个成分有时是明显的,有时是隐含的。例如"长"和"短","短"隐含一个否定成分"非":

(118) 这条街长:这条街的长度跟一般街道长度的差距处于长度量级的正常方向。

　　　这条街短:这条街的长度跟一般街道长度的差距处于长度量级的非正常方向。

长度量级的正常方向是由短到长,非正常方向是由长到短。(见第七章7.1节"正向期待"和"反向期待")

Zimmer(1964)和 Boucher & Osgood(1969)发现,在各种语言中,几乎不可能用"反面词+否定词缀"来构成正面词,但相反却经常用"正面词+否定词缀"来构成反面词。例如英语有 unhappy"不高兴",unwise"不明智",unclean"不干净"等词,但没有相应的 *unsad"不伤心",*unfoolish"不笨",*undirty"不脏"。同样汉语里"不高兴""不舒服""不讲理"等可以看作一个词,而"不伤心""不难受""不蛮横"等只能是词组。(见第七章7.2节)还有一些语言,表示反面意义的概念必须有否定标记,如"短"的意思只能用"不长"来表示。法语、意大利语和西班牙语没有单独表示"浅"的词,只能用相当于"不深"的复杂形式,例如法语的 peu profond。

汉语"恨"和"愁"的宾语表示不如意的事情,以否定式居多。"也罢"也多用在否定句末尾,因为表示容忍不如意的事情:

(119) 我恨他不成才

　　　恨我自己没把事情办好

(120) 她愁孩子没人管

　　　就愁抽不出时间来

(121) 他不去也罢

　　　他不同意也罢

"他同意也罢,不同意也罢"肯定否定对举,实际是表示"不同意也罢"。因此我们得出如下的关联标记模式:

无标记组配	无标记组配
上	下
大	小
好	坏
肯定	否定

下面我们来解释这种关联模式形成的原因。

8.4 常规和标记模式

Greenberg(1966b)指出任何一种语言,总是正面词为无标记项,反面词为有标记项。个别语言反义词没有不对称现象,这并不违背反义词的标记模式,因为不可能出现相反的情形,即正面词为有标记项而反面词为无标记项。这一节我们要对普遍的反义词标记模式作出解释,具体分逻辑、认知、评价、常规四个方面。(参照 Cruze 1986)

8.4.1 逻辑上的肯定项和否定项

从逻辑上看,反义词中的无标记项大多是肯定项,有标记项大多是否定项。逻辑上的否定项有一个特点就是被否定后变为一个肯定项,例如:

(122) 我不吃肉(否定项)

　　　我不[不吃肉]=我吃肉(肯定项)

这就是通常所说的双重否定得出肯定的规律。下面把这种否定项自身又被否定后变肯定的情况简称为"负负得正"。"负负得正"可用来判定一对反义词中哪一项是肯定项,哪一项是否定项。例如相反词"真-假",真=不假,假=不真,似乎是对称关系,不好确定哪个是肯定项,哪个是否定项,但是比较(123)和(124):

(123) [这是真的]是真的=这是真的

(124) [这是假的]是假的=这是真的(假变真)

负负得正,"假"反过来变成了"真",而"真"没有反过来变成"假",因为正正仍然得正。可见"假"是逻辑上的否定项。用同样的方法和类

似的解释,可以判定下列反义词的肯定项和否定项:

(125) 好-坏

要证明他是好人这是好证据

要证明他是坏人这是坏证据(负负得正)

(126) 大-小

要扩大大的程度

要缩小小的程度(负负得正)

(127) 表扬-批评

我表扬他表扬了你

我批评他批评了你(负负得正)

(128) 喜欢-讨厌

我喜欢她喜欢小动物

我讨厌她讨厌小动物(负负得正)

(129) 服从-违抗

她服从了我要她服从的命令

她违抗了我要她违抗的命令(负负得正)

由此可见,语言中反义词的无标记项和有标记项跟逻辑上的肯定项和否定项大致是一致的。然而我们关心的是那些不一致的情形。最明显的是"难-容易":在逻辑上"容易"是肯定项,"难"是否定项:

(130) 要把题出得容易这很容易

要把题出得难这很难(负负得正)

但是实际语言里"难"是无标记项,"容易"是有标记项,在询问难易程度时,"中性问"是:

(131) 这道题难吗?(这道题难不难?)

跟"难-容易"类似的还有"远-近",在逻辑上"近"是肯定项,"远"是否定项:

(132) 甲离离乙近的那个人近
　　　甲离离乙远的那个人远(负负得正)

在实际语言中"远"是无标记项,询问距离大小的中性问是:

(133) 有多远?

要解释这种不一致还得从其他方面找原因。

8.4.2　认知上的肯定项和否定项

"难"和"远"虽然是逻辑上的否定项,但在认知上它们是肯定项。所谓认知上的肯定项是指对人的感知而言具有某些显著的(salient)特征,因此更能引起人的注意的那项,否定项则缺乏相应的显著特征。语言中反义词的无标记项和有标记项大多跟认知上的肯定项和否定项一致。例如就相反词"活-死"来说,活着的东西具有许多死了的东西所不具备的显著特征,能引起人的感官的注意:会动,会对刺激作出反应,活着的人有喜怒哀乐,等等。"已婚-未婚"也一样,已婚的人有妻子/丈夫,很可能还有孩子。相对词中的"大、长、宽、深、厚、高"等特征都比相对的"小、短、窄、浅、薄、矮"等特征更能引人注意或更值得注意:长的东西"很有"长度,短的东西"缺乏"长度。"长"比"短"也更容易认知;假如反过来:短的东西"很有"短度,长的东西"缺乏"短度,这样的认识就比较抽象,因而也比较复杂。在反义词涉及的量级上,存在着固有的方向性:一根绳子不断地延长,结果还是绳子,但不断缩短的结果绳子就不再存在。人们一般把量级上靠近自然终端的看作否定项,而把量级无穷延伸的一端看作肯定项。例如长度量级,自然终端为零,另一端是可以无穷延伸的,"短"向零逼近,所以是否定项,"长"可以无穷长,所以是肯定项。

我们说"难"和"远"是认知上的肯定项,因为它们有显著的特征:在完成任务时遇到的困难总是比有利条件更引人注意,我们很少注意到任务的容易的一面,而对困难的一面特别敏感。"远"比"近"显著,就跟"长"比"短"显著一样,相隔距离大比相隔距离小更引人注目。

"上"和"下"也是"上"在认知上更加显著。Clark, Carpenter & Just (1973)的实验表明,在用语句表述图8和图9的方位关系时,由于位于中间的横线成为知觉上的参照物,所以星相对于横线的位置分别用"上"和"下"来表示:

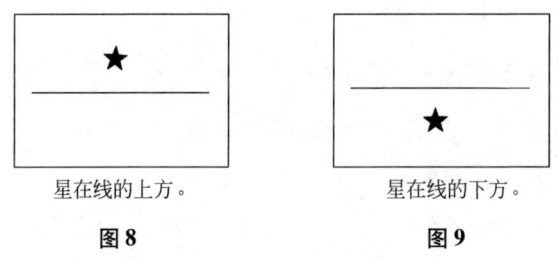

星在线的上方。　　　　　星在线的下方。

图 8　　　　　　　　　图 9

然而当不存在明显的参照物,如图10的情形时,人们一般用"上"来表述星和十字的相对位置:

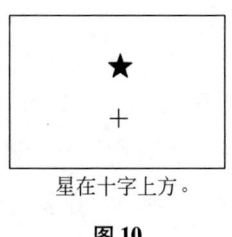

星在十字上方。

图 10

这是一种"简单原则"或"效率原则"在起作用,无标记项"上"在心理处理上较简单,处理效率较高。Clark(1974)和 Clark & Brownell (1975)都用心理实验证明,处理"上、前、里、来"等正向词所需的时间要少于处理"下、后、外、去"等负向词。在儿童面前放一样东西,他倾向于拿过"来"而不是推开"去"。儿童更倾向于注意长的东西而不是短的东西。一大一小两个东西放在面前,儿童一般拿大的不拿小的。Ghent(1960,1961)发现儿童更倾向于注意一样东西的上部而不是下部。Clark(1973)提出儿童感知空间关系遵循以下三条规则:

规则1　如果B是容器,A在B的里面。
规则2　如果B有个支托面,A在B的上面。
规则3　如果A和B在空间彼此有联系,两者互相接触。

无标记项可以看作心理计算上的一个"缺省值"(default value),在没有特殊规定的情况下就以这个值为准,例如:

(134)他在舞台上表演=他在舞台表演
　　　我在舞台下观看≠我在舞台观看
(135)我在寝室里等你=我在寝室等你
　　　我在寝室外等你≠我在寝室等你(邹韶华1993)

表演总是在舞台上,观看总是在舞台下,但是"上"可以不说出来,"下"不能不说出来,因为"上"在人们的意料之中。同样(135)"里"在意料之中,可以不说出来。

我们说过,认知上的不对称是有生理基础的。(见 Johnson 1987)人体存在固有的不对称,人在自然站立时,主要的感觉器官都在人体上部,上方的空间因此最容易为五官所知觉。人最初从认识自己的身体开始认识外部世界,人体是一个容器,呼吸吐纳,有"里外"之别,对进入体内的东西有最切身的感受,由此及彼,在表述外界的空间关系时,"里"成为无标记项。感觉器官又多在人体前部,人体前后因此也不对称。人一般朝前走,不会朝后走。因此"前"为正向词,"后"为负向词。人把自己身体的前后区分也移置到一些人造物上,如汽车、椅子、房子。

人体的左和右以脊椎为中线是对称的（虽然人脑的左半部和右半部并不对称，内脏也不对称），但由于大多数人惯用右手，因此"右"为肯定项。我国古代有以"左"为肯定项的，如席位以左为尊。《仪礼·乡射礼》："左玄酒。"注曰："设尊者北面，西曰左，尚之也。"我国地形西高东低，西为上，东为下。以左为上为尊那是"北面"（面朝北）的结果。然而古代又有以右为上为尊的，如"无出其右"，那是因为君主皇帝坐北朝南。可见左为尊和右为尊其实都是西为上，也就是高为上的结果。张清常（1996）认为虽然古代以左为上为尊和以右为上为尊都有，但"一般情况和习俗确是"以右为上为尊。他说，《辞源》《辞海》的修订本和《现代汉语词典》都注意到古人以右为上为尊，这是正确的。如果我们仅以君主皇帝"南面"（面朝南）作为其原因，那还无法解释在其他的民族和国家也是以右为上为尊。例如英语的褒义词 dexterous "灵巧"就源自拉丁词"右"，而贬义词 sinister "凶险"源自拉丁词"左"。有意思的是，汉语的"右"古有"帮助、偏袒"的意思，如"保右命尔，燮伐大商"（《诗·大雅·大明》），"王叔陈生与伯舆争政，王右伯舆"（《左传·襄十年》），虽然这种意思在现代汉语已经消失。"左"古时有"卑、下"义，如"诸士在己之左，愈贫贱，尤益敬"（《史记·灌夫传》），"降职"义，如"左迁"；至今还保留着"邪、偏"（左道旁门）、"错、不对头"（想左了，左嗓子）、"相反"（意见相左）等负面意义。主要原因还是古今都是大多数人惯用右手。"范宣子曰：天子所右，寡君亦右之；所左，亦左之。"（《左传·襄十年》）孔疏："人有左右，右便而左不便，故以所助者为右，不助者为左。"又如"且景卿无路，介卿以葬，不亦左乎？"（《左传·昭四年》）杜预注："左，不便。"人有"左撇子"，没有"右撇子"，这也说明惯用右手是正常的。Olson & Laxar（1973，1974）的心理实验证明，惯用右手的人"右"有心理优势，处理起来快，惯用左手的人"左"有心理优势，处理起来快。

有一个我们不太注意的现象,一张世界地图北为上南为下似乎是很自然的,但从逻辑上讲并不是非得如此,完全可以倒过来,北为下,南为上。之所以习惯于通行的上下方向,是因为地球上人的主要居住地大多集中在北半球,北半球比南半球更引起人的注意。

"来"和"去"的不对称也是由人的感知过程决定的。由于人"以自我为中心"的认知特点,接近人的"来"是正常的,离开人的"去"是不正常的。这种意识引申到其他方面,于是说"醒过来""昏过去",不说"醒过去""昏过来"。人与外界接触时,外界事物先由远而近,进入人的视野,然后再离开人的视野。"来"和"去"的用法差别因此很可能跟"可见""不可见"的对立有根本的联系。例如,把食物吃到肚里,说"吃下去""吃进去",不说"吃下来""吃进来",从口袋里掏出东西,说"掏出来",不说"掏出去"。(马庆株 1997)

"上"和"多""大"的联系也由认知决定:书上摞书,数量增加,人同时感觉到高度和体积的变化,所以"多""大"为"上"。

由一对反义词构成的并列式复合词,一般总是肯定项在前,否定项在后(赵元任 1968:139),因为人倾向于把认知上显著的成分或先引起注意的成分先说出来,这也是"象似原则"中的"顺序象似"(见第一章1.3 节)在构词法上的反映。例如:

(136) 多少　大小　远近　长短　宽窄　高低　深浅
　　　厚薄　粗细　强弱　快慢　浓淡　好坏　好歹
　　　里外　先后　甘苦　男女　利害　老小　老少
　　　长幼　贵贱　美丑　吉凶　善恶　真假　明暗
　　　新旧　动静　行止　举止　起伏　兴亡　生死
　　　盛衰　呼应　吞吐　伸缩　胜败　盈亏　赏罚
　　　升降　买卖　来往　进退　手脚　父母　师生
　　　兄弟　天地　首尾　日夜　本末

相反的情况不是没有,但较少:

(137) 死活　反正　虚实　贫富　俯仰　抑扬　损益
　　　出纳　呼吸[11]

英语的情形也一样(Lakoff & Johnson 1980):

(138) 正-反　big and small, good or bad, more or less
　　　长-幼　father and son,　mother and daughter
　　　男-女　man and wife
　　　单数-复数　one and all,　ham and eggs
　　　整体-部分　hand and fingers, whole and parts
　　　明显-隐蔽　day and night
　　　可见-不可见　body and soul
　　　领有者-被领有者　John and his brother

然而,语言反义词的无标记项和有标记项跟认知上的肯定项和否定项也不完全一致,最突出的例子是"干净-脏"和"安全-危险"。在认知上"脏"和"危险"应该是肯定项,例如脏东西有灰尘,有污染,为干净的东西所没有,所以脏比干净更引人注目;危险当然也比安全更加显著。从量级上看,也是"干净"靠近自然终端:

(139) 差不多到家了　教室差不多干净了　*教室差不多脏了
　　　终于到家了　教室终于干净了　*教室终于脏了

然而在语言中"脏"和"危险"是有标记项,"干净"和"安全"是无标记项,这可以用中性问来检验:

(140) 教室干净吗?(教室干净不干净?)
　　　游泳安全吗?(游泳安全不安全?)

这两句都是中性问,而"教室脏吗?""游泳危险吗?"就都成了偏向问。

这说明决定反义词的有无标记项还有其他因素。

8.4.3 评价上的肯定项和否定项

评价上的肯定项和否定项也就是通常所说的褒义词和贬义词。"干净"和"安全"虽然在认知上是否定项,但在人的评价上是肯定项。评价标准不仅涉及心理因素还涉及社会因素,因此可能更加重要。

人总是看重和追求好的一面,摒弃坏的一面。Boucher & Osgood(1969)通过心理实验证明这一规律,并称之为"乐观假说"(Pollyanna Hypthesis)。[12]这一假说可以解释语言中褒义词的使用频率总是高于贬义词。Zajonc(1968)证明英语和一些欧洲语言褒义词的使用频率高于贬义词。Leech(1983)也把这一假说运用到语言上,提出了一条语用原则即"乐观原则",主要用来说明语言中的委婉表达法。这条原则能用来解释汉语和其他语言中的中性词语的语义偏移现象(邹韶华 1986,1988;沈家煊 1996),从而证明褒义词的无标记性,具体说明如下。

所谓中性词的语义偏移是指一些没有褒贬色彩的中性词在一定的上下文或场合向褒义或贬义偏移,例如"意思"是个中性词,没有褒贬义,但在(141)中却有了褒义,"有意思"是"耐人寻味,有趣"的意思;"看法"也是个中性词,但在(142)中有了贬义,即"不利的、反对的看法":

(141) 他这篇文章写得有意思。

(142) 群众对这种做法有看法。

这种语义偏移现象可以用语用上的"适量准则"来解释。按照"适量准则"(见第四章4.2节),说话人说任何话总是要提供一定的信息量,听话人也总是相信说话人会遵循这一准则。以(141)为例,写文章总表达一定的意思,因此说一篇文章有意思并没有提供一定的信息量。

然而说话人是不会违背"适量准则"的,所以(141)这句话一定有"隐涵义",这个隐涵义就是"耐人寻味,有趣"。

据邹韶华(1986,1988)的调查统计,中性词的语义偏移绝大部分是偏向积极意义,偏向消极意义的虽然也有,但为数极少,只有与"有"结合的"脾气""意见""看法"等几个。"适量准则"无法解释这种不对称。下面都是中性词向积极意义偏移的例子:

(143) 有+中性词

有意思,有见解,有味儿,有模样,有腰身,有风度,有名声,有脑子,有经验,有眼光,有人缘(偏向好)

有水平,有文化,有能力,有劲儿,有钱,有地位,有人,有分量,有气力,有年纪,有日子,有个性,有速度(偏向大、高、多、强)

(144) 是+中性词

是时候(这场雨下得真是时候),是地方(这个柜子摆得不是地方),是材料(她是块演戏的材料),是东西(这个老滑头不是个东西)(偏向好)

(145) 像,算,够,成+中性词

像话(真不像话!),像男人(心眼这么小,像个男人吗?),算话(说话算话吗?),够意思(你这么大方,真够意思),成比例(这两个不成比例)(偏向好)

算钱(他是大老板,钱不算钱),够个儿(这瓜真够个儿)(偏向大、多)

(146) 特殊句式

这姑娘,鼻子是鼻子眼是眼的,长得真俊!

要地位有地位,要钱有钱,真是名利双收。

(147) 其他

他为钱而干(为得钱/*为失钱)
他为朋友而写(为有利于朋友/*为不利于朋友)
他画得不怎么样(不好/*不坏)
极品(极好/*极坏)⑬

中性名词大多向积极意义偏移,不仅汉语如此,其他语言也一样,例如英语:

(148) out of place(不是地方)　in proportion(成比例)
brainless(没脑子)　at speed(有速度)
to take shape(成形)　to think oneself something(自以为了不起)

只不过英语中这类表达式已经固化,而汉语中的那些格式还有很强的能产性。邹韶华在解释这种语义偏移现象时也提到"社会心理"的因素:人类总是不断追求完善,追求发展。不过他认为还是应该从语言本身去寻找答案。在统计多种材料后,他发现积极意义的词和消极意义的词的使用频率大致是 7∶3。由于积极意义的词使用频率高,中性词经常与积极意义的词搭配使用,通过"语境频率联想",结果中性词就体现了含积极意义的性质特征。按照本书的理论,语言中的这种不对称的原因最终还得从语言之外去寻找,也就是体现社会心理的"乐观原则"。积极意义的词使用频率高,归根结底也是由"乐观原则"这样的语用原则决定的。⑭

"乐观原则"还可以解释形容词跟"有点儿"和"一点儿"组合时出现的不对称。祈使句"A+一点儿",A 一般都是褒义的(张国宪 1995b):

(149) 谦虚一点儿　*骄傲一点儿
　　　大方一点儿　*小气一点儿
　　　文雅一点儿　*粗野一点儿
　　　安静一点儿　*吵闹一点儿
　　　安分一点儿　*放肆一点儿

表示程度低的"有点儿+A",A一般都是贬义词⑮:

(150) 有点儿糊涂　*有点儿清楚
　　　有点儿骄傲　*有点儿谦虚
　　　有点儿脏　　*有点儿干净
　　　有点儿累　　*有点儿不累

我们可以这样来解释:人总是倾向好的一面,令人如意的事情就希望往大里说,不如意的事情就要往小里说,这种说法固化的结果就是程度副词"有点儿"只修饰贬义词。同样,都是程度增加或超出了"一点儿",由骄傲向虚心的变化是正常的变化,而由虚心向骄傲的变化则是不正常的变化,所以有以下的标记模式("有""倒"可看作附加的标志):

(151) 虚心(一)点儿了
　　　*有(一)点儿虚心了(倒有点儿虚心了)
　　　*骄傲(一)点儿了　有(一)点儿骄傲了

"乐观原则"还能解释本章开头提到的一些不对称现象,如"好/坏"和"容易/难"两对反义词作副词用时的不对称(例(5))。"坏"不能作副词,"坏"的功能由"难"来承担,"好"则又承担起"容易"的功能。"好"和"难"成了反义词,而且负担两种反义关系。其中涉及的语义变化有两个:

a. 用表示"困难"的"难"来表达"坏"的意思
b. 用表示"美好"的"好"来表达"容易"的意思

"坏"的贬义程度或范围大于"困难",而"好"的褒义程度或范围大于"容易"。我们因此说在语言使用中(a)是为了达到"缩小贬义"的目的,(b)是为了达到"扩大褒义"的目的。从逻辑上讲褒贬义的扩大和缩小应有四种可能:

a. 缩小贬义
b. 扩大褒义
c. 缩小褒义
d. 扩大贬义

(a)缩小贬义显然符合"乐观原则",语言中体现为常用的委婉表达法,例如把"味道坏"说成"难吃",把"有病儿"说成"不舒服"(这也就解释了"不舒服"有两个意思,而"舒服"只有一个意思),把"不好"说成"不怎么样",把"有反对意见"说成"有意见",把"有难闻味儿"说成"有味儿",于是古时中性义的"臭"(气味)演变成现在的贬义(难闻)。(b)扩大褒义显然也符合"乐观原则",语言中经常使用,如"容易吃"说成"好吃"。古时表示味道美好的"甘"演变成现在表示"甜",这是经常把味道甜说成"甘"的缘故。(c)缩小褒义有的是从反面来遵循"乐观原则",在语言中体现为含蓄表达法(understatement),目的也是为了达到扩大褒义的效果,有的是为了遵循"礼貌原则",不要把自己说得太好,例如把"很好"说成"不错",把"有能耐"说成"不简单",这就解释了为什么"不错"和"不简单"都有两个意思,而"错"和"简单"只有一个意思。唯独第四种(d)扩大贬义不符合"乐观原则"和"礼貌原则",在语言中很少运用,⑩因此难于在词义的演变中起作用。这里我们再次看到语义的演变受标记模式的支配。(另见第七章7.2.1节)

8.4.4 倾向常规

反义词的标记模式也不能全用评价标准来解释。吕叔湘(1984a:74)指出一种现象：一般来说，带否定成分的词是从肯定形式的词派生出来的，二者互为反义词，如：

(152) 金属—非金属
　　　 导体—非导体
　　　 等式—不等式
　　　 条件反射—无条件反射

可是有的否定词没有反义的肯定词，或者说有标记形式没有相应的无标记形式，例如：

(153) 非卖品—*卖品
　　　 非婚生子女—*婚生子女
　　　 不冻港—*冻港
　　　 不锈钢—*锈钢
　　　 无影灯—*有影灯
　　　 无记名投票—*有记名投票

类似的情形是有"左撇子"没有"右撇子"。还有一种现象跟"性别"有关，不少人都指出下面这种不对称：

(154) 无标记　有标记　　无标记　有标记
　　　 医生—女医生　　护士—男护士
　　　 作家—女作家　　保姆—男保姆
　　　 博士—女博士　　模特—男模特
　　　 企业家—女企业家　卫生员—男卫生员
　　　 继承人—女继承人

英语中有类似的不对称:

(155) 无标记　　　　有标记

　　　author　　　　authoress

　　　actor　　　　 actress

　　　hero　　　　　heroine

　　　heir　　　　　heiress

　　　doctor　　　　lady doctor

　　　athlete　　　　woman athlete

　　　*career man　 career woman

　　　nurse　　　　 male nurse

　　　housewife　　 *househusband(新近才出现)

以上标记模式只能从"常规"(normality)上来解释。商品通常是供出售,子女通常是婚生的,冬天港口通常是要上冻的,钢铁通常要生锈,灯下通常有影,人通常惯用右手,这些常规在人们的意料之中,无须用语词表示出来就可以领悟到,只有违反常规的才须特意表示出来。(154)和(155)是社会的习俗或常规:医生、作家、继承人等通常是男性,护士、保姆、模特等通常是女性。英语中一般动物的名称是雄性的为无标记项,雌性的为有标记项,如狮和虎:lion-lioness, tiger-tigress,但牛、鸡、羊相反,雌性的 cow、hen 和 sheep 是无标记项,雄性的 bull、cock 和 ram 是有标记项,原因在于农夫多饲养雌性家禽,家禽为雌性于是就成了常规。(Lyons 1977:308)

遇到反向动词如"上-下、升-降、穿-脱、装-卸"等,前者为正向词,这是人类活动常规的体现。常说"人往高处走,水朝低处流","水朝低处流"是自然界的常规,"人往高处走"则是人类活动的常规。树上的苹果受引力作用自动往下掉,而人总要把掉在地上的苹果拣起来。塞满东西的箱子有时会自动弹开,但不会自动锁上。房间会自动积满灰尘,不打扫不会自动跑掉。⑰从热动力学的角度看,自然界倾向于一种高熵状态,人类活动则倾向于一种低熵状态。"熵"是用来表示某些物质系统状态的一种量度,可说明某种状态可能出现的程度。熵大的状态,无须投入较多的能量就能实现或保持,熵小的状态则要投入较多的能量才能实现和保持。

因此可以说自然界或宇宙的熵值总是在增加。那么语言究竟是以自然界的常规还是以人类活动的常规来确定无标记项呢?回答是在大多数情形下以人类活动的常规为准。受"人类中心论"的支配,人自以为可以改造自然、征服自然。我们把反向动词涉及的两个状态分别称为 A 和 B,如"装-卸",装上的状态为 A,卸下的状态为 B。在大多数情形下都是先有 A 状态后有 B 状态。例如货物如果先没有装就谈不上卸,帽子没有先戴就谈不上脱,书没有先借就谈不上还,等等。看以下例子:

(156) a. 货装上又卸了。

　　　 b. 货卸了又装上。

(157) a. 帽子戴上又脱了。

　　　 b. 帽子脱了又戴上。

(158) a. 书借了又还了。

　　　 b. 书还了又借来了。

"又"有时表示一个动作或状态重复发生,如"他昨天来了,今天又来了",有时表示两个动作或状态相继发生,如"他洗完衣服又去忙别的事了"。以上(a)句中的"又"都表示两个动作相继发生,例如"卸"只是第一次卸,不是重复卸(除非"又"重读),而(b)句中的"又"都表示一个动作重复发生,例如"装"一定是第二次重复装。因此我们可以用

"又"来判别 A 和 B 两个状态的先后。先有的状态是无标记项。

(159) 电视机买了又卖了。（相继）
电视机卖了又买了。（重复）

(160) 画挂上去又掉下来了。（相继）
画掉下来又挂上去了。（重复）

(161) 他把窗子打开又关上了。（相继）
他把窗子关上又打开了。（重复）

(162) 螺丝紧上又松开了。（相继）
螺丝松开又拧紧了。（重复）

(163) 马达点火又熄灭了。（相继）
马达熄灭又点火了。（重复）

有没有以自然界常规为准的情况？有，但不多。例如"生锈-除锈"，铁要生锈是自然界的常规，而且总是先生锈后除锈：

(164) 铁生锈后又除锈了。（相继）
铁除锈后又生锈了。（重复）

因此"生锈"是无标记项："生锈"可以只说成"锈"，如"铁锈了"，而一个"锈"字不会有除锈的意思，表明"除锈"比"（生）锈"形式复杂。英语里也一样：rusting 和 de-rusting。

其实在认知上和评价上人们偏向"大"和"好"又何尝不是人类心理的常规。求"大"求"好"是正常心理。厅不分大小都叫"大厅"，厅"大"是正常的，厅"小"是不正常的。正常的牛奶是好牛奶，变质的牛奶就是反常的牛奶。也许我们可以用心理上的偏向常规来对反义词的标记模式作出统一的解释，凡是符合常规的是认知上的"缺省值"（default value），是无标记项。

这一章用标记论来描写和解释反义词的种种不对称,这些不对称有的很明显,如形容词"大/小类"和"好/坏类"内部的对立,有的不太明显,如反向副词"就/才"、反向动词"装/卸"、指代词"这/那"等,但都符合标记模式。我们还说明反义词有无标记项的对立有程度上的差别。不同种类的反义词之间,无标记项与无标记项相组配,有标记项与有标记项相组配,肯定与正面词相组配,否定与反面词相组配,这是"关联标记模式"的体现。我们从认知、评价、常规几个方面来解释反义词的标记模式。认知上"显著"因而容易感知和处理的事物是无标记项,这种认知特点有物质和生理基础。褒义词相对贬义词是无标记项,体现出社会的评价标准和人类的"乐观心理"。认识和评价都偏向"常规"这是标记模式形成的根本原因。

附　　注

　　① "上-下"似乎是例外,不受程度词修饰,而且"不上不下"有不满意的意味。
　　② 当然也是相对各种箱子的平均大小而言的。
　　③ 这是指重音落在"大"上的正常情况,如果重音落在"多"字上,就不是中性问,而是有偏向的了。
　　④ 重音可以落在"小"上,也可以落在"多"上,而中性问的"有多 A?"重音一般只落在 A 上。
　　⑤ 还得承认(22)的直接回答"非常好"比(21)的直接回答"非常坏"更加别扭,这说明"好"和"坏"之间的不对称。
　　⑥ 得承认(26)直接回答"非常大"比(25)直接回答"非常小"更加别扭,这说明"大"和"小"之间的不对称。
　　⑦ 对举时才能说:多一半人不同意,少一半人同意了。
　　⑧ "多"和"少"作动词时的反常分布有待解释:
多了五毛钱　　　　少了五毛钱
＊我还多他五毛钱呢　我还少他五毛钱呢
　　⑨ 她依据的是 1982 年新华出版社出版的《快速集中识字手册》。

⑩ 有句名言就是"敌人一天天烂下去,我们一天天好起来"。

⑪ 比较"雌雄"和"男女",动物界和人类社会的标记模式不一样,见下 8.4.4 节。关于"左右"见上 8.4.2 节。

⑫ Pollranna 是 Eleanor Porter 的同名小说中的女主人公,以特别乐观著称。

⑬ "极刑"的"极"好像表"极坏",其实是"刑"本身有坏的含义。

⑭ 在第七章 7.2 节还提到"礼貌原则"也造成积极意义的词使用频率高。

⑮ 普通话是这样,方言不一定,如浙江金华话,A 也可以是褒义词。但是我们预言,不会有一种方言,这个格式里的 A 一般是褒义词而不是贬义词。

⑯ (b)和(d)虽同为夸张,但查修辞用法词典,夸张大多是扩大褒义而不是扩大贬义。

⑰ 有一句名言,"扫帚不到,灰尘照例不会自己跑掉"。(《毛泽东选集》第四卷 1131 页)

第九章 主语和宾语的不对称

9.1 主宾语不对称现象

主宾语不对称(subject-object asymmetry)是语言学文献中经常提到的一个名称或经常讨论的一种现象。例如转换生成语法就研究主宾语在"提取"(extraction)和"指称"(reference)上的不对称。①英语在提取主宾语时有以下的不对称:

(1) who do you think [John will meet *t*]?
   who do you think [that John will meet *t*]?

(2) who do you think [*t* will win]?
   * who do you think [that *t* will win]?

句首的疑问词可看作是从一个句子的主语或宾语位置上提取出来的,*t* 表示提取之前所在的位置。(1)提取的是宾语,有没有关联词 that 出现没有什么关系,(2)提取的是主语,没有 that 出现不成问题,一旦有 that 出现,提取就受阻止。Chomsky(1981)用"空语类原则"(Empty Category Principle)来解释这种不对称,大意是:宾语受实词(动词)管辖所以可以自由移出;主语则没有动词这样的实词管辖,所以移出受到限制。

主宾语在"指称"上的不对称,可以举汉语的例子(参看 Huang

1982）：

(3) a. 张三$_i$希望[e$_i$可以看见李四]（e是未出现的主语,称"空主语"）

b. *张三$_i$希望[李四可以看见e$_i$]（e是未出现的宾语,称"空宾语"）

宾语从句中的空主语可以与主句的主语"张三"同指,而空宾语不能跟主句的主语"张三"同指,只能指句外的某个成分。Huang(1982,1984)认为这种不对称是由句法结构决定的,大意是,空主语和空宾语在生成语法的空语类理论中属于性质不同的两种空语类,空主语有代词的性质,而空宾语则相当于指称语,两者受句法约束的情形不一样。

纯粹从句法内部来解释主宾语的不对称会遇到一些难以克服的困难。例如 Huang(1984)认为以下例子体现了主宾语在提取时存在的不对称：

(4) a. 李小姐$_i$还找不到一个[e$_i$可以嫁e$_j$]的男人$_j$

b. *李小姐$_i$还找不到一个[e$_j$可以娶e$_i$]的男人$_j$

(a)是提取宾语做中心语"男人",也是空主语e$_i$受主语"李小姐"约束(同指)的结果,句子成立,(b)是提取主语做中心语,也是空宾语e$_i$受主语"李小姐"约束(同指)的结果,句子不成立。但是 Xu(1986)提出相反的例证：

(5) a. *李小姐$_i$还找不到一个[e$_i$肯嫁e$_j$]的男人$_j$

b. 李小姐$_i$还找不到一个[e$_j$肯娶e$_i$]的男人$_j$

把"可以嫁、可以娶"换成"肯嫁、肯娶"之后不对称的情形掉了个儿:提取主语不受限制,提取宾语反而受限制。从句法性质上区分空主语和空宾语的理论受到了挑战。

汉语用"主语"和"宾语"分别翻译英语语法的 subject 和 object，名称上已经体现了两个句法成分之间有主有从的不对称关系。问题是这种不对称究竟属于什么性质。我们将要证明，主语和宾语的不对称归根结底是语义和语用上的不对称。

9.2 施事和受事的不对称

9.2.1 主宾语不对称跟语义有关

我们首先想证明，一些曾经提到的主宾语不对称跟语义有关。由于汉语语法界对主语和宾语的确认还有较严重的分歧，我们的论证可以先从没有争议的句子开始。

（6）公社拥有土地
　　绍兴出产黄酒
　　教师购买住房

对这三个句子的分析大家都是一致的：句首的名词是主语，句末的名词是宾语。提取这些句子的主语或宾语做中心语，都可以构成"的"字结构作定语的定中结构。但如果再删除其中的谓语动词，就出现了主宾语的不对称：提取宾语的可以删除，提取主语的不能删除。

（7）提取宾语和删除动词
　　公社拥有土地→公社拥有的土地→公社的土地
　　绍兴出产黄酒→绍兴出产的黄酒→绍兴的黄酒
　　教师购买住房→教师购买的住房→教师的住房
（8）提取主语和删除动词
　　公社拥有土地→拥有土地的公社→*土地的公社

绍兴出产黄酒→出产黄酒的绍兴→*黄酒的绍兴

教师购买住房→购买住房的教师→*住房的教师

但是问题并不如此简单。考察跟(6)相对应的(9)：

(9) 土地属于公社

黄酒产自绍兴

住房卖给教师

对这三个句子的分析好像也没有争议，句首的名词仍然是主语，句末的名词仍然是宾语。但是提取主语得到合格的定中结构，提取主语后删除动词也得到合格的定中结构，而提取宾语后，动词不管是保留还是删除，都得到不合格的定中结构：

(10) 提取主语和删除动词

土地属于公社→属于公社的土地→公社的土地

黄酒产自绍兴→产自绍兴的黄酒→绍兴的黄酒

住房卖给教师→卖给教师的住房→教师的住房

(11) 提取宾语和删除动词

土地属于公社→*土地属于的公社→*土地的公社

黄酒产自绍兴→*黄酒产自的绍兴→*黄酒的绍兴

住房卖给教师→*住房卖给的教师→*住房的教师

仔细考察最终得出的不含动词的定中结构，发现合格和不合格的关键不在于提取的是主语还是宾语，因为(7)和(10)一个提取宾语一个提取主语，最终都得出合格的结构，(8)和(11)一个提取主语一个提取宾语，最终得出的结构都不合格。合格不合格的关键在于最终的结构是否符合"领有者+领有物"的顺序："公社的土地"等符合这一顺序，"土地的公社"等则跟这一顺序相反。②但是我们还不能据此就否认主宾语的不对称,因为比较(10)和(11)中未经删除动词的定中结构,提取主语后得出的合格("属于公社的土地"等),提取宾语后得出的不合格("土地属于的公社"等),这一不对称不必归因于"领有者""领有物"这样的语义成分。但是,句法成分和语义成分之间又有一定的关联。(6)的主语是"领有者",宾语是"领有物",(9)的主语是"领有物",宾语是"领有者":

(6') 领有者+动词+领有物
(9') 领有物+动词+领有者

要注意的是,(9')相对于(6')而言是一种特殊的、有标记的顺序。首先(9)用了"于、自、给"这样一些用来标志领有者的介词;其次,(9)在提取宾语后得出的结构如要合格,必须加上"所、那儿、他们"这样的复指成分,如"土地所属的公社""黄酒产自那儿的绍兴""住房卖给他们的教师",不然就不合格。既然(6)和(9)都是"主语+动词+宾语"的句式,我们可按照"关联标记模式"的理论得出两个无标记的组配:"主语-领有者""宾语-领有物"。另外两种组配"主语-领有物"和"宾语-领有者"都是有标记的。这就是说,上述这种主语和宾语之间的不对称实质上是领有者和领有物之间的不对称:"领有者"一般是有生命的,主动的,在认知上具有"显著性",因此是无标记项;"领有物"一般是无生命的,被动的,不具有"显著性"[3],因此是有标记项。

我们一般用显著的事物作为参照物来给不显著的事物定位,不会反过来用不显著的事物给显著的事物定位:

(12) 自行车在教堂的旁边
? 教堂在自行车的旁边

教堂大而且固定,因此具有认知上的显著性,自行车小而不固定,不具有显著性,所以用教堂作参照物给自行车定位很自然,反过来就不自然。(参看 Clark & Chase 1974,刘宁生 1994)像"教师的住房"这样的领属结构实际上也是一种抽象的用参照物给事物定位的结构,人们在心理上以"教师"为参照物来给"住房"定位。"住房的教师"不合格就是违背了以显著事物做参照物的认知规律。(详见 Langacker 1993)因此用"领有者""领有物"这一对语义概念的不对称就同时解释了(10)和(11)两种定中结构(含动词和不含动词)都存在的不对称。

9.2.2 主宾语不对称和施受不对称

"领有者"和"领有物"的对立跟"施事"和"受事"的对立有内在的联系:领有者通常是施事,领有物通常是受事。"教师购买住房","教师"既是施事又是领有者,"住房"既是受事又是领有物。如果领有物同时是施事,结果是形成一些特殊的、有标记的句式。有人把这样的句式叫作"领主属宾句"(郭继懋 1990):

(13) 王冕七岁上死了父亲
　　　他飞了一只鸽子
　　　他倒了三间房子
　　　他烂了几筐香蕉
　　　他来了两个亲戚
　　　他脸上起了一个疙瘩
　　　他又一次破灭了建立家庭的希望

这些句子的句首名词(如"王冕")是"领有者",句末名词(如"父亲")是"领有物",句子的整体意义是表示某人获取或丢失了什么,因此是表示一种"施事-动作-受事"的语义关系。但是从局部看,"领有物"又可看作是动作的施事,如"父亲死了""鸽子飞了""房子倒了""亲戚来了"。下面我们还要详细说明,施事和受事的划分并不是绝对的,一个

第九章 主语和宾语的不对称 215

句法成分既有施事性又有受事性并不是什么奇怪的现象。这种句子的特殊之处在于,首先,谓语动词绝大多数是表示"丢失"义的,如"死、掉、断、丢、跑、瞎、烂、沉"等等,表示"获取"义的极少,只有"来、长(zhǎng)、起"等几个。其次,谓语动词大多是非自主动词,如果加上表示或隐含自主义的副词,句子就不成立:

(14) *他有意飞了一只鸽子
     *他只好倒了三间房子
     *他非得来了两个亲戚

因此(13)这种句式实为含反面义或被动义的有标记句式。

我们从广义上来理解"施事"和"受事","领有者"和"领有物"的对立可纳入"施事"和"受事"的对立。④原先建立的无标记组配改动如下:

无标记组配	无标记组配
主语	宾语
施事	受事

主语和施事有一种自然的关联,宾语和受事也有一种自然的关联,而主语和受事、宾语和施事缺乏自然的关联,都是有标记的组配。

正因为主语跟施事相配、宾语跟受事相配是无标记的,有些语法著作用"施事"来定义主语、用"受事"来定义宾语也就没有大错,或者是情有可原的了,尽管这两对概念一个是属于语义的,一个是属于句法的,本不应该加以混淆。

主语和宾语的不对称从语义上讲是施事和受事的不对称,这就是说,对一个典型的事件或活动而言,总是由一个有意志的(volitive)动作发起者通过动作作用于某个对象,或通过动作产生某种结果。"施事+动作+受事/结果"是人认识事件或活动的理想化的模型(Croft

1991:168),凡是违背这一过程的,在语法上就体现为种种有标记的句式。我们用 A 代表施事,用 O 代表受事,用 V 代表动作,那么汉语只包含这三个成分的简单句语义成分的排列顺序有以下几种(根据孟琮1988):

  (15)(a) AVO(我吃饺子。)
    (b) OAV(饺子我吃。)
    (c) AOV(我饺子吃。)
    (d) OVA(一锅饺子吃十个人。)
    (e) VO,A(吃饺子,我。)
    (f) OV,A(饺子吃,我。)

(e)和(f)大家公认是很特殊的有标记句式,即所谓的"易位句"(见孟琮1982,以下9.3.1节),句尾的施事必须轻读,而且前边常有停顿(书面用逗号表示),因此不必多加讨论。(b)(c)(d),尤其是(b)是有标记句式还是跟(a)一样属于汉语的基本句式,大家的看法不一致,是下面讨论的对象。

  "基本句式"是一个很含糊的概念,不同的人会有不同的理解和判断标准。而按照标记理论,句式的有标记和无标记是有较明确的判别标准的。(见第二章2.3节)我们要证明,(b)(c)(d)三种句式相对(a)都是有标记的,只是有标记的程度有所差别而已。先看(16):

  (16) a. 炮手击中了旗舰(AVO)
    b. 旗舰炮手击中了(OAV) 旗舰被炮手击中了
    c. ?炮手旗舰击中了(AOV) 炮手把旗舰击中了
    d. *旗舰击中了炮手(OVA)

  (d)按 OVA 来理解不合语法。(c)听上去不如(b)自然,一般用于对比的场合,如要说明炮手击中的是旗舰而不是别的舰,加上对比重

音就很自然了:

(17) 炮手'旗舰击中了

如果不是对比,那就要加介词"把","把"字的作用是标明"旗舰"是施事"炮手"作用下的受事。由于"把"字句有自身的语法限制,有的句子不能加"把",这时不表对比的(c)式就无法成立,比较以下两组句子:

(18) a. 我明白这句话的意思(AVO)

　　c. ?我这句话的意思明白(AOV)　*我把这句话的意思明白

(19) a. 我弄明白了这句话的意思(AVO)

　　c. ?我这句话的意思弄明白了(AOV)　我把这句话的意思弄明白了

跟"把"类似的标志还有"给、对、为"等介词:

(20) a. 老师判他[不及格](AVO)

　　c. ??老师他判[不及格](AOV)　老师给他判[不及格]

(21) a. 小王很尊敬他的老师(AVO)

　　c. ??小王他的老师很尊敬(AOV)　小王对他的老师很尊敬

(22) a. 夫妻俩在吵钱的事(AVO)

　　c. ??夫妻俩钱的事在吵(AOV)　夫妻俩为钱的事在吵

因此(c)式相对(a)式是有标记的句式是很明显的。现在来看(b)式。(16b)没有什么不自然,当然加个介词"被"施受关系会更明确,但不加也很明确,因为常识告诉我们只能是炮手击中舰艇,不大可能是舰艇击中炮手。但是下面的(b)式句就必须加"被"才行:

(23) a. 马踢了弟弟[一脚](AVO)
　　 b. ？弟弟马踢了[一脚](OAV)　弟弟被马踢了一脚

因为"弟弟"和"马"都是会踢的有生命体，都有可能成为"踢"的施事。虽然不加"被"字(b)通常会按"马踢弟弟"理解，但并不能排除理解为"弟弟踢马"。加了"被"（或"叫、让、给"等）施受关系就明确了。因此(b)相对于(a)仍然是一种有标记的句式，只不过有标记的程度比(c)式低一些而已。

广义的受事也包括与事在内，例如(20)"老师判他不及格"中的"他"。与事如果出现在动词之前，不管是(b)式还是表对比的(c)式，都要加一个复指的代词（参看袁毓林1996）：

(24) a. 我帮王老师抄过稿子
　　 b. ＊王老师我帮抄过稿子　王老师我帮他抄过稿了
　　 c. ＊我王老师帮抄过稿子　我王老师帮他抄过稿子

(25) a. 我写给王老师一封信
　　 b. ＊王老师我写给一封信　王老师我写给他一封信
　　 c. ＊我王老师写给一封信　我王老师写给他一封信

这也说明(b)和(c)式都是有标记句式。如果撇开A，只看V和O的相对顺序，那么汉语VO是无标记句式，OV是有标记句式。

Li & Thompson(1974,1975)提出两个观点，一是汉语普通话的语序正经历从SVO(主动宾)到SOV(主宾动)的演变过程，二是SOV一般适用于有定的宾语，SVO一般适用于无定的宾语。注意，他们所说的主语(S)和宾语(O)实际是指语义上的施事和受事。既然O相对于V的位置取决于O的有定和无定，那就抹煞了VO和OV存在无标记和有标记的区别。对这两个观点已有不少人提出不同意见。抛开第一点不谈，对第二点，首先是Light(1979)指出，OV序是说话人有意将O

置于 V 之前,以表示这个 O 跟其他一些潜在的 O 之间的对比,因而 OSV 和 SOV 相对于 SOV 都是有标记的语序,后来 Sun & Givón(1985)也持相同的观点,例证中有这样的例子:

(26) 先去掉鳞和内脏,将不带刺的部分切成薄片。

"不带刺的部分"跟"鳞"和"内脏"形成对比,所以置于动词之前。下面的例子最能说明 OAV 中的 O 也可以有对比性(引自吕叔湘 1984a:36):

(27) 米饭我不喜欢吃
　　　*足球我不喜欢踢

在吃的东西中"米饭"跟"馒头、饺子、面条"等等形成对比,而在踢的球类中,足球是唯一的成员,不跟其他的球形成对比。下面这个句子成立是因为"打"的球类中除了篮球还有排球、网球、橄榄球等等:

(28) 篮球我喜欢打

下面的例子也同样说明问题:

(29) ?棋我喜欢下　　围棋我喜欢下
　　　?歌我喜欢唱　　民歌我喜欢唱
　　　?画我喜欢画　　国画我喜欢画

从频率上看,据 Sun & Givón(1985)的统计,OV 语序在语篇中只占 10% 或低于 10%。该文还指出这样一个事实,V 前位置的 O 在指称上受一定限制,具体说,V 前的 O 可以是有定的,如"把那条鱼吃了",可以是非指称性的,如"连鱼都不吃",⑤但一般不能是无定的指称成分,如不说"他把一条鱼吃了",要说"他吃了一条鱼"。这一点不仅汉语如此,英语也是如此。英语中一些特殊的、有标记的句式,如"Y-移位"(30),"左前置"(31),"分裂句"(32)等句式中前置的 O 也不能是无定的指称性成分:

(30) I don't like tomatoes; potatoes I do like.(非指称性 O)

"我不喜欢吃西红柿,马铃薯倒喜欢吃。"

I didn't see Mary there; John I saw right away.(有定 O)

"我在那儿没见到玛丽,约翰当时就见到了。"

? I didn't see a horse there; one cow I did see.(指称性无定 O)

"我在那儿没见到一匹马,一头牛倒见到了。"

(31) As for potatoes, I seldom eat them.(非指称性 O)

"至于马铃薯,我很少吃。"

As for John, I saw him yesterday.(有定 O)

"至于约翰,我昨天看见他了。"

? As for a man, I saw him yesterday.(指称性无定 O)

"至于一个人,我昨天看到他了。"

(32) It's potatoes that I like, not tomatoes!(非指称性 O)

"是马铃薯我不喜欢吃,不是西红柿。"

It's John that I saw, not Mary!(有定 O)

"我看到的是约翰,不是玛丽。"

? It's a man I saw, not a woman.(指称性无定 O)

"我看到的是一个男人,不是一个女人。"

V后位置的O在指称上不受限制,可以是无定的,如"猫吃了一条鱼",可以是非指称性的,如"猫天生吃鱼",也可以是有定的,如"猫吃了那条鱼"。这完全符合一般的标记模式:无标记项的聚合变体比较多,有标记项的聚合变体比较少。(见第二章2.3节)VO中的O占据的是无标记的位置,它的指称变体较多;OV中的O占据的是有标记的位置,它的指称变体较少。Li & Thompson 在 OV 和有定 O,VO 和无定 O 之间建立对应关系,这就否定了 OV 和 VO 存在有无标记的差别;Sun & Givón 为了证明 OV 是有标记语序,力图否认上述这种对应关系,其实这种否认是有问题的,也是不必要的。O 的有定和无定跟 O 相对 V 的位置不是一对一的对应关系,而是一种扭曲关系,既对应又不完全对应的关系:O 如为有定,不一定取 OV 序;但如取 OV 序,则 O 为有定。反之,O 如为无定,取 VO 序;但如取 VO 序,O 不一定为无定。如果用 ⊃ 表示"单向蕴含",那么这种扭曲关系可用两个单向蕴含式来表示(关于"单向蕴含"见第二章 2.2.2 节):

OV ⊃ O 有定

O 无定 ⊃ VO⑥

第十二章还将详细讨论形式和意义之间的这种扭曲关系。

不是所有的 O 都可以置于 V 前。某些动词的 O 不能"悬空",也就不能置于动词前,比较"相信"和"信任"、"通知"和"告诉":

(33) 我相信你。　你我相信。
　　 我信任你。　*你我信任。
(34) 你别通知小张。　小张你别通知。
　　 你别告诉小张。　*小张你别告诉。

OV 相对于 VO 是有标记语序,还有一个证据是在句式转换上 OV 比 VO 多受一些限制,试比较:

(35) 老年人喜欢京剧(AVO)→老年人喜欢的京剧(提取 O 作中心语)

　　→喜欢京剧的老年人(提取 A 作中心语)

(36) 京剧老年人喜欢(OAV)→老年人喜欢的京剧(提取 O 作中心语)

→ *京剧喜欢的老年人(提取 A 作中心语)

这说明 AVO 语序提取 A 或 O 作中心语都不受限制,而 OAV(还有 AOV 也一样)只能提取 O 作中心语。同样是提取"工具"作中心语,AVO 不受限制,OAV 受限制:

(37) 他用这把刀切熟肉(AVO)→他用来切熟肉的这把刀

熟肉他用这把刀切(OAV)→ *熟肉他用来切的这把刀

这就是说,OV 句式在分布上受限制,它不都能出现在定语从句中。[⑦]

以上事实都表明汉语 OV 句式相对 VO 句式是有标记句式,只不过跟英语相应的句式相比这种有标记的程度比较低而已。例如,英语"This one I don't like"中的"this one"要有对比重音,汉语"这个我不喜欢"中的"这个"无需对比重音。

9.2.3 施事和受事都是典型范畴

我们已经证明 OAV 和 AOV 相对于 AVO 都是有标记语序。在讨论 OVA 语序((15)d 式)的有标记性之前,有必要说明一个重要的观点,即施事和受事这种语义范畴跟其他范畴一样也都是典型范畴,其内部成员的地位是不均衡的。

DeLancey(1981)指出,"施事性"(agentivity)也是一个典型范畴,定义这个范畴的是一群自然聚集在一起的特征构成的"特征束",而不是什么必要和充分条件。每个特征本身都有程度之别,可由一个等级来表示(>表示"大于"):

施事性的典型特征

a. 有生性：人>有生物>无生物>抽象物
b. 使因性：直接使因>间接使因>非使因
c. 自主性：高自主>低自主>非自主
d. 支配性：强支配>弱支配>非支配
e. 显著性：十分显著>比较显著>不显著

同时具备这五个特征（特征等级上左端项）的是最典型的施事，只具备一部分这些特征的是不太典型的施事。从类型学上看，各种语言对施事具备这些特征多少的要求也是不一样的。[⑧]"有生性"除了上面这个等级还包括以下几个语法上体现出来的等级：

第一第二人称>第三人称

代词>专有名词>普通名词

有定名词>指称性名词>非指称性名词

人自认为是"万物之灵"，生命度最高，并且总是认为人或跟人较接近的物体（生命度较高）作用于跟人不太接近的物体（生命度较低），这是有生性等级的认知基础。（见 Silverstein 1976）这里不能对上述特征一一说明，但可举一些例子。先看：

(38)　我找着他了。　　？他找着了。
　　　我找个人。　　　这个人找着了。

此例见吕叔湘(1987b)。都是 AVO（三成分句）变为 OV（二成分句），O 为代词时就不太自然，"他找着了"一般理解为主动句，"他"是施事，这是因为代词的生命度最高，施事性也就最强。再看以下例子：

(39)　*一个学生来看你。
　　　？一个三年级的学生来看你。
　　　那个戴眼镜的学生来看你。

句首主语名词的有定性越强就越像个施事,句子也就越站得住。再看以下例子:

(40) 你扶着我走!
  a. 我走不动了,你扶着我走。
  b. 你走不动了,你扶着我走。

这句话有(a)(b)两个意思。虽然"你"都是施事,但在(a)里这个施事的支配性强,在(b)里支配性弱。(a)可以加上"主动",说成"我走不动了,你主动扶着我走",(b)不能加"主动",不说"你走不动了,你主动扶着我走"。正因为如此,这句话按(a)义理解可以转换成被动句,按(b)义理解则不能这样转换:

(41) a. 我走不动了,我由你扶着走。
  b. *你走不动了,我由你扶着走(除非"由"表示"顺随")

施事的支配性弱时,施事和受事的对立就不明显,凡是施受对立不明显的主动句不大能转换成被动句。⑨再看以下例子:

(42) 他给修好了冰箱。
  a. 他动手修好了冰箱
  b. 他让人修好了冰箱

这句话的主语"他"可以是直接的使因(a),也可以是间接的使因(b)。直接的使因比间接的使因更像施事,正因为如此,按(a)理解句子可以转换成被动句"冰箱给他修好了",按(b)理解则不能这样转换。再例如:

(43) 我晒衣服→衣服我晒了
  我晒太阳→*太阳我晒了

这两句"我"的施事性程度显然不一样(史有为1992),前一句可转换成被动句,后一句不行。

跟施事性一样,受事性也是一个典型范畴,同时具备上述五个特征等级右端项的是最典型的受事。看下例:

(44) 他摔倒了。

  a. 他被对手摔倒了。

  b. 他不小心摔倒了。

"摔倒"可以是自主动词也可以是非自主动词(马庆株1988),作自主动词时,"他"没有任何施事性,而受事性极强(a),作非自主动词时,"他"受事性不强,还带有一定的施事性(b)。正因为如此,(a)义可以用被动句来表达,(b)义没有被动句的形式。

史有为(1991)认为我们从西方接受"施事"这一术语时并未仔细地对汉语本身加以考察。如果仔细考察,汉语的施事不是一个内部完全一致的范畴,可以分为两类,例如:

(45) 小陈做了一件衣服。

  a. 小陈亲自动手做了件衣服。

  b. 小陈请人给自己做了件衣服。

按(a)理解"小陈"是直接制作者或施行者,因此是"直接施事",按(b)理解"小陈"是间接制作者或施令者,因此是"间接施事"。其实西方语言的施事不仅也可这么区分,而且还有形式上的差别,例如下面两个英语句子在汉语里都可说成"汤姆把表给修了":

(46) a. Tom has repaired the watch.

  b. Tom has the watch repaired.

施事性和受事性之间既然是此长彼消、此消彼长的关系,那么其他的语义范畴,如感事、工具、与事、对象等等也都不是离散性质的,没有明确的边界,这些范畴跟施事和受事一起构成一个施受程度的连续统。Dowty(1991)将施事和受事置于这个连续统的两端,分别称作"典型施事"(proto-agent)和"典型受事"(proto-patient),而其他一些语义范畴有的靠近于施事,有的靠近于受事,有的居中。陈平(1994)按照这一思路建立起汉语中这些语义范畴跟主语相配的连续统:

施事>感事>工具>系事>地点>对象>受事

按照这个连续统,越靠近左端的越倾向于充当主语,越靠近右端的越倾向于充当宾语。最基本的对立是施受对立,这既有认知基础又有语言事实的佐证。人倾向于把事件或活动看作一个施事通过动作而作用于一个受事,这是一个关于事件或活动的"理想化"认知模型,即便是不太符合这种典型模型的事件和活动我们也尽量把它们看作是"施动受"的过程。(见 Lakoff 1987)例如"我看见那座山了","我"并没有作用于那座山,倒是山作用于"我"的视网膜和视觉神经。但是我们经常也把感事"我"看作施事,因为"我"毕竟把注意力施加于山。心理语言学也证明,施受关系是儿童最早掌握的语义关系。汉语语法界长期以来只讲施事和受事的对立,不像西方那样对种种语义成分作出细微的区分,这多半不是因为我们的语法学家没有意识到这种种区别,而是因为施受对立是最基本的对立,其他种种对立都可看作广义的施受对立。从语言事实上看,Croft(1991)考察多种语言的结果表明,其他各种语义成分大致可以分作两类,一类包括工具、手段、方式、伴随等,它们接近于施事或使因,采用的"格"标记也大致相同,例如英语的施事和手段都可用介词 by 来标示,伴随、工具、方式都可用 with 来标示;另一类包括结果、受益者、收受者、到达点等,它们都接近于受事,采用的"格"标记也大致相同,如英语同一个 to 可用来标示结果、收受者和到达点。

现在我们可以来考察汉语中 OVA 语序的句子。一般的 AVO 序都是不可逆的,也就是不能变换为 OVA 序(王希杰 1988)。见到下面这

样的句子我们总是按 AVO 来理解,即便凭常识这样的理解会有困难:

(47) 人咬狗。
　　　不是你教学生,是学生教你。
　　　是你在收买股票还是股票在收买你?

这种不可逆性正体现了施事和受事的不对称。然而有一些 AVO 序的句子却是可逆的,变为 OVA 序后施受关系保持不变,这说明施受的对立或不对称在这些句子中削弱或消失了。这些句子包括以下几类:(A 和 O 仍按广义理解)

(48) 十个人吃一锅饭　　一锅饭吃十个人
　　　三个人睡一张床　　一张床睡三个人
　　　四个人住一间房　　一间房住四个人

(49) 汽车走上层,火车走下层　上层走汽车,下层走火车
　　　矮个站前边,高个站后边　前边站矮个,后边站高个
　　　菜盛大碗,饭盛小碗　　　大碗盛菜,小碗盛饭

(50) 主席团坐在台上　　　台上坐着主席团
　　　那具尸首漂在水面上　水面上漂着一具尸首
　　　水进地下室了　　　　地下室进水了
　　　火车通西康了　　　　西康通火车了

(51) 纸已经糊了窗户　　　窗户已经糊了纸了
　　　水浇花儿了　　　　　花儿浇水了
　　　砖头垫墙了　　　　　墙垫砖头了
　　　杠子顶了门　　　　　门顶了杠子

(52) 我想死你了　　　　　你想死我了
　　　我悔死这件事了　　　这件事悔死我了
　　　我恨死这个人了　　　这个人恨死我了

我们总的观点是,这些施事和受事的位置可以互换的句式是特殊的有标记的句式,成立的条件是施受的对立都很模糊。这正好跟主动句转换成被动句的条件相反,前面说过,那种转换的条件是施受对立必须尽量明显。上面第一类(48)都是所谓的"分配句",这种句式施受对立的模糊是由动作义的削弱而造成的。句中的动词看上去都有实在的动作意义,但由于句子要表达的是数量的分配,动作意义就变得模糊不清。证据是句中的动词可以略去而不影响句子的分配意义:

(53) 一锅饭十个人　　十个人一锅饭
　　 一张床三个人　　三个人一张床
　　 一间房四个人　　四个人一间房

第二类(49)是一种对举式的分配句,动词也可以省略而不影响分配义:

(54) 上层汽车,下层火车　　汽车上层,火车下层
　　 前边矮个,后边高个　　矮个前边,高个后边
　　 大碗菜,小碗饭　　　　菜大碗,饭小碗

另外这类句子施事或受事的典型性不强,例如"上层走汽车","上层"是地点,不是典型的施事;"大碗盛菜","大碗"是工具,也不是典型的施事,"菜盛大碗","大碗"是(到达)地点,不是典型的受事。

第三类是所谓的存现句(50),其中的动词是不及物的存现动词,施受的含义也很弱,加上受事都是地点,不是典型的受事,因此施受的对立也就不明显。证据是动词都可以换成"有""是""在"这种表抽象存在的词而不会削弱多少实际意义:

(55) 台上是主席团　　　　主席团在台上
　　 门口有一堆人　　　　这堆人在门口
　　 水面上有一具尸首　　这具尸首在水面上

不及物动词如果不是表示存现的,施受就不能互换(Teng 1977):

(56) 小孩哭了　　＊哭了一个小孩
　　　孩子胖了　　＊胖了一个孩子

为什么存现句的施事出现在动词后？Teng(1977)指出,存现句的功能在于"引入"一个施事,而不是像一般动作句那样事先已经"预设"施事的存在。存现动词引入施事,可以看作跟施事一起构成一个复合谓语,施事的独立性很弱,这可以用加副词的办法来证明：

(57) a. 客人又来了
　　　b. 又来客人了

(a)副词"又"修饰动词"来",(b)"又"修饰的不是"来"而是"来客人","来"和"客人"构成一个复合谓语。由于语义的原因,有时副词只能加在复合谓语前:

(58)　＊病人只死了
　　　只死了病人

出于以上原因,龙果夫(1958)称动词后的施事成分是"附属主语",他引证 Jespersen(1924:155—6):在丹麦语和德语中,这种附属主语有时带宾格标记,可以确定为宾语。"附属主语"也就是非典型的施事。

　　第四类(51)施受关系的模糊主要是由上述施受对立的连续统决定的。陈平(1994)指出,这种句式中一个名词性成分是工具/材料,如"纸糊窗户"中的"纸",另一个名词性成分不仅仅是动作的对象,也是材料/工具通过动作而抵达的地点,如"糊"的结果是纸附着在窗户上,因此"窗户"身兼对象和地点两种语义角色。按照施受对立的连续统,工具和地点都处在连续统的中间部分,它们本身都不是典型的施事或受事,加上工具和地点在连续统上又十分靠近,因此两者没有明显的施受对立。

第五类(52)施受对立的模糊是由心理动词的特殊性造成的。心理动词的一头连着感事,一头连着刺激物,例如"我喜欢李小姐"是"我"在"李小姐"的刺激下感到欢悦。从力的作用方向来说,心理动词是双向的(Croft 1991:219):

感事"我"　　　刺激物"李小姐"

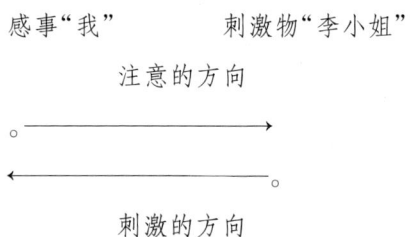

可以说"她很馋",也可以说"真馋人";可以说"他迷上了围棋",也可以说"景色迷人"。这说明心理动词的双向性。但是一般的心理动词句感事和刺激物并不能互换,"我喜欢李小姐"跟"李小姐喜欢我"是不同的意思。我们通常把这里的感事看作(广义的)施事,也就是注重于"注意的方向",相应忽略"刺激的方向"。"馋人""迷人"的用法很有限,感事一般限于"人"。但是遇到"想死""悔死"这样的强心理动词,刺激的强度大为增加,"注意的方向"和"刺激的方向"就会并重,施受的对立也就因此而变得模糊。

有两类OVA句式没有相应的AVO序:

(59) 茅台酒喝醉了他
　　　青草吃肥了羊儿
　　　黄花鱼吃馋了小花猫

(60) 一千米跑得我直喘气
　　　这顿饭吃得我倒了胃口
　　　这篇文章写得我头昏脑胀

这两类句子都是特殊的"使成句",谓语都是复杂的动补结构。这些句子都有两层语义关系,(59)以第一句为例,一层语义关系是"他喝茅台酒","他"是施事,"茅台酒"是受事;另一层是"茅台酒使他醉","茅台酒"是施事(使因),"他"是受事,这就是说,这里的施事"他"不是纯粹的施事,至少带有一般受事的性质。(60)也以第一句为例,一层语义关系是"我跑一千米","我"是施事;一层是"(跑)一千米使我喘气","(跑)一千米"是施事(使因),"我"是受事(又是"喘气"的施事)。因此这里的施事"我"也不是纯粹的施事,而是带有受事性。

口语里还有一种施事居动词后的句子(易洪川 1997),例如:

(61) 书都领了吧?——领了十几个人

表填完了没有——快了,填了三个人了

(洗澡)洗完几个人了?

这类句子的特殊性在于,首先,经常用在答语中,作话题的受事在语境中很明确,一般不出现;其次,大多限于完成体,动词带表"完成"的语素作补语;还有最重要的,施事都带有数量词,句子的意思与其说是突出施事不如说是突出已经达到的数量,因为施事名词可以省略不说,只保留数量词,这说明这种施事的施事性很低:

(62) 领了十几个/填了三个了/洗完几个了?

正因为 OVA 语序只限于一些特殊的句式,所以它是一种高度有标记的语序。我们可以将以上讨论的各种语序排成一个等级,从上到下表示有标记的程度不断增加:

无标记　　　AVO(我吃饺子)

　　　　　　OAV(饺子我吃)

　　　　　　AOV(我饺子吃)

有标记　↓　OVA(一锅饺子吃十个人)

AOV 相对 OAV 而言标记性更强,这一点前面已经说明,要点是 OAV 中的 O 可以有对比性,AOV 中的 O 一定有对比性。(另见吕叔湘 1946[1990]:449,范继淹 1984,陈平 1994)。

9.2.4　受事主语句的"关联标记模式"

受事主语句跟被动语态有自然的关联,见(16b)等,不加"被"字句子也往往有被动的含义在内。第三章 3.2 节曾说明受事主语句跟否定之间有自然的联系,这一点过去不大被人注意。为了进一步证实,我们统计了曹禺《雷雨》《日出》、老舍《茶馆》《龙须沟》四部剧作中的受事主语句,共 132 句,其中肯定句 58,否定句 50,疑问句 19,假设条件句 5。疑问句和假设条件句跟否定句是相通的,都属于"非现实句"(见第六章 6.4 节),肯定句和非肯定句相比为 44∶56。我们还统计了小说《山乡巨变》(下册)中的受事主语句,结果也大致相同,共 97 句,肯定句 51,否定句加疑问句 46,比例是 52.6∶47.4。这证明否定句在受事主语句中确实不成比例地大幅度提高,甚至超过了肯定句,因为在语篇中否定句的总体比例是很低的。

第八章 8.3.3 节证明否定跟反义词中表消极意义的词有自然的联系,因此受事主语句跟消极意义的谓语动词也有自然的联系。受事主语句不管加不加"被",多少都含有受损的意思,比较:

(63) a. 她穿过那件衣服了
　　　b. 那件衣服被她穿过了
　　　　那件衣服她穿过了

(b)表达的意义蕴含(a)表达的意义,而(a)表达的意义不蕴含(b)表达的意义,这跟英语 man(无标记项)和 woman(有标记项)的语义关系是一样的。受事主语句与人有关的多是"不如意、不期望"的事,只是近年来才有一些变化,例如可说"他选上了"之类的话。用"打"为中心构成的动结式短语,表示不幸、不如意的事情时其主语往往是受事,如"打伤、打输、打垮、打怕"等等,而"打赢"的主语一般是施事。(见詹人凤1992)"球打赢了"不是不说,但常有"让步"的含义,如"球打赢了,可是理输了"。

第六章6.5节实际上还说明受事主语跟语义程度小的词语有自然的联系,因此总括起来,与受事主语有自然联系的有以下一些范畴:

受事主语
    否定
    被动
消极意义
语义量小

按照"关联标记理论",这些有自然联系的项目虽然各自都是有标记项,如否定相对于肯定是有标记项,受事主语相对于施事主语是有标记项,但是它们的互相组配跟无标记项的互相组配(施事主语/肯定/主动/积极意义/语义量大)一样构成无标记的组配,这就是所谓的"标记颠倒"(第二章2.2.4节)。

现在把这一节的内容小结一下。

1) 主语和宾语的对立或不对称从语义上讲是施事和受事的对立和不对称。施事通过动作作用于受事,这是人所认识的关于事件或活动的典型模型,"施动受"的关系一般是不可逆的。在语言中,体现"施动受"关系的是无标记语序,其他都是不同程度的有标记语序。

2) 各种语法事实证实施事和受事是典型范畴。以施事和受事为左右两极构成一个语义成分的连续统,其他语义成分在这个连续统上有的靠近施事,有的靠近受事,有的居中。认知上施受对立是最基本的对立,这种对立可概括为"主动"与"被动"的对立。

3）说主语是施事、宾语是受事显然不符合事实，有的主语不是施事，有的宾语也不是受事，而且这种说法混淆了句法和语义两个不同的语法层面。然而，如果从典型范畴的理论着眼，说典型的主语是施事、典型的宾语是受事，那就完全正确了。从标记理论上讲，主语和施事、宾语和受事构成两个无标记的组配。

9.3　话题和焦点的不对称

9.3.1　典型的主语是话题

我们也从主宾语的划分没有争议的句子开始讨论。先考察主语和宾语之间以下的不对称现象。如果两个主动宾句的主语所指相同，把这两个句子并联起来时可以删除后一句的主语；如果两个主动宾句的宾语所指相同，把它们并联起来时一般不能删除前一句的宾语。（参看 Tai 1969）试比较：

（64）他抢了东西。他杀了人。
　　　他抢了东西杀了人。
（65）我挣钱。你花钱。
　　　*我挣你花钱。

如果是一个及物句和一个不及物句并联，表示两个动作或事件的并联或相继发生，被省去的不及物句的主语一般是跟及物句的主语同指而不是跟宾语同指：

（66）哥哥打了弟弟一顿跑了。
　　　a. 哥哥打了弟弟一顿。哥哥跑了。
　　　b. 哥哥打了弟弟一顿。弟弟跑了。

句子(66)只能理解为(a),不能理解为(b)。世界上大多数语言都是如此,只有少数语言,如 Dyirbal 语(一种澳州土著语)要理解为(b)。(见 Dixon 1972)有的语言(托里斯列岛的 Kalaw Lagaw Ya 语)有(a)(b)两种理解,但有强烈的倾向理解为(a)。⑩

在言谈中引入一个话题后,这个话题一般要或长或短延续一段时间,这就叫"话题的延续性"(topic continuity)。从直觉上说,(66)按(a)理解能在说话人和听话人之间保持话题("哥哥")的延续性,而按(b)理解则失去了这种延续性。(64)和(65)的对立也是这个原因。一句话可以分为"话题"(topic)和"陈述"(comment)两部分,话题是句子的出发点,是供谈论的对象,陈述是句子在出发点之后的展开,是对话题的进一步说明。这两部分在连续语篇的推进中所起的作用是不一样的。话题在语篇中起到"承上"和"启下"的作用。(64)和(66)都说明话题的"启下"作用。下面是两个"承上"的例子:

(67) ——你听说小莉的事了吗?
　　　——她嫁给了一个 80 多岁的老头。
　　　? 那个 80 多岁的老头娶了她。

(68) ——小莉昨天晚上怎么啦?
　　　——她又结识了一个足球运动员。
　　　? 那个足球运动员结识了她。

"A 嫁 B"也就是"B 娶 A",如果"A 结识 B"那么"B 结识 A",选择 A 还是 B 作主语取决于哪一个是话题,这里话题是承上而来的。因此主语和宾语的不对称在于,一般由主语而不是宾语充当话题,典型的主语同时是话题。

正因为话题是谈论的出发点,所以它通常出现在句首,也只有这个位置最便于承上启下。在(65)(66)两例中,如果要让宾语"钱"和"弟

弟"充当有延续性的话题,那就要采用有标记的句式,把它移到句首,或让它充当被动句的主语:

(69) 钱,我挣你花。

　　　钱都让我挣了,但都让你花了。

(70) 弟弟,哥哥打了一顿跑了。

　　　弟弟被哥哥打了一顿跑了。

有好多所谓的"受事主语句",受事(典型的宾语)置于句首正是为了保持话题的延续性:

(71) ——王朔是谁?

　　　——王朔你都不知道?

(72) 我还记得这件事,那件事我不记得了。

(71)是话题"王朔"的直接延续,(72)"那件事"跟"这件事"形成对比,是话题的间接延续。这是"承上"的例子。下面是"启下"的例子:

(73) 周家的罪恶,我听过,我见过,我做过。(雷雨)

话题如不置于句首,那是很特殊的情形,如所谓的"易位句"(上一节(15)的 e,f 句式),话题置于句末是追加性的,一般都读得很轻:

(74) 太不讲道理,这个人。

　　　我记不清了,这件事。

因为话题是谈论的对象,因此它通常是"有定的",即说话人认为听者能够识别这个谈论的对象。句首成分不是有定的,就不太像个话题,有许多受事居前的句子站不住也是这个原因:

(75) ?一个学生来找你。(有一个学生来找你。)

　　　*一个朋友咱们交。(咱们交个朋友。)

*头她点点。(她点点头。)

*一场病他生了。(他生了一场病。)

作为谈论的有定的对象,话题是听者已经熟悉或意料之中的信息,或称"旧信息",而不是毫无了解、出乎意料的信息,或称"新信息"。话题因此不是句子的自然重音所在。下面问答中的句首成分"谁"和"李小姐"因为不是"旧信息",都要重读,所以也不像是话题:

(76)——谁吃大蒜了?
　　　——李小姐吃了。

正因为句子在总体上分为话题和陈述两大部分,所以话题后面可以有个停顿,或带上"啊、吧、嘛、呢"之类的语气词。同样的道理,话题能在其后加上"是不是"形成反复问句,能在其后加前置连词使句子成为一个分句,如(77)(78)所示:

(77) 李老师生病了。　　　李老师是不是生病了?
　　　玻璃被他打碎了。　　玻璃是不是被他打碎了?
(78) 他的病好不了。　　　他的病如果好不了,……
　　　我爸爸只有小学文化。　我爸爸虽然只有小学文化,……

总之,话题也是一个典型范畴,也可以用"特征束"来定义:

a. 居句首位置:句首>句首后动词前>句尾
b. 后加停顿或语气词:可以加>不宜加>不能加
c. 定指:定指>泛指>不定指
d. 已知信息:已知信息>对比性已知信息>未知信息[11]
e. 延续性:延续性强>延续性弱>无延续性[12]

完全具备这些特征的是典型的话题,只具备一部分这些特征的是程度不等的非典型的话题。Tsao(1987a,b,1989)论证以下句式中句首名词

是"主话题",其后的谓语动词前的名词性成分是"次话题":

(79) 她眼睛很好看。(主谓谓语句)
　　　他把眼镜打碎了。("把"字句)
　　　他连我的话也不听。("连"字句)
　　　他照相照得好。(动词拷贝句)

拿"把"字句来说,"把"字宾语也是定指成分,也有话题的延续性:

(80) ——小张刚买的那本书呢?
　　　——小张把那本书送给小李了。
　　　　?小张送给小李那本书了。

从整句看,"次话题"的话题性不如"主话题"强。

典型的主语是话题,主语如果不是话题或不太像个话题,这样的句子都比较特殊。"周遍性主语句"(陆俭明1986)的主语不是有定的,不像个话题,因此是有标记的句式。一般句子的自然重音落在谓语部分,这种句式的重音都在主语上,例如:

(81) '一个人他也不认识。
　　　'谁也不愿意替他说话。

有一类"周遍性主语句"(主语是"一+量词(+名词)")一般只有否定句没有肯定句:

(82) 一个人也不去。　　*一个人也去。
　　　一个字都不认识。　　*一个字都认识。

如果谓语动词是及物动词,这类句子的后面不大带宾语,因为宾语一般是句子的语义重心,是句重音所在(见下),而句子一般不宜有两个语义重心:

(83) ？一个人也不愿意去边疆
　　　？一个人也不认识这个字

要改成下面的说法才比较自然：

(84) 没有一个人愿意去边疆/边疆一个人也不愿意去
　　　没有一个人认识这个字/这个字一个人也不认识

还有一类"周遍性主语句"（主语是"量词重叠式+名词"）基本上限于肯定句，否定句听上去很别扭：

(85) 条条大路通罗马　　？条条大路不通罗马
　　　件件事都得自己干　？件件事都不需自己干
　　　顿顿饭都有肉　　　？顿顿饭都没有肉

这都说明"周遍性主语"是比较特殊的主语。还有一类主语不是话题的句子可称之为"指别句"。先看以下两句的差别：

(86) 张老三是谁？
　　　谁是张老三？

前一句是你在说话中提到"张老三"，我不知道这个人，要你对他作出说明，有的方言说成"张老三是啥人？"后一句有两种意思，一种意思跟前一句一样，是要你对"张老三"作出说明，还有一种意思是我知道在场的人当中有一位是张老三，我不认识这个人，要你指给我看，也可说成"哪个人是张老三？"前一句是说明性的，后一句可以是说明性的，也可以是指别性的。（见吕叔湘1987c:284）这是疑问词为"谁"的"是"字句的情形。一般的主动宾句也有指别句：

(87) 谁吃了大蒜？
　　　李小姐吃了大蒜。

(88) 什么鸟不会飞?
　　　鸵鸟不会飞。

句首的指别性成分是主语但不是话题,还需要指别的对象不可能充当话题。这样的主语带有非自然的句重音,可以带一个表示强调的"是":

(89) 是谁吃了大蒜?
　　　是李小姐吃了大蒜。
(90) 是什么鸟不会飞?
　　　是鸵鸟不会飞。

"是"本来是个连系动词,上面的答语可以是"是李小姐""是鸵鸟"这样的简单形式,这说明指别句的主语带有表语的性质,不是典型的主语。指别句常用在一种特殊的"回声问"中,没有听清对方的话,要求重说一遍:

(91) (你说)谁吃了大蒜(来着)?
　　　(你说)什么鸟不会飞(来着)?

下面这类句子的句首成分因为不大像个话题,它们的主语地位也就很成问题:

(92) 电话联系吧!
　　　明天再说吧!
　　　大碗盛。(回答"大碗盛还是小碗盛?")

由于主语通常是话题,主语和宾语在言谈中不对称的性质是:主语是对整个谓语(陈述)而言,宾语只是对谓语中的动词而言,主语和宾语不在同一个层次上。(见吕叔湘 1979:72 页)宾语先跟动词一起构成谓语,谓语再对主语(话题)作出说明,因此宾语和谓语动词的结合比较紧密,主语和谓语动词的结合比较松散。正因为如此,语言中,动词和宾语组合而成的复合词很多,主语和动词组合而成的复合词很少。例如英语 Child loves horses"孩子爱马",可以有形容词性的 horse-loving "爱马的",但没有 * child-loving "孩子爱的";有 wife-beating "打老婆的(丈夫)",没有 * husband-beating "丈夫打的(妻子)"。汉语构词法中虽然动-宾格和主-谓格两种组合都有,但动-宾格的显然居多,而且主-谓格的谓语多为不及物动词,如"地震、海啸、心焦、口快、老头儿乐"等。

据袁毓林(1996),汉语中有一些动词跟宾语结合十分紧密,不允许宾语脱离而悬空,如"属于、成为、不及、不如、姓、是、等于、具有、号称"等动词,它们的宾语就不能移到句首充当话题:

(93) 通县属于北京→*通县属于/*北京通县属于

乡下不如城里→*乡下不如/*城里乡下不如

粮食增长等于人口增长→*粮食增长等于/*人口增长粮食增长等于

其实一般动词中也有不允许宾语悬空的,如"信任""告诉",见上一节(33)。带双宾语的动词,如果有一个宾语不能悬空,那么这个宾语也不能前移充当话题:

(94) 他抢了小王一张报纸→*他抢了小王/*那张报纸他抢了小王

这件事费了老孙不少时间→*这件事费了老孙/*不少时间这件事费了老孙

宾语如果过长,所谓的"大块头"宾语,经常脱离动词移到句首,原因也是过长的宾语不容易跟动词构成紧密的关系:

(95) ? 我没收到你说上个月电汇给我的那笔书款。
　　　你说上个月电汇给我的那笔书款,我没收到。
(96) ? 他卖掉了那批祖上传下来的无比珍贵的古书古画。
　　　那批祖上传下来的无比珍贵的古书古画,他卖掉了。

动词和宾语的结合比较紧密也可以这样来解释:受事(典型的宾语)一般在动词代表的动作的作用下总会有所变化,而施事(典型的主语)作为动作的发出者不见得有什么变化。这也符合语言结构的"象似原则":概念上联系紧密,语言结构上也联系紧密。(见第一章1.3节)

主宾语因为不在同一层次上,主宾语的不对称除了"主动"和"被动"的对立,还可概括为"主"和"次"的对立,主语在主层次上,宾语在次层次上。

9.3.2　宾语和自然焦点

一句话的语义重点通常在陈述部分或谓语部分,如果谓语动词带有宾语,宾语通常成为语义的重点,或称"自然焦点"。Bolinger(1952)曾提出一条"线性增量"原则,是说在没有干扰因素的条件下,随着句子由左向右移动,句子成分负载的意义越来越重要,例如:

(97) 他-已经-写了-几首-交响乐曲。

Firbas(1992)进一步提出"动态交际值"(degree of communication dynamism)的概念,简称"CD值"。语言交际是一个动态过程,CD值指一个语言成分在推进交际、完成交际目的的过程中所发挥的作用的大小程度。例如:

(98) A. What about Peter? "彼得怎么样了?"
　　　B. He has flown to Paris. "他飞往巴黎了。"

B的交际目的是说明Peter飞往的地方,就实现这个目的而言,He"他"的贡献最小,to Paris"往巴黎"的贡献最大,has flown"已经飞"的贡献居中。存现句的情况比较特殊,比较:

(99) 那个老头走进储蓄所

(100) 一个老头走进储蓄所

这两句看上去差不多,但CD值增加的方向正好相反。(99)是一般的陈述句,符合"线性增量"原则,从左向右CD值逐渐增高,"储蓄所"是自然焦点;(100)是存现句,CD值逐渐降低,"一个老头"的CD值最高,"储蓄所"的CD值最低。违背"线性增量"原则的句子比较特殊或不自然,(b)出现的机会就很少,通常还是说成:

(101) 储蓄所走进一个老头

据徐枢(1988),汉语有些所谓的"受事主语句"是强制性的,受事必须居动词前不能居动词后。这在很大程度上也是为了遵循"线性增量"的原则。这里讨论两种这样的句子。一种谓语动词是某些复杂的及物性动词短语,如:

(102) *他想了又想这件事

　　　这件事他想了又想

　　　*你学几遍才会那段昆曲

　　　那段昆曲你学几遍才会

　　　*他们一看就懂上面两段古文

　　　上面两段古文他们一看就懂

　　　*人们越看越爱看画廊里的那幅山水画

　　　画廊里的那幅山水画人们越看越爱看

这些句子的动词都包含起关联作用的副词,是全句的语义重点所在,因此信息量大CD值高,置于句末才合适。

还有一种句子谓语动词是表示状态的"得"字动补短语。"写得好"这个动补结构,重音落在"好"上表示状态,是"写得不错"的意思,重音落在"写"上表示可能,是"可以写好"的意思。然而表状态时后面不能跟受事:

(103) 状态:　＊他写得'好这个字　这个字他写得'好
　　　　可能:　他'写得好这个字　这个字他'写得好

这是很有意思的不对称现象。我们认为原因在于表状态的"写得'好"语义强,表可能的"'写得好"语义弱。表示可能的补语"得"在语义上表示一个极小的量,这已有石毓智(1992)的证明。这里以"来得及""吃得来"为例:

(104) 时间虽然不充裕,但至少还来得及。
　　　　估计他不一定喜欢吃,但至少还吃得来。

从"至少"这个词可以看出,在时间的充裕程度上,"来得及"是程度最低的,在喜欢吃的程度上,"吃得来"也是程度最低的。语义程度弱的成分就不容易成为句子的语义重点。从重音模式上也可看出"'写得好"的"好"不是语义重点,"写得'好"的"好"则是语义重点。正因为表状态的动补短语是语义重点,CD值高,所以只能置于句末。

以上是由于谓语动词成为语义重心而将受事宾语前置做话题,这些受事宾语又都是有定成分,符合做话题的条件。然而对于一般的"主动宾"句,宾语的CD值最高,是"自然焦点"。试比较:

(105) 他要在北京住一辈子。
　　　　他要一辈子住在北京。

即便在许多SOV型语言中,自然焦点也是落在紧接在句末动词前的宾语上。(Kim 1988；Harlig & Bardovi-Harlig 1988)宾语居句末的句子，宾语以外的成分如要成为语义重心，那就不是自然焦点，而是"对比焦点"，要有标志，标志可以是对比重音、"是"字、"(是)……的"等(方梅 1995)：

(106)'他不做这种事。("他"是对比焦点)
　　　他是用毛笔写信。("用毛笔"是对比焦点)
　　　他(是)去年入的团。("去年"是对比焦点)

宾语作为语义重心，从认知心理上讲，是人注意的"目标"(也叫"图像"(Figure)，相对"背景"(Ground)而言)。人感知两个物体之间的空间关系时可以有两个相反的过程，一个是由"目标"到"背景"，一个是由"背景"到"目标"，这两种感知方式都被有效地运用到影视制作过程中。比如，一种方式是镜头先对准一座亭子，再逐渐拉开，展现一片湖面作为背景。这种情况下，亭子作为"目标"、"湖面"作为"背景"，是由"目标"到"背景"的过程。另一种方式是先展现一片湖面，然后聚焦于一座亭子，这是由"背景"到"目标"的过程。这两个过程用汉语句子表达出来分别是：

(107) a. (有一座)亭子在湖中心(由"目标"到"背景")
　　　b. 湖中心有一座亭子(由"背景"到"目标")

同样，我们可以把(100)(101)例中的"一个老头"看作"目标"，把"储蓄所"看作"背景"，那么(100)就是由"目标"到"背景"的感知过程，(101)就是由"背景"到"目标"的感知过程。词语的排列顺序正好反映情景感知的过程，这是语言"象似性"的一种体现。(见第一章 1.3 节)值得注意的是，这两种感知过程是不平衡的，人的感知过程有从"背景"到"目标"的强烈倾向，至少我们汉民族是这样。刘宁生(1995)以曹禺剧作《北京人》为样本，调查了三幕四景之前关于舞台布景的说明文字,结果发现采用(107b)句式(称作"有字句")的共 18 例,而没有一例是采用(107a)句式(称作"在字句")的。如果承认语序反映情景感知的过程,就可以认为由"背景"到"目标"是自然的、无标记的感知过程。

"目标"是人注意的中心,"背景"只是"目标"的衬托。从 CD 值来说,"背景"的 CD 值很小,"目标"的 CD 值很大。所以"线性增量"原则跟人的认知心理是一致的。汉语用语气词作为"聚焦"的手段,随着"啊、吧、嘛、呢"等语气词由左向右移动,"背景"越来越扩大,"目标"越来越集中:

(108) 老王啊下班后常去那儿学跳交谊舞。
　　　老王下班后啊常去那儿学跳交谊舞。
　　　老王下班后常去那儿啊学跳交谊舞。
　　　老王下班后常去那儿学跳啊交谊舞。

语言中有许多不对称的用法都跟宾语是自然焦点有关,下面举三个例子来说明。我们在第六章 6.5 节曾举过以下的例子:

(109) A. 三个小时没学　　　B. 没学三个小时
　　　　四个苹果没吃　　　　没吃四个苹果
　　　　两个月没在北京住　　没在北京住两个月

A 列句子的数量词语在句首,表示的是在整个数量段内都没有干什么,如整整三个小时都没学习,四个苹果一个也没有吃。B 列句子的数量词语在句末做宾语,表示的是干了某事,但干得不足某一个数量,例如学的时间不足三个小时,吃的苹果不到四个。为什么数量词语在句首和句末会有两种不同的意思,好像没有什么理据可言。其实不然。从"背景"和"目标"来讲,A 是数量词语为"背景",B 则是数量词语为"目标"。"背景"不是注意的中心,"目标"才是注意的中心。事物只有成为注意的中心时我们才在它的内部作出区分,不是注意中心的事物我们只把它作为一个整体来看待。正因为如此,B列的数量词语作为"目标"是注意的中心,我们就可以在这个数量内部加以区分,比如吃了的苹果到底是一个、两个、三个还是四个。A列的数量词语作为"背景"不是注意的中心,我们就把它看作一个整体。如果数量是最小量"一",内部不能再作区分,数量词在前在后意思就没有差别:

(110) 一次会议没参加=没参加一次会议

一个字没写=没写一个字

有时"一"还不是最小量,例如"半天"小于"一天",这样就还会有意义的差别:

(111) 一天活没干≠没干一天活(只干了半天)⑬

"怀疑"这个动词的用法很有意思,它既可以表示"信多于疑"(肯定),例如"我怀疑他得了癌",也可以表示"疑多于信"(否定),例如"他说是出生在香港,我很怀疑"。表示怀疑对象的谓词性宾语如果出现在"怀疑"一词的前面,"怀疑"表示否定,如(112);表示怀疑对象的谓词性宾语如果出现在"怀疑"一词的后面做宾语,"怀疑"表示肯定,如(113):

(113) 说他会说法语,我怀疑。

说他偷了东西,我怀疑。

(113) 我怀疑他不会说法语。

我怀疑是他偷了东西。

出现在"怀疑"前面的怀疑对象词语可以表示如意的事情(如会说法语),也可以表示不如意的事情(如偷东西);出现在"怀疑"后面做宾语的怀疑对象词语一定是表示不如意的事情(不会说法语和偷东西)。

(参看李兴亚1987)这种不对称背后的原因是什么?这也可以用CD值来解释。"表疑"CD值高,"表信"CD值低:一般的陈述句都是"表信",如果我说"他会说法语",实际是"我相信他会说法语",在不需要强调"信"的情况下就不必把表信的词语说出来。相反如是表疑,那么表疑的词语是非说出来不可的。其次,直接判断的CD值高,间接引语的CD值低:"怀疑"后的谓词性宾语是直接判断,说话人是把这个判断告诉听者,对听者来说这是新信息;"怀疑"前的谓词性宾语通常是个间接引语,引述别人说过的话(常在前头加个"说"字),对听者来说不是新信息。因此(112)和(113)都符合交际值的"线性增量"规律:"怀疑"一词本义是表疑的,即疑多于信,变为信多于疑后位置就要往前移。第八章8.4节还论证过,如意的事情符合常规,在意料之中,意料之中的事情信息量低,而不如意的事情违背常规,出乎意料,信息量高。表如意事情的词语不出现在句末也正是为了不违背句末CD值高的原则。

动词"放心"如果后面带宾语多为否定句和疑问句(《现代汉语八百词》):

(114) *我放心她到边疆去　她到边疆去我放心
　　　 我不放心她到边疆去　她到边疆去我不放心
　　　 你放心她到边疆去吗?她到边疆去你放心吗?

不对称表现在放心的事情只能出现在句首不能出现在句末,原因还是不放心的事情是不如意的或出乎意料的,CD值高,而放心的事情CD值很低,放在句末做宾语就违背了"线性增量"原则。不放心的事情可以出现在句首,那是因为句末的"不放心"CD值高。

现在将"主语""宾语"和"话题""焦点"之间的关联标记模式列出如下:

无标记组配	无标记组配
主语	宾语
话题	(自然)焦点

9.4　汉语句子的主语

主语位居句子六大成分之首,是句子的"主要成分""基本成分"。在汉语的主语问题上,虽在 20 世纪 50 年代开展了历时一年左右的讨论,但是至今仍然意见分歧,得不到解决。(见李临定 1985)得不到解决的根源在于我们对语法范畴的根本看法不正确。过去总是认为"主语""宾语"这样的语法范畴都是绝对的、离散的,可以用一些必要和充分条件来定义,因此就一个句法成分而言,它要么是主语,要么不是主语。我们在范畴的典型论中已经说明,人建立的范畴大多是典型范畴,一个范畴的内部成员地位是不平衡的,有的是典型成员,有的是非典型成员。语法范畴也不例外。主语、宾语这种句法成分范畴是典型范畴,动词、名词这样的词类范畴也是典型范畴。典型范畴是用一些有自然联系的特征聚集在一起的"特征束"来定义的,但这些特征并不是什么必要和充分条件。

定义主语的"特征束"包括"施事"和"话题"这两个特征,这两个特征,如前所述,本身也是典型范畴,可以用"特征束"来定义,因此有程度上的差别。典型的主语是典型的施事和典型的话题的组配,既非施事又非话题的不是主语,介于这两者之间的是程度不等的非典型的主语。(同样,可用"受事"和"(自然)焦点"的组配来定义典型的宾语。)按这样的定义,我们来分析争议最大的一类句子,以"台上坐着主席团"为代表。"台上"是话题,但不是施事,如果要把它定为主语,它只能是不典型的主语。"主席团"是施事但不是话题,如果要把它定为主语,它也是不典型的主语。有人会说这是模棱两可。其实有不典型的主语存在,不光汉语如此,其他语言也如此。比如,一般认为英语

"主语"这个范畴的确定不成问题,其实不然。英语在判定一个句子成分是不是主语时可凭借两个标准,一个是形态标准,即看谓语动词跟哪一个名词性成分有"照应"(agreement)关系,例如 Mary likes these books "玛丽喜欢这些书",动词取第三人称单数形式跟 Mary"玛丽"照应,因此 Mary 是主语。另一个是看并列结构中等同名词性成分的删略,例如可以说 Mary did homework and wrote a letter in the morning "玛丽上午做作业,还写了封信",但不能说 Mary wrote and Tom received a letter "玛丽写了、汤姆收到一封信",因此句子 Mary wrote a letter "玛丽写了封信"中 Mary"玛丽"是主语,a letter"一封信"不是主语。但是这两个标准遇到 there 起头的句子就有了问题:

(115) a. There are two cats on the mat.
"地席上有两只猫。"

b. There are two cats and also a dog on the mat.
"地席上有两只猫还有一只狗。"

按照形态的照应关系,two cats"两只猫"应该是主语;按照等同名词的删略,there 应该是主语。如果承认"主语"也是一个典型范畴,那么 there 起头的表示存在的句子,不管判定哪一个成分是主语,都是不太典型的主语。因此英语尽管有形态标准,主语仍然有典型和非典型之别。这里,英语的问题类似于汉语"台上坐着主席团"的问题,只是这样的问题在英语里不太严重,在汉语里比较严重罢了。

各种语义成分可以轮流坐庄做主语(吕叔湘 1979),汉语是这样,英语也是这样,例如(参照张今 1997):

(116) The dog walked him in the street. (伴随者做主语)
"狗跟着他在街上散步。"

(117) The horse rides easily.(受事做主语)

"这匹马好骑。"

(118) Meat cooks more slowly than rice.(受事做主语)

"肉比米饭熟得慢。"

(119) This novel sells easily.(受事做主语)

"这部小说好卖。"

(120) The ground rode hard after the frost.(处所做主语)

"霜后骑马,地面很硬。"

(121) The room sleeps two people.(处所做主语)

"这间房睡两个人。"

(122) The garden swarms with bees.(处所做主语)

"花园里蜜蜂成群。"

(123) The knife cut deep into his chest.(工具做主语)

"这把刀深深刺入他的胸部。"

只不过英语非施事做主语机会比汉语少、受限制多一些而已。

我们用"+"表示强施事、强话题,用"+/-"表示弱施事、弱(次)话题,用"-"表示非施事、非话题,那么施事和话题各种强度的组配可以得出典型程度不等的主语:

典型的主语(++)>不太典型的主语(++/-)>不典型的主语(+/-)>很不典型的主语(+/--)>非主语(--)

(124) 这把刀他切肉。

"这把刀":弱施事(+/-),强话题(+),不太典型的主语(++/-)。

(125) 这张相片他还留着。

"这张相片":非施事(-),强话题(+),不典型的主语(+/-)。

(126) 什么事情他都要管。

"什么事情":非施事(-),弱话题(+/-),很不典型的主语(+/--)

这里我们只是举例性地说明解决汉语主语问题的一个思路,施事和话题强弱程度的衡量还可继续探讨。

这样来解决主语问题还可以澄清一些概念和术语使用上的混乱现象。语法分析不应把不同层次的概念混为一谈。话题是语用或篇章的概念,主语是句法概念,在分析句子时不应将话题和主语放在同一个层面上。在对"这个字小张不认识"这样的句子作句法分析时,Li & Thompson(1981)把"这个字"分析为"话题"(又是"宾语"),把"小张"分析为"主语"。因为他们所说的"主语"和"宾语"实际是指"施事"和"受事",他们所说的"话题"在不少人看来是"主语",因此朱德熙(1985)批评这是混淆了语义和句法两个不同层面上的概念。Tsao(1977)坚持话题是语用篇章概念,主语是句法概念,但对上述句子的实际分析仍把两者放在一个层面上,因为在句法上没有说明"这个字"是什么。为了避免层次的混淆,可以提出"句法话题"的概念(如 Chen 1996)。"句法话题"是个句法概念,是按有关成分在句子层次结构中的位置来定义的,具体说,一个成分如果处在以下结构树形图中 NP 的位置,它就是"句法话题":(S 代表句子)

(127)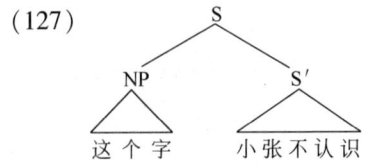

"句法话题"和"主语"当然都在句法这个层面上。但是这样处理也有问题。说"小张不认识"是一个没有宾语出现的句子固然不错,但"不

认识这个字"在汉语里也是一个自然的句子,没主语出现而已。那么"小张不认识这个字"也可以分析成如下的树形图:

(128)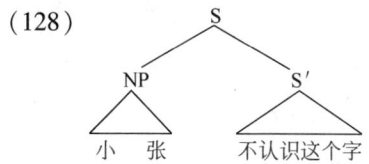

S′中未出现的宾语和主语都可以用代词来填充,"这个字小张不认识它""小张他不认识这个字"。这样,也就没有理由不把(128)"小张不认识这个字"中的"小张"也定为"句法话题",随之而来的是把(127)"小张不认识"中的"小张"定为 S′ 的"句法话题",也就是(127)中的"这个字"是"大句法话题","小张"是"小句法话题",这跟现在不少人将"这个字"分析为"大主语","小张"分析为"小主语"又有什么本质的区别呢?⑭ 难怪袁毓林(1996)又把(127)中的"这个字"定义为"话题主语","话题主语"还是"主语"。(另见 shen 1987) Tsao(1977)用"反身代词复指""等同 NP 删略""祈使句主语删除""被动句化"等作为测试标准,认为主语适用于这些语法变化,话题除非同时是主语,不适用这些变化。袁文则指出,"话题"在相当程度上也适用这些变化,例如:

(129) 这种人我想不会太亏待自己的。(反身代词复指)
　　　他呀,成绩不好,∅还怨老师没教好。(等同 NP 删略)
　　　[早饭]你上我家吃吧!(祈使句主语删除)
　　　头发呢,他早被人剃光了。(被动句化)

因此在已经有"大主语"名称的情形下再设一个"句法话题"意思不大,"话题"就是语用或表达层面上的概念,但是话题可以分为"主话题"和"次话题","强话题"和"弱话题"。话题和主语之间的联系可以用"关联标记模式"来解决。

从"语法化"的观点来看,作为句法范畴的主语是施事和话题这样的语义语用范畴逐渐固化的结果。例如,在"小丽,她又欺骗我了"这句话里,"小丽"是话题,代词"她"复指"小丽"。在不少有形态的语言里,相当于"她"的代词逐渐变为黏附于动词的词缀,最后又缩略成与"小丽"照应(agreement)的形态标志,于是主语这个范畴就诞生了,这是一个由话题"语法化"了的主语。(参看 Givón 1979)汉语的主语跟有形态变化的语言的主语相比是"语法化"程度偏低的主语。从这个角度观察问题,句法、语义、语用实际并没有明确的界线,只是为了研究的方便才分为三个不同的层面。一个成分要么是主语,要么不是主语,这样倒是干脆利落,但就连英语也难以完全做到,汉语更无法做到。不过,我们还是觉得需要在汉语语法描写中保留主语这个范畴,原因无非是汉语还是有这么一种句法成分,它经常既是施事又是话题。

9.5　主宾语不对称的本质

主语和宾语的不对称本质上在于语义上施事和受事的不对称,语用上话题和焦点的不对称。现在可以回到本章开头那个"嫁娶难题":9.1节(4)和(5)显示的"嫁娶"上的对称和不对称。为便于说明,我们先来讨论比较简单的例子:(例见 Xu & Langendoen 1985)

(130) a. 李小姐$_i$还找不到一个[e_i 喜欢 e_j]的男人$_j$
　　　b. 李小姐$_i$还找不到一个[e_j 肯帮助 e_i]的男人$_j$

(a)句空主语 e_i 受主语"李小姐"约束,两者同指,(b)句空主语 e_j 不受主语"李小姐"约束,两者不同指。原因何在?在动词"喜欢"和"帮助"的语义。"帮助"是典型的动作动词,它的主语是施事,宾语是受事,而"喜欢"属于所谓的心理动词,它的主语不是施事而是感事(experiencer)。我们在前面已经证明,心理动词具有双向性,"A 喜欢 B"一方面是 A 将自己的注意力施加于 B,从这个角度讲,A 是施事;另一方面是 B"使得"A 感到欢悦,从使成的角度讲,A 是 B 的受事。心理动词的主语兼有施事和受事两种性质。(见 9.2.3 节)也就是说"喜欢"的主语由于带有受事性而施事性较弱,而"帮助"的主语施事性很强。以上不对称的解释是:空主语是否受主语约束要取决于空主语施事性的强弱,(b)句中的空主语施事性强,所以不受主句主语约束;(a)句中的空主语施事性弱,所以受主句主语的约束。

现在可以来讨论复杂的"嫁娶"问题。我们把例句重新以(131)(132)列出:

(131) a. 李小姐$_i$ 还找不到一个[e_i 可以嫁 e_j]的男人$_j$
     b. *李小姐$_i$ 还找不到一个[e_j 可以娶 e_i]的男人$_j$

(132) a. *李小姐$_i$ 还找不到一个[e_i 肯嫁 e_j]的男人$_j$
     b. 李小姐$_i$ 还找不到一个[e_j 肯娶 e_i]的男人$_j$

有人以(131)为依据认为汉语有主语和宾语的不对称:(a)的空主语受主语"李小姐"约束,句子合语法;(b)受主语"李小姐"约束的不是空主语 e_j 而是空宾语,句子不合语法。然而(132)却把结果倒了过来。我们认为,仍然可以承认主语和宾语的不对称是存在的,并且承认是空主语而不是空宾语受主语约束,这就是(131a)和(131b)对立。但是这种不对称的本质是施事和受事的不对称,如上所说,必须是施事性弱的空主语才受主语约束。(131a)符合这个条件,因为动词"嫁"具有被动性,空主语的施事性弱。(131b)不符合这个条件,因为动词"娶"具有主动性,空主语的施事性强。这里需对"嫁"和"娶"这对反向动词作一说明。"A 嫁 B"等于"B 娶 A","嫁"和"娶"好像是对称的,其实

不然,试比较:

(133) 宝玉娶宝钗
　　　宝钗嫁给宝玉

至少在现代汉语,"嫁"的对象之前要有介词"给",可见"嫁"相对于"娶"是有标记项。这种不对称有人类心理上的理据(参看第八章8.4.2节):"娶"有"获取"义,"嫁"有"出让"义,而人总是希望"获取"而充当事物的领有者。在婴儿面前放一样中性的东西(不为婴儿所喜欢或害怕),婴儿总是伸手去够那样东西而不是推开它。"娶"有主动义,"嫁"有被动义,例如:

(134) 该嫁的嫁,能娶的娶。(桑晔、张辛欣《北京人》)

情态动词"能"表能力,有主动义,跟"娶"组配很自然,"该"表客观上该当,有被动义,跟"嫁"组配很自然。反过来说"能嫁的嫁,该娶的娶"就很不自然。再例如:

(135) 宝钗被宝玉娶了。
　　　? 宝钗被薛姨妈嫁了(宝钗被薛姨妈嫁出去了)

"嫁"字句取被动形式一定是有标记的,因为"嫁"本身有被动的意思。因此"娶"是正向动词,"娶"的施事是主动的,"嫁"是负向动词,"嫁"的施事是被动的。主动的施事施事性强,被动的施事施事性弱。(见9.2.3节)

那么为什么(132)用"肯"替换"可以"之后会出现不对称的颠倒现象呢?原来"肯"和"可以"虽然都是情态动词,但也存在不对称:"肯"有"主观上乐意"的意思,"可以"有"客观上不得不"的意思。例如,"肯"后面可以跟自主动词,不能跟非自主动词,而"可以"后面可以跟非自主动词(见马庆株1988),例如:

(136) 肯　　＊肯忘　　可以忘
　　　 肯写　　＊肯懂　　可以懂
　　　 肯学　　＊肯看见　可以看见
　　　 肯说　　＊肯认出　可以认出

再有,"帮助的人"可以指帮助别人的人,也可以指被帮助的人,但是"肯帮助的人"多半指帮助别人的人,而"可以帮助的人"多半是指可以被帮助的人。李思明(1996)调查《祖堂集》中情态动词的用法,发现用"可"的句子多为否定句,主语多为受事,而用"能/得/解"的句子多为肯定句,主语多为施事。总之"肯"具有主动义,"可以"具有被动义,从这层意义上讲,"肯"是正向的,"可以"是负向的。主宾语不对称在(131)和(132)上出现的颠倒其实是语义上正负值互相作用的结果。具体说,情态动词的作用就是改变谓语动词的正负值,(131a)的"可以嫁"原来是负向的,改为(132a)"肯嫁"后就变为正向的;(131b)的"可以娶"原来是正向的,改为(132b)"肯娶"后就变为负向的,所以最终的结果发生了颠倒。这种颠倒也是"关联标记模式"中的"标记颠倒"(见第二章2.2.4节)。

以上说明主宾语的不对称实为施事和受事的不对称。这跟徐烈炯(Xu 1994)用"题元等级"来处理反身代词的先行语问题上主宾语的不对称,精神是一致的。陈平(Chen 1992)对主宾语的不对称实为话题和非话题的不对称作了充分的论证。汉语"自己"一词有与主语同指而不与宾语同指的倾向,例如:

(137) 老王$_i$给了老李$_j$一张自己$_{i/*j}$的照片
　　　 老王$_i$告诉老李$_j$自己$_{i/*j}$会开车

但是有时候又会出现相反的情形,例如:

(138) 有人ᵢ告诉他ⱼ自己₍ᵢ/ⱼ₎的房子着火了

陈平论证,那些违背"自己"与主语同指倾向的所谓反例其实是有规律可循的,具体说,那些与"自己"同指的宾语,它们的话题性程度比较高。造成它们话题性较强的原因,一是它们处在话题性较强的句法位置上(如"把"字宾语居动词前),二是主语的话题性在这些句子里相对较弱(如主语是非指称性的或不定指的)。下面四个句子,主语的话题性依次减弱,宾语的话题性依次增强,结果"自己"就越来越偏向于跟宾语同指:(注意,代词的话题性强于专有名词,见注⑫)

(139) 他ᵢ把几个人ⱼ锁在自己₍ᵢ/ⱼ₎的屋子里
　　　老王ᵢ把老李ⱼ锁在自己₍ᵢ/ⱼ₎的屋子里
　　　几个人ᵢ把他ⱼ锁在自己₍ᵢ/ⱼ₎的屋子里
　　　有人ᵢ把他ⱼ锁在自己₍ᵢ/ⱼ₎的屋子里

据莫彭龄、单青(1985)的统计,名词和代词充当主语和宾语的频率存在以下的"互补分布":

	主语	宾语
名词	21.2	49.04
代词	54.6	18.3

名词做宾语大大高于做主语,而代词做主语大大高于做宾语,按照"关联标记模式",名词做宾语是无标记的,代词做主语是无标记的。这个模式很好地体现了主宾语不对称的本质。如前所述,代词的施事性和话题性都高于名词,而名词在句子中负荷的信息量或 CD 值又显然高于代词,在言谈中总是先用名词引入一个听者未知的所指对象,然后再用代词来复指它。

光用施事/受事的不对称或者光用话题/非话题的不对称来说明主

语/宾语的不对称都有一些问题(见徐烈炯1997)。只有把两方面结合起来,也就是典型的主语是施事和话题的重合,才能全面解决问题。

现在把本章内容小结一下。主语和宾语不对称的实质是语义和语用上的不对称。从语义上讲是施事和受事的不对称。施事通过动作作用于受事,这是人所认识的关于事件或活动的典型模型,认知上施受对立是最基本的对立。汉语中,体现"施动受"顺序的是无标记语序,其他都是不同程度的有标记语序。从语用上讲主宾语的不对称是话题和焦点的不对称。主语不是话题、宾语不是自然焦点的句子都是不同程度的有标记句。各种语法事实证实施事、话题这样的语义和语用范畴都是典型范畴,其成员有强弱主次之分。从标记理论上讲,话题和施事有自然的关联,焦点和受事有自然的关联,构成两个无标记的组配。跟其他语言一样,汉语的典型主语是施事和话题的交集,典型宾语是受事和焦点的交集。

附 注

① 感谢程工提供有关生成语法中关于主宾语不对称研究的情况。
② 袁毓林(1995)已说明这一点,虽然他并没有注意到(9)跟(6)进行提取和删除操作的结果正好相反。
③ 显著的事物具有体积大、固定、有生命、看得见等特点,见刘宁生(1994)。
④ Clark & Carpenter(1989)指出儿童习得语言时将施事和领有者纳入同一个语义范畴"源"(source),不过我们还是采用按广义理解的"施事"这个惯用的术语。
⑤ 这种非指称性表周遍义的 O 一般还必须在 V 前,如"哪一个他都不喜欢""件件事情他都要管"。这种句式的有标记性将在 9.3.1 节说明。
⑥ 无定或非指称性的 O 取 OV 序的也有,但必须是对举的情形,如"一个不卖,三个才卖""钱没有,命有一条",或者是表周遍义的 O,如"一字不识""他

什么都要"。

⑦ Jiang(1991)指出只有句法话题(指这里前置的O)才能提取出来充当中心语。Chen(1996)和袁毓林((1996)也提到过同一现象。

⑧ 据Delangcey(1981),在Hare-dene语(一种加拿大土著语)里,"传染病杀死了张三"和"热浪击碎了窗玻璃"这样的话不能说,因为"传染病"和"热浪"都是看不见的"不显著的"事物,不能充当施事。

⑨ 英语中有类似的例子:

Tom brushed the wall.

(a) Tom 刷墙

(b) Tom(的身子)蹭着了墙

作(a)解时可以转换成被动句:The wall was brushed by Tom,作(b)解时则不能转换成被动句。

⑩ 汉语有所谓的"兼语句",如"大家选老王当组长""领导表扬他干劲大""这支笔给你用吧",可看作是两个小句的组合,后一个小句的(未出现的)主语就是前一小句的宾语。不过,兼语句的主要动词很受限制,都是表使令、赞许(或责怪)或给予的,而且在语义上后一小句是表示结果、目的或原因,而不是表示接着发生的一个动作。(《现代汉语八百词》33页)

⑪ "已知信息"和"未知信息"都有程度差别,参看Chafe(1976)。

⑫ 例如,代词在语篇中是延续性最强的话题,见Givón(1990)。

⑬ "没干一天活"如果"一"重读,意思就跟"一天活没干"一样。

⑭ 把两个都叫作主语,是强调它们相同的一面,把一个叫作"句法话题",一个叫作"主语",是强调它们相异的一面。过去对相异的一面注意不够,起两个不同的名称也就不能说完全没有意义。

第十章　词类和句法成分的标记模式

10.1　汉语词类问题上的两难处境

汉语的词类,跟主宾语的区分一样,至今还是一个争议颇多的问题。意见分歧的一个主要方面是词类(主要是名词、动词、形容词三大实词类)和句法成分(主宾语、谓语、定语、状语等)的对应关系问题。在这个问题上汉语语法学家处于一种两难境地,一言以蔽之就是:做到了"词有定类"就"类无定职",做到了"类有定职"就"词无定类"。(胡明扬 1995)

传统语法按意义标准分词类,大体做到"词有定类"。结构主义的语法理论引进我国后,占主导地位的汉语语法体系在划分词类时采用语法功能(词的分布)标准,有的干脆排斥意义标准,有的还把意义作为参考标准。这样分出的词类大体上也做到"词有定类"。但是这两种方法分出的词类在讲汉语的句法分析时不大用得上。朱德熙(1985)在谈到汉语语法的特点时指出,在印欧语里,词类和句法成分之间有一种简单的一一对应关系,如下图所示:

```
主宾语    谓语    定语    状语
  |       |      |      |
 名词    动词   形容词   副词
```

而汉语词类和句法成分的关系是错综复杂的,大致的情形如下图所示:

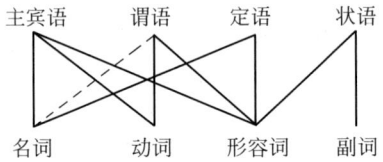

动词除了做谓语还可以做主宾语,形容词除了做定语还可以做主宾语、谓语和状语,名词除了做主宾语还可做定语,一定条件下还可做谓语;只有副词是专做状语。其实在一定条件下动词也可以做定语(如"调查工作""合作项目")和状语(如"拼命跑""区别对待"),名词也可以做状语(如"集体参加""重点掌握"),于是动、形、名三大类实词成了"类无定职"。"类无定职"的后果是词类和句法成分几乎脱节,然而我们划分词类的目的正是要做句法分析。

传统语法要解决"类无定职"的问题,认为做主宾语的动词已经"名物化"或"名词化",这实际是用句法成分功能来给词定类:做主宾语的是名词,做谓语的是动词,做定语的是形容词,做状语的是副词。词类和句法成分一一对应,倒是做到了"类有定职",但导致"词无定类",同一个词在不同的句法位置上出现就要划入不同的类。这也是朱德熙(1985)反对动词形容词"名物化"这种观点的一个主要理由。这种词类体系还违反了语法分析的"简约原则":可以立一套名目就不要立两套名目。把词类跟句法成分一对一固定下来,甲类词做 A 成分,乙类词做 B 成分,甲类词做了 B 成分就不再是甲类词而是乙类词了,那就不需要两套名目,一套就够了。句子成分是 A,B,C,D……,词类也是 A,B,C,D……,岂不省事?(见吕叔湘 1979:46)

按语法功能划分词类遵循的一条原则是:凡在相同条件下,同类的词都可以这样用的,不算词类转变,这种用法应列入这类词的功能之内。(见吕叔湘 1954b,1979:46)这条原则无疑是正确的,但是使我们为难的是,按照这条原则,汉语动词大多可以在主宾语位置上出现但并不因此而变成名词,因此无法解决"类无定职"的问题,而且这又与语法结构的"递归性"相悖。具体地说,当"这本书的出版"做主宾语时大家公认是个名词性的偏正结构,但是这个结构的中心语"出版"仍然是动词,这就违背了 Bloomfield(1933)关于"向心结构"的定义。"向心结构"体现了语法结构的递归性:以一个成分为中心加以扩展,扩展后的结构的语法性质跟中心成分的语法性质一致。① 针对汉语语法中的这一矛盾,有人认为"向心结构"的理论对汉语不完全适用,"不能盲目照搬"(方光焘 1997:261),有人试图对"向心结构"的定义加以修正(朱德熙 1984,陆丙甫 1985),但这样的修正还都不能令人满意(见施关淦 1988)。Lyons(1968:331)曾指出:"N 和 NP 之间,V 和 VP 之间都存在一种不可少的(essential)的联系,对哪种语言都一样。……NP 和 VP 不仅仅是帮助记忆的符号,它们分别表示必定是名词性和动词性的句法成分,因为两者分别以 N 和 V 作为必有的主要成分。"他接着说,如果有哪位语言学家提出诸如"NP→V+VP,NP→V,VP→T(冠词)+N"的规则,"那不仅是违反常情的,在理论上也是站不住的"。汉语难道真是那么特殊,可以违反常情和一般的语言规律?

　　说汉语的特点是动词做主宾语时还是动词,其实这个论断的意思是汉语的动词可以"不加形态标记"而直接做主宾语。拿英语来说,动词也可以做主宾语,只不过要加形态标记而已,例如在动词后加-ing,动词前加 to。作出以上论断说明我们在汉语词类的划分和转类这两个问题上分别采用了两种不同的方法和标准。在划分词类时,考虑到汉语是一种缺乏形态标记的语言,不得不依靠所谓"广义的形态",也就是词跟其他词和成分的组合能力和组合状态。然而在词是否已经转类的问题上却仍然坚持狭义的形态标准:只要动词没有加上"名词化"的形态标记,做主宾语时还是动词,不再考虑主宾语位置上的动词"广义的形态"有没有发生变化。从方法论上讲,这种不一致的处理方式是不太合理的,也给汉语"词无定类"论者提供了论据,因为坚持汉语的实词没有词类的人就是坚持以狭义的形态作为划分词类的依据。(高名凯 1953) 我们面临的困境是,如果坚持汉语的实词"词无定职",最后也许不得不跟"词无定类"论者妥协。

本章要说明,要想摆脱汉语词类和句法成分对应关系上的两难处境,除了采用下面要说明的"关联标记模式"之外目前还看不出有更好的办法。在说明这种标记模式之前先要澄清两个问题,一个是词类和意义的问题,一个是词类的典型范畴的问题。

10.2　词类和意义

纯粹按意义标准分类,问题出在循环论证。例如在确定"真理""电""良心"等词是名词时,说它们是表示事物的名称的唯一理由就是事先已经确定它们是名词。Lyons(1968:4.2.9.)在批判这种词类理论时,指出传统语法混淆了两个不同性质的问题:一个是划分词类的依据问题;一个是给划分出来的词类取名的问题。划分词类的依据应该是词的语法功能,给划分出来的词类取个恰当的名称是凭意义。例如按词的语法功能划出一类词 X,其成员包括"男孩、女人、草、原子、树、牛、真理、电、良心"等,虽然不能说所有成员都表示事物,但可以反过来说凡是表示事物的都属于 X 类,因此可以把 X 类叫作"名词"类。朱德熙(1985)阐述了跟 Lyons 同样的思想。

但是,纯粹按词的语法功能或分布状况来划分词类也摆脱不了循环论证。例如大家通常接受"能不能受'不'修饰"是判别谓词(动词和形容词)的一条标准,如果问为什么有些词可以受"不"修饰因而被判定为谓词,回答只能是因为它们是谓词。(见石毓智1992)假设一个系统的内部成分为A,B,C,D,如果不借助外部标准,光在系统内部用B来定义A,用C来定义B,用D来定义C,最后不得不用A来定义D。举一个简单的例子,朱德熙(1982)在划分名词时同时采用两条标准:(1)可以受数量词修饰;(2)不受副词修饰。在定义副词时采用的标准是只能充任状语(也就是不能做定语修饰名词,以便跟形容词区分开来)。于是名词的定义包括不受副词修饰,而副词的定义又包括不修饰名词。

实际上我们在选择什么样的分布标准时已经凭借意义。文炼(1995)用一个实例来说明分布标准的选择是从意义出发的,很有说服力。这里引述如下。假定有下列四组词:

第一组　来 吃 讨论 参加 管理(能带宾语,不能加"很")

第二组　大 好 简要 干净 坚固(能加"很",不能带宾语)

第三组　懂 怕 了解 喜欢 感谢(能加"很",能带宾语,还可以同时加"很"和带宾语,如"很懂道理")

第四组　活跃 方便 丰富 繁荣(能加"很",能带宾语,但不能同时加"很"和带宾语)

第一组明显是动词,第二组明显是形容词,第四组是兼属动词和形容词。至于第三组,可以另立一类,也可以并入第一组或第二组。并入第一组的区分标准是:能带宾语的是动词,不能带宾语而能加"很"的是形容词。并入第二组的区分标准是:能加"很"的是形容词,不能加"很"而能带宾语的是动词。为什么一般的语法书采取了第一组和第三组合并为动词的办法呢? 这主要是考虑动词在意义上是表示动作或变化,而带宾语这个标准最能体现动词表示的这种意义。沈家煊(1995b)也证明分布标准的选择实际是以意义为根据的,另见李临定(1992)。

讨论汉语的词类问题还不能不牵涉到"有没有普遍存在的词类区分"这个问题,具体地说,名词、动词、形容词是不是世界上所有语言都有的词类区分？对这个问题的回答又跟划分词类的标准有关系。传统语法用意义做标准,对这个问题的回答是肯定的,任何语言都要区分事物、动作和性状,因此也就都有名、动、形的区分。问题是,拿英语来说,motion 和 move 一样都表示动作,但一个是名词一个是动词；white 和 whiteness 一样都表示性状,但一个是形容词一个是名词。结构主义采用分布标准,对这个问题的回答就不那么肯定,甚至是否定的,因为不同的语言按各自的分布标准划分出来的词类并不互相一致。我们如何确定语言甲按内部分布标准划分出来的某一类词跟语言乙用内部分布标准划分出来的某一类词是同一类词？相关的一个问题是,如何确定一种语言里划分出的两个类是两个大类还是一个大类的两个小类？例如有人就认为,汉语的名词、动词、形容词"在语法上,也就是在组合能力和组合状况上,没有很严格的界线,可以认为,它们是属于一个大的词类的"(张志公 1986)。不仅汉语有实词能不能分类的问题,据 Kuipers(1968) 和 Kinkade (1983),北美洲西北地区的 Salishan 语、Wakashan 语和 Chimakum 语似乎也没有动词和名词的区分,其根据是这些语言的每个词根都可以有动词的屈折变化,每个词根又都可以充当动词的"配价"成分。不过仔细考察也会发现那些北美洲的土著语言词根有分布上的差异,可以分出两个类来。问题是怎么知道这两个类是相当于其他语言的两个大类还是一个大类的两个小类。

如果排斥意义就根本无法回答以上问题。要想作跨语言的词类比较,意义标准是不可或缺的。要想对汉语的词类有比较深刻的了解,还有必要将汉语的词类置于世界语言的范围内来考察。我们的基本观点是,传统语法从意义出发划分词类并没有大错,它的问题是对如何利用,又如何控制意义,没有很好的论述,这是它在理论方面的弱点,但比结构主义拼命回避意义、一头钻进死胡同不失为聪明,跟明明从意义出发、却矢口否认比起来不失为老实。(吕叔湘 1979:12)意义标准确实有不好把握、不便操作的毛病,但我们可以借助于从意义出发选择的分布标准。这就好比借助于石蕊试纸来测试溶液的酸碱性。我们之所以选择石蕊作测试标准,那是因为我们事先已经知道石蕊在酸性溶液中呈红色,在碱性溶液中呈蓝色。

10.3 词类的典型理论和连续统

过去的词类理论都认为词类的划分建立在必要和充分条件的基础上,符合某些必要和充分条件的词属于某一类词,不符合这些必要和充分条件的词则不属于这一类词。在分类标准上,这样的词类理论严格区分"语法性质"和"语法特点",词类的语法特点指的是"仅为此类词所有而为它类词所无的语法性质"(朱德熙 1985:16),这样的"语法特点"也就是确定一个词类的必要和充分条件。按照这种理论,词类是离散性的,词类与词类之间有明确的界线,一个词要么属于这一类,要么不属于这一类。即便承认有兼类词,兼类词的范围也是明确界定的,一个词要么是兼类词要么不是兼类词。

在我们看来,要找出确实仅为此类词所有而它类词所无的"语法特点"是不大可能的。按朱德熙(1982),够得上名词的语法特点的应该是同时具备(1)可以受数量词修饰,(2)不受副词修饰两个条件。且不说专有名词一般不受数量词修饰,有少量一般名词也不能受数量词修饰,如"体育""皮肤"。有少量名词可以受副词"最"等修饰,如"最前线""最底层""最前面""最南方""最本质(的区别)""比较长期(的准备)"。另外至少有一部分非谓形容词(区别词)也具备这样的语法特点,例如"彩色、慢性、民用"等。以"民用"为例,可以说"要开发民用产品,但是有两种民用,一种是为广大人民所用,一种是只为少数人所用",不说"很民用""不民用""早民用"。事实是,名词和非谓形容词之间的界线十分模糊,大量的非谓形容词本身就是从名词变来的。(见李宇明1996)总之,要找出"仅为此类词所有而为它类词所无的语法性质"是很难实现的。张学成(1991)指出,事实上,在一个词类的全部语法性质中,很可能是这一部分语法性质同别的某一个词类相区别,而那一部分语法性质又同另一个词类相区别,这些语法性质在整体上显示出这类词的语法特点来,这是说得很有道理的。

我们在第一章1.3节已经说明,人类在认识世界的过程中建立的范畴大多是"典型范畴"。语言能力是人的一般认知能力的一部分,因此人建立的语法范畴也应是典型范畴。我们在上一章已经证明"主语"和"宾语"这样的句法成分范畴是典型范畴,这里要说明词类范畴也是典型范畴。词类的典型理论认为一类词的内部具有不匀称性,有些成员是这类词的典型成员,有些则是非典型成员。一个词类的确定是凭一些自然聚合在一起的特征,但它们并不是什么必要和充分条件。一个词类的典型成员具备这些特征的全部或大部分,非典型成员只具备这些特征的一小部分。因此词类的边界不是明确的而是模糊的,词类和词类之间不是离散的而是连续的,对词有定类这句话的理解不能绝对化。关于词类范畴是典型范畴,还可参看袁毓林(1995)有说服力的论证。

Dixon(1977)通过对各种语言里形容词的比较分析首先证明了典型理论在词类上的合理性。从标记理论的角度看,Dixon的贡献在于在形容词这样一个语法功能类和"大小、长幼、颜色、好坏"这样的语义类之间建立起一种"无标记配对":表达这些基本概念的形容词是典型的、无标记的形容词,或者说,表达这些基本概念是形容词类的典型的、无标记的特征。有各种证据证明这种"关联标记模式"的存在。例如

Rotuman 语(太平洋中部的一种语言)的形容词是个开放类,但只有典型的、无标记的形容词有单复数的形态变化。Acooli 语(一种北非语言)的形容词只有 40 个左右,是一个封闭类,而其中有单复数变化的 7 个都是上述意义上的典型形容词。(Dixon 文 23 页)[②]

我们可以这样来表示词类的典型理论跟过去的词类理论的差别,C 代表一个词类,m_1,m_2,m_3,m_4,……代表这个词类的成员:

传统的词类理论:C = {m_1,m_2,m_3,m_4,……}

词类的典型理论:C = {m_1 < m_2 < m_3 < m_4 ……}

传统的词类理论每一类的各个成员的地位是均等的,词类的典型理论每一类的各个成员地位是不均等的,在典型性上 m_1 弱于 m_2,m_2 弱于 m_3,m_3 弱于 m_4,……。

不仅一个词类内部的成员处在一个连续的等级上,词类与词类之间也呈现出一个连续统。最有说服力的例子是俄语中数词跟形容词、名词的关系。俄语是有丰富形态的语言,Comrie(1981)用七条形态标准来衡量数词,发现数词可分为七类:数词"一"具有形容词的所有特性而没有名词的任何特性。另一个极端是数词"百万"和数位更高的数词,它们有名词的所有特性而没有形容词的任何特性。介于两个极端之间的数词,数位越低越接近形容词,数位越高越接近名词。如果提出俄语的数词是形容词还是名词的问题,显然没有简单的答案。我们不能在形容词和名词之间一刀切,数词介于形容词和名词之间,其成员不同程度地具有形容词和名词的特性:

名词　　数词　　形容词

←──────────────→

可见即使按形态标准划分出来的词类也是连续的,不是离散的。Ross(1972)建立起一个英语中动词到名词逐渐过渡的连续统:

动词>现在分词>完成式形式>被动式形式>形容词>介词>形容词性的名词>名词

Givón(1979,1984)按所表示的对象是否随时间而变化来衡量,也建立起"名词-形容词-动词"的连续统,名词最稳定,最不易随时间而变化,动词最不稳定,最易随时间而变化,形容词则介于两者之间:

名词　　形容词　　动词
◀─────────────────▶
最不易随时间变化　　最易随时间变化

张伯江(1994)在 Ross 等人的启发下建立了汉语中动词到名词的连续统,用来对词类活用的自然程度作出解释:

名词　非谓形容词　形容词　不及物动词　及物动词
空间性最强　　　　　　　　　　　　　　时间性最强

张国宪(1993)则主要从单双音节的角度建立动词到名词的连续统:

单音节动词>单音节形容词>双音节形容词>双音节动词>名词

这些研究都表明,词类的典型性和连续性已经受到重视,这和过去以词类离散性为出发点的词类理论是很不相同的。第十一章将详细证明汉语形容词是一个典型范畴,其内部成员构成一个连续统。

10.4　词类和句法成分的标记模式

10.4.1　词类的语义特征

传统语法从意义出发划分词类,例如说名词表示事物,动词表示动作和变化;问题是名词并不都表示事物,动词并不都表示动作和变化。但是如果把上述定义倒过来说却是完全正确的:凡是表示事物的一定是名词,凡是表示动作和变化的一定是动词。因此传统语法的词类定义部分正确。传统语法对事物、动作、性状这样的语义类缺乏严格的界定。下面我们用一些更基本的语义特征来界定这三个主要的语义类,在我们看来,这些语义特征正是按语法功能划分动、名、形时选择分布标准的根据或出发点。这些语义特征是:

1. 自足/依存:我们不可能形成"找"这一概念而不同时形成"从事找的人"和"找的对象"这两个概念,也不可能形成"干净"这一概念而不同时形成具有"干净"这种性质的事物的概念,也就是说,典型的"动作"和"性状"不是自足的概念,而总是依存于相关的其他概念。但我们可以形成"桌子"这一概念而无需同时形成其他相关概念,也就是说,典型的"事物"是自足概念不是依存概念。(见 Langacker 1984/1991)如果用"价"来定义,可以说事物是零价概念,性状是一价概念,动作概念的价则大于或等于一。零价概念是自足概念,非零价概念是依存概念。[③]

2. 静态/动态:"桌子"是个静态概念,"干净"这一概念表示一种性质或状态,也是静止的,"找"表示一个动作或过程,随时间而变化,因而是个动态概念。总起来说,典型的"事物"和"性状"有静态特征,典型的"动作"有动态特征。这种区分也是主观认识上的区分,客观上桌子也会随时间的推移而变化(如逐渐磨损),但人们主观上总是觉得它是静止不变的。

3. 有/无程度差别:典型的"性状"有程度上的差别,如"干净",典型的"事物"和"动作"没有程度差别,如"桌子"和"找"。

语义类的语义特征

	事物	性状	动作
自足/依存	自足	依存	依存
静态/动态	静态	静态	动态
有/无程度差别	无	有	无

事物的稳定性或持续性最强,因为它是自足的和静态的;动作的变化性最强,因为它是依存的和动态的;性状的静态性跟事物相同,依存性跟动作相同,所以在稳定性和变化性上介于事物和动作之间。这跟上面"名词-形容词-动词"的连续统是一致的。

10.4.2 词类的语用功能

词的语用功能是指为实现一定的交际目的词在语句中所担当的指称、述谓、修饰等职能。按照 Austin(1962)和 Searle(1969)的"言语行为理论"(Speech Act Theory),人所说的每一句话都是一种(或兼数种)行为,如陈述、提问、命令、许诺等等。Searle 认为言语行为可以分三个层次,最高的一个层次就是陈述、提问、命令这种一般意义上的言语行为(称作 Illocutionary Acts),最低的层次是"发话行为"(Utterance Acts),也就是说出一系列的语素和词语,中间的一个层次是"命题行为"(Propositional Acts),也就是构成一个命题的两个组成部分——指称(Reference)和述谓(Predication)。说话人通过指称行为来指认一个他想要加以说明的对象,又通过述谓行为对这个指称对象加以具体说明。Searle 没有提到"修饰"行为,也许是因为它跟指称和述谓还不在同一个层次上,或者是介于两者之间。

词类和指称、述谓这样的语用功能类的联系已经有人作过专门研究。Hopper & Thompson(1984)在普遍语言调查的基础上提出,名词和动词这样的主要词类可以用词在言谈中的语用功能来定义。具体说,言谈的目的是提供信息,最主要的是报告在哪些人或物身上发生了哪些事情。名词和动词在言谈中提供的信息的种类不一样,名词用来指称人或物,动词用来叙述发生的事件。证据之一是,名词和动词的独立地位取决于它们各自在言谈中提供的信息量的大小。一个人或物在言谈提供的信息中越是重要或越是显著(salient),就越倾向于用一个独立的名词来指称它；同样，一个事件越是重要或越显著，就越倾向于用一个独立的动词来叙述它。

具体就名词而言，如果它指称的人或物在言谈提供的信息中变得不太重要、不太显著，各种语言都有一定的句法手段来降低它的独立地位。例如，英语中当名词宾语的指称对象在一定的上下文中可以预料因而显得不太重要时，就把这个名词合并到动词中，组成一个复合动词：fish for trout/trout fish"捕鲑鱼"，watch birds/bird watch"观鸟"，tend the bar/bartend"在酒吧当招待"。不被合并的名词在言谈中有独立的地位，因此可以用代词来复指它（1a），合并了的名词已失去独立的地位，因此不能用代词复指（1b）：

(1) a. Tom fished for trout$_i$. Bob fished for them$_i$, too.

　　b. Tom trout$_i$ fished. ?? Bob fished for them$_i$, too.

汉语里有类似的情形。像"吃饭""唱歌"这样的动宾组合像复合词，其中的名词宾语"饭"和"歌"在言谈中提供的信息量很小，大致可以根据前面的动词预测出来，按陈平（1987）它们是"无指"（non-referential）的名词性成分，跟"吃一碗饭"和"唱那首歌"中的"一碗饭""那首歌"的信息地位很不一样。在是否能用代词复指方面也就有区别：

(2) a. 她昨天唱了一首歌$_i$，它$_i$的旋律很优美。

　　b. 她昨天唱歌$_i$，?? 它$_i$的旋律很优美。

因此在 Hoppper 和 Thompson 看来，确定名词这个语法功能类的基础是语用功能（指称）。用名词指称一个事物实际上就使所指事物成为一个潜在的话题（topic）。不起指称作用的名词在言谈中不能成为言谈的话题，如果保持其独立地位往往会干扰其他有独立地位的名词充当话题，这是把它们缩减或合并的理由。我们在上一章已经说明，话题在言谈中总要持续一段时间，或长或短，这就好比打开了一个话匣子之后不会马上把它关上,这就是"话题的延续性"(topic continuity)。

同样,动词表示的事件如果在言谈中的信息地位不重要或不显著,也就会失去独立性,例如"这钱他转存三年",动词"转"只是说明动作"存"的方式,不是直接陈述事件的进展,因此就依附于主要动词"存"。在英语里,独立的动词可以用 do 指代,失去独立地位的动词就不能用 do 指代。要指出的是,名词在语用上指称事物是跟名词在语义上的静态性或持续性相一致的。同样,动词在语用上对指称的事物作出说明,这也是跟动词在语义上的动态性或变化性相一致的。

10.4.3 关联标记模式

有了"典型范畴"和"无标记/有标记"的概念,就可以在语义类、语用功能类、语法功能类(词类)三个范畴之间建立起一个"关联标记模式","关联标记模式"涉及的范畴不止一个,不同范畴的成员之间有的形成自然的、无标记的组配,有的形成不自然的、有标记的组配。

词类和语义类、语用功能类的关联标记模式

	名词	形容词	动词
语义类	事物	性质	动作
语用功能类	指称	修饰	述谓

{名词,事物,指称}{形容词,性质,修饰}{动词,动作,述谓}构成三个无标记组配,而其他组配方式,如{名词,事物,述谓}{动词,动作,指称}{形容词,性质,述谓}等,则都是不同程度的有标记组配。我们在第二章 2.2.4 节已经提到 Croft(1991)建立起这样一个跨语言的标记模式,并以英语为例说明这个标记模式的具体表现。英语有形态标志为证,汉语虽然缺乏狭义的形态标志,但我们将证明在广义的形态上也符合这样的标记模式。[④]这个标记模式能给名词、动词、形容词三大

词类下跨语言的定义,这也就回答了前面提出的有没有普遍的词类区分的问题。

句法成分和语用功能类有直接的联系,要确定一个语词的语用功能类不能不看它在句中充当什么成分。"阿Q也革命了","革命"在句中做谓语,所以起"述谓"的作用;"革命不是请客吃饭","革命"在句中做主语,所以起指称作用;"革命道路很曲折","革命"做定语,所以起修饰作用。传统语法把句子分为主语和谓语两部分就是根据"指称"和"述谓"这两个命题行为。因此词类和句法成分之间也可以建立起一种关联标记模式:

无标记组配	无标记组配	无标记组配
主宾语	谓语	定语
名词	动词	形容词

按这个标记模式,词类和句法成分之间是既对称又不对称的关系。对称表现在,做主宾语是名词的典型功能,做谓语是动词的典型功能,做定语是形容词的典型功能。不对称表现在,名词具有做谓语和定语的非典型功能,动词有做主宾语和定语的非典型功能,形容词有做谓语和主宾语的非典型功能。这样的标记模式既不同于前面词类和句法成分完全对应的模式,也不同于词类和句法成分完全脱节的模式,而是上述那两种模式的结合。印欧语不是前一种模式,汉语也不是后一种模式,印欧语和汉语都是上面列出的标记模式,只是有标记和无标记对立的表现方式有所不同,印欧语主要表现在形态标志上,汉语主要表现在分布范围和使用频率上。当然,如前所述,有标记和无标记的对立是个程度问题,就一种语言内部来说,比如汉语,名词做谓语可能比做定语更不典型,有标记的程度更高。就语言之间比较而言,汉语某些有标记组配的有标记程度可能不如英语那么高。但是不管哪种语言都遵循这

样的标记模式,汉语也不例外。(类似观点见史存直 1982,张拱贵 1983,胡明扬 1995 等)我们相信,对所有语言而言,这样的关联标记模式是词类和句法成分互相联系的最佳模式。两者对应中有不对应,所以需要两套名目,因为存在着有标记的组配方式,对"类有定职"的理解也就不能绝对化;两者不对应中又有对应,能够互相挂上钩,因为存在无标记的组配。下面我们将按照第二章 2.3 节有、无标记项的判别标准来验证汉语中确实存在上述关联标记模式。

10.5 标记模式的证据

说汉语的动词不仅可以做谓语,也可以做主宾语,这没有错,但不全面,还应加上一句:汉语的动词做主宾语时要受一定的限制。按照标记理论,这种限制不一定是有形的、明显的,而可以是无形的、隐含的,包括分布和频率上的限制。用吕叔湘(1979:47)的话说就是"甲类词乙类用,一般要丧失原词类的部分功能"。下面依次说明名词做谓语、状语和定语时的有标记状况,动词做状语、定语和主宾语的有标记状况,形容词做主宾语和状语的有标记状况。形容词做谓语的有标记状况比较复杂,但也能进一步证明假设的标记模式,因此专门在下一章加以论述。

10.5.1 名词做谓语、状语和定语

按莫彭龄、单青(1985)的统计,名词用作主宾语、定语、状语、谓语(补语)的百分比依次递减,因此按频率标准,名词做主宾语明显是无标记的,做其他成分的标记性依次增加:

主宾语	定语	状语	谓语
71.24	20.9	6.5	0.18

下面用其他标准来衡量。

10.5.1.1 名词做谓语

名词做谓语在许多语言里都要加标志,如英语必须加系词 be。汉语名词做谓语一般要加系词"是",直接做谓语,即所谓的"名词谓语句"要受以下一些限制(参看赵元任 1968:2.9.3,朱德熙 1982:7.6):

A. 语义上主要限于归类,最常见的是表示日子、天气、籍贯之类的:

(3) 他上海人。　　　? 他聪明人。
　　他妹妹黄头发。　? 他妹妹黄脸。
　　今天晴天。
　　明天中秋节。

"他上海人"的语义是把"他"归入"上海人"这一类,人们通常按籍贯将人归类,但不大会按智商将人归类,所以一般不说"他聪明人"。人们还习惯于按头发颜色将人归类,不习惯按脸色将人归类,因为头发颜色不会变来变去,脸色是多变的。

B. 一般都不太长,口语里用得比较多。如果带上表情态(包括否定)或过去时间的词语,往往要加"是"才能说:

(4) ? 他可能上海人。(他可能是上海人)
　　? 他妹妹过去黄头发。(他妹妹过去是黄头发)
　　? 明天肯定中秋节。(明天肯定是中秋节)

C. 限于肯定句,否定句必须加"是"。大部分肯定句也可加上轻读的"是"。

(5) *他不上海人。(他不是上海人)
　　*他妹妹不黄头发。(他妹妹不是黄头发)
　　*今天不晴天。(今天不是晴天)

D. 有的名词谓语句是唤起对事物的存在或范围的注意,名词一般要带数量词语[5]:

(6) 房顶上一只喜鹊。　　*房顶上喜鹊。
　　桌上许多灰尘。　　　*桌上灰尘。

E. 经常以对举的格式出现,有时必须是对举:

(7) 我买的鲤鱼,他买的草鱼。
　　这孩子圆圆的脸,大大的眼睛。
　　*他黄皮鞋。他黄皮鞋,我黑皮鞋。
　　*他鲤鱼。他鲤鱼,我草鱼。(他要的鲤鱼,我要的草鱼。)

F. 名词可受"状态形容词+的"的修饰,但不能受"性质形容词+的"的修饰:

(8) 这个人挺高的个子。
　　这个人高的个子。
　　这孩子圆圆的脸,大大的眼睛。
　　*这孩子圆的脸,大的眼睛。

这可以从语义上作出解释:性质是静态,状态则带有动态,名词受状态形容词修饰后就带上了动态,而典型的谓语是表动态的。(见10.3.1节和第十一章)

名词直接受性质形容词修饰(不带"的")时,名词所指事物必须是主语所指人或物不可分离的一部分:

(9) 这个人黄头发。　　*这个人黄皮鞋。(除非用于对举,见(7))
　　这个人好记性。　　*这个人新书包。
　　这间屋子洋灰地。　*这间屋子新沙发。

还有一点是这样的名词往往是无指的(non-referential),所含的信息量很低,常可省去不说,光留个形容词而意思大致不变⑥:

(10) 这个人好人。＝这个人好。

四川好地方。＝四川这地方好。

你傻子。＝你傻。

G. 用于特殊的句式:

(11) 每人三斤。

一年三百六十五天。

10.5.1.2 名词做状语

汉语的名词能不能做状语,看法不尽一致。朱德熙(1985)没有把状语包括在名词的句法功能内,俞敏(1984)则认为名词可以做状语,例子是"油炸""火烧""磨盘大的石头";李晋荃(1983)持同样观点。大多数人认为名词一般不做状语,也就是说名词做状语要受很大的限制。

A. 名词不加任何标志做状语主要是指名词中的时间词、处所词和方位词,除这三类词外一般名词直接做状语的数量有限。据孙德金(1995)较为严格的统计标准,一般名词能做状语的只有60个,占名词总数的1.5%,因此是可以列举的。这些词都是双音节词,例如"暴力、背后、本能、表面、部分、低温、动态、高度、规模、和平、集体、精神、科技、口头、历史、内部、荣誉、事实、微观、武力、现场、原则、战略、重点"等,没有单音节的,多为表示性质的抽象名词,限于书面语(朱德熙1982:193)。按标记论,名词范畴内部抽象名词是非典型的名词,相对具体名词是有标记项。有标记的名词才有有标记的句法功能,这符合"标记颠倒"的模式。

B. 一般名词做状语经常要加三类标志中的一类:1)作为语义格标

志的介词,2)副词性后缀"的(地)",3)表比况的后缀"似的"。名词做状语主要通过各种介宾短语,介词实际上充当状语和中心语之间语义关系的格标志,使句子中语义关系的表达明确化。在一定的条件下介词省略就变为名词直接做状语,例如用介词"用、靠、以、通过、按"等表示方式和工具(12),用介词"在、从"等表示范围(13):

(12) 用高温消毒→高温消毒
用书面请示→书面请示
靠曲线救国→曲线救国
用电话联系→电话联系
用掌声通过→掌声通过
用左手写字→左手写字
按顺序发言→顺序发言
通过广播找人→广播找人

(13) 在暗中捣乱→暗中捣乱
从根本解决→根本解决
在原则上通过→原则上通过→原则通过

表示目的、原因时一般不能省略介词:

(14) 为文凭上学　　＊文凭上学
为子女忙碌　　＊子女忙碌
因为胃病缺席　＊胃病缺席

介词省略的条件一是语义关系限于表示方式、工具或范围[7],二就是带有熟语性。例如,刚出现计算机时输入文字要说"用/通过键盘输入",用得多了,习惯了,也为了省力,就说成"键盘输入",甚至简化为"键入"。有"政治解决"和"武力解决",因为这是两种最常见的解决争端的方式,如果是用经济方式来解决,就还得说"用/通过经济解决",这种方式用多了,也许有一天也就可以说"经济解决"。我们说"电话联系",但不说"电话开会",虽然电信局开办"电话会议"的业务。最近报载南京要开办拿牛奶洗澡的业务,但"牛奶洗澡"的说法还只见于标题,正文里还不像"温水洗澡"那样可以省去"拿"字。"小组讨论"和"大会发言"都很自然,但换个个儿"大会讨论"和"小组发言"就不太自然。有人用手指蘸墨写字,但"手指写字"的说法远不如"左手写字"普遍。

"火烧、油炸、炮轰、刀劈、水洗、血战"等应看作构词形式,限于书面文言。即使在文言中这样的形式用得很多,我们仍认为它是一种有标记的形式,至少在语义上主要限于表示方式或工具。

名词加"的(地)"做状语可以看作是仿照印欧语产生的新格式,比仿英语加后缀-ly 的副词或做状语的介宾短语:

(15) 历史地再现当年战争的场面(historically)
　　　创造性地发展了马克思列宁主义(creatively)
　　　辩证地思考问题(dialectically)
　　　模范地履行公民的职责(in an exemplary way)
　　　下意识地点了点头(subconciously)
　　　最大限度地孤立敌人(to the maximum)
　　　诗意地称之为"雨后的彩虹"(poetically)

这些格式一般都不能不加"的(地)",像"真心(地)希望"和"志愿加入中国共产党"这种可加可不加或不能加的是少数。带数量词的名词短语做状语一般也要加"的(地)":

(16) 一窝蜂地挤拢来
　　　三分钱、两分钱地积攒起来
　　　一声爹、一声妈地哭喊个不停

名词后加"似的""般的"做状语表示比况的例子：

(17) 雪花似的纷纷落下

　　　恶狼似的扑过来

　　　珍珠般的晶莹透亮

　　　古代武士般的打扮起来

10.5.1.3　名词做定语

不少语法学家把汉语名词可以直接做定语修饰名词看作汉语语法的一个特点。实际情况确实是大多数名词可以用作定语，虽然仍"有相当数量的名词不能用作定语"（胡明扬 1995）。按照"相对标记模式"，名词做定语相对做状语和谓语是无标记的，但相对做主宾语仍是有标记的。首先名词做定语的频率并不高，其次名词做定语要丧失名词的一部分性质，汉语也不例外。

A. 定语位置上的名词已失去名词的典型特性——前加名量词，即不再具备空间上的可计数性（张伯江 1994b）：

(18)　木头房子　　＊一根木头房子

　　　塑料拖鞋　　＊一块塑料拖鞋

　　　粮食产量　　＊一囤粮食产量

名词做定语时本身不大能受定语修饰，下面右列中的"长长的""昂贵的""这种"只能理解为修饰"房子""家具""建筑"，不可能理解为修饰"木头""红木""水泥"：

(19)　一根长长的木头　　＊长长的木头房子

　　　一块昂贵的红木　　＊昂贵的红木家具

　　　这种水泥　　　　　＊这种水泥建筑

B. 名词直接修饰名词限于表示属性关系，如是表示非属性关系

第十章　词类和句法成分的标记模式　　283

（如领有关系）则一般要加标志"的"：

(20) 属性关系：儿童服装　木头地板　水泥建筑　学院风格
　　　非属性关系：诗人的语言　电杆的高度　弟弟的书包　房门上的锁

有时同一个名词做定语,加"的"和不加"的"意思不一样(例见朱德熙 1982：10.4)：

(21) 他有很多中国朋友。（属性关系）
　　　巴基斯坦是中国的朋友。（领有关系）
(22) 他有点孩子脾气。（属性关系）
　　　孩子的脾气不好。（领有关系）
(23) 露出了狐狸尾巴。（属性关系）
　　　狐狸的尾巴很大。（领有关系）

名词做定语时本身不受定语修饰是就表属性关系的名词定语而言的。下面的例子中做定语的名词后加了"的",前面还有一个定语,已经由属性关系变为非属性关系：

(24) 这所学院的风格
　　　那个儿童的服装

这种现象其实也体现了语言结构的"象似原则"(见第一章1.3节)。定语和中心语的语义联系,属性关系要比非属性关系来得紧密,因为属性是事物固有的性质。相应的,在结构上,不带"的"的定中结构比带"的"的定中结构来得紧凑(这两种结构朱德熙 1982：148)分别称之为"粘合式"和"组合式")。表示非属性关系的定中结构,如果中心语是表示亲属称谓的名词,通常不用"的"字,例如"我父亲""我弟弟"。其他表非属性关系的定中结构如果是包含在句子里的,也可以不用"的"字,例如单说"弟弟书包""电杆高度"不行,但"把弟弟书包撕破了""电杆高度是 4 米"可以说。另外表属性的名词定语也有后面加"的"的,如"儿童的服装""木头的地板"。这些错综现象其实并没有违背语法结构的"象似原则"。在语义上亲属关系要比其他领有关系更密切,因为亲属关系一般是不可更改的,因此结构上可以不用"的"。带"的"的定中结构包含到句子中去后,由于句子中还有其他成分,就要求说话人把这个定中结构在意念上当作一个整体来看待,也就是定语和中心语的结合要更紧密些,于是就把"的"去掉。表属性的名词定语后面加了"的"跟不加"的"的相比意念上还是有区别,不加"的"的在意念上是一个整体,加"的"的定语和中心语保持比较大的独立性,例如加"的"的定语可以移到后头做谓语,不加"的"的定语不行:

(25) 木头的桌子→桌子木头的　　木头桌子,*桌子木头

　　　布的衣服→衣服布的　　　　布衣服→*衣服布

　　　尼龙的袜子→袜子尼龙的　　尼龙袜子→*袜子尼龙⑧

英语名词也可以直接修饰名词,但也受类似的限制(Croft 1991):

(26) brown jacket"棕色的茄克衫"→a jacket that is brown

　　　torn jacket"扯破的茄克衫"→a jacket that is/was torn

　　　record jacket"最佳纪录的茄克衫"→*a jacket that is record

　　　record industry"唱片工业"→*an industry that is record

这也能说明为什么名词直接修饰名词的定中结构在专有名词里用得特别多,因为专名总是在意念上代表一个整体,不仅汉语如此,英语也是如此,例如:

(27) 中国妇女活动中心 China Women Activity Centre

　　　东南亚条约组织 South East Asia Treaty Organization

　　　北京音乐台 Beijing Music Station

第十章　词类和句法成分的标记模式　285

　　总之,名词做定语表示非属性关系或者跟中心语的语义联系较松散时,一般要加"的"做标志。另外,已有人指出,做属性定语的名词跟非谓形容词十分接近(李宇明1996),这就是说名词只有当它的功能跟(非谓)形容词比较接近时才能直接做定语修饰名词。试比较:

(28) 木头家具≈木质家具
　　　男人服装≈男式服装
　　　中国建筑≈中式建筑

　　再有,时间词做定语时中心语必须是时间词和方位词,如"昨天下午""明年一季度""立秋后""12点前"。

　　C. 名词做定语时和中心语的语义关系可以是各种各样的,往往无法预测,在没有形成熟语之前要靠上下文或背景知识来推断,这就影响名词直接做定语的自由度(例如限用于文章标题)。吕叔湘(1987c:300)举过报纸标题中"汽车医院"和"水果医院"的例子。一般以为"汽车医院"是指医疗(修理)汽车的医院,但在特定的上下文里,"汽车医院"是指设在汽车上的医院,"汽车"表示"医院"的处所,而不是医疗的对象。一般也以为"水果医院"是指医治水果病虫害的医院,但在特定的上下文是指以水果作为医疗手段(工具)的医院,"水果"也不是医疗的对象。

(29) 处所　　　　对象　　　　手段
　　　汽车医院　　汽车医院　　水果医院
　　　帐篷医院　　水果医院　　针灸医院
　　　马背医院　　儿童医院　　按摩医院

　　名词和中心语还可以有其他语义关系,如"外资医院"(用外资建立的医院)、"公社医院"(公社拥有的医院)等。只要有一定的语境,还可以建立各种新的语义关系,如"木头医院"(全用木头盖的医院)。这其实也是由名词本身是一个自足概念(零价)、不表示关系所决定的,如果名词要表示关系,那么在变成熟语之前这种关系只能靠语境知识来建立。可见,说话人必须认为听话人能根据一定的上下文或背景知识推断出一个名词跟另一个名词的语义关系,才可以用一个来做另一个的定语。而形容词做定语时和中心语的语义关系比较单纯,不是表示性质就是表示状态,如"大医院""静静的医院",不需要背景知识就可以确定语义关系。

D. 有一种意见认为,汉语性质形容词直接做定语很受限制,如说"脏衣服",不说"脏糖",要说"那么脏的糖",说"香花儿",不说"香饭",要说"香喷喷的饭"(详见朱德熙1956),而名词才能自由地做定语修饰名词。但正如赵元任(1968:304)指出的,性质形容词直接做定语的限制并不是绝对的,譬如按朱文不说"重箱子",只说"很重的箱子",但像"你不累吗,老提溜着那么个重箱子?"的说法似乎也很自然。"凉水"常说,"凉脸"少见,但"别拿你那凉脸挨着人!"不算不合语法。⑨我们所以常说"白纸"不大说"白手"那是因为我们通常按颜色给纸分类但不按颜色给手分类。不但汉语一般不说"白手",英语一般也不说"a white hand"。但只要特定的说话环境允许按颜色给手分类,说话人就会毫不犹豫地用"白"来直接修饰"手",例如幼儿园老师会对小朋友说:"我要看看你们谁是小白手谁是小黑手"。因此严格地讲单音性质形容词直接做定语所受的限制并不是语法上的限制。至少可以说,名词直接做定语跟单音性质形容词直接做定语要受同样性质的限制:只有在习惯用某种属性给事物分类时我们才用它们直接修饰名词,区别只在形容词是用一种属性给事物分类,如"小桌子"是用大小的属性给桌子分类,而名词是用它代表的事物的全部属性给事物分类,如"木头桌子"是用木头的全部属性给桌子分类。(参看 Wierzbicka1986)

总之,做定语并不是名词的典型句法功能。我们之所以有名词直接做定语很自由的印象,那是因为语言中名词的数量大大超过形容词,名词直接做定语的绝对数可能大于形容词直接做定语。按尹斌庸(1986)对汉语词类的定量研究,《现代汉语词典》约 4 万个通用词中,名词的数量是形容词数量的 7 倍;实际语言中名词的出现率是形容词出现率的 4 倍,这个比例在书面语和口语、现代汉语和古代汉语中都保持不变。按我们对约 6 万字材料的统计⑩,名词直接做定语的有 363 例(其中至少有四分之一是"名词+方位词",如"脖子上、地震中",是否算名词修饰名词还有争议),形容词直接做定语的有 160 例,大致为 2∶1。因此每一个实际出现的名词直接做定语的"平均能量"只是每一个实际出现的形容词直接做定语的"平均能量"的二分之一。

10.5.2 动词做状语、定语和主宾语

莫彭龄、单青(1985)统计的使用频率百分比如下:

谓语(补语)	状语	定语	主宾语
82.58	7.15	6.52	3.77

从频率标准看,动词做状语、定语和主宾语的有标记性是十分明显的。下面用其他标准来衡量。

10.5.2.1 动词做状语

上面这个统计数字 7.15%,那是把"助动词+动词"也看作"状语+动词",如果排除助动词,那么动词做状语的可能性极小。下面的例子大多也可以看作"连动式"(语义上前轻后重)或者别的格式。

A. 单音动词做状语要加标志"着",双音动词和重叠式加"着"或"地":

(30) 搭着卖、顺着走、换着穿、躺着看书
　　　鼓动着说、配合着干、颠倒着放
　　　唱着唱着忘了词儿
　　　看着看着睡着了

(31) 重复地说,笑嘻嘻地打招呼

　　　遮遮掩掩地说,摇摇晃晃地走

B. 单音动词直接修饰动词的结构都已词汇化,如"转存""抢拍";"骑车上班""蒙头睡觉"里"骑"和"蒙"都带宾语,双音动词能直接修饰动词的数量不多,主要限于:

(32)　协商解决　区别对待　分别算作　继续说道
　　　联合开发　旅行结婚　轮流坐庄　协同作战
　　　总结发言　综合考虑　控制使用　交换阅读
　　　拼命干　　使劲拧

10.5.2.2　动词做定语

朱德熙(1985)没有把定语列入动词的句法功能,他在1986年的文章里明确表明,动词必须加上"的"字才能修饰名词,要是把动词直接加在名词前头,造成的就不是偏正结构而是动宾结构。但又有不少人认为动词、由动词构成的动词短语和主谓短语都可以做定语(张国宪1989,张学成1991,邵敬敏1994等)。邵对《动词用法词典》考察的结果是688个双音节动词中有628个能够直接修饰名词,占双音动词的90%以上。但从实际使用来看,动词做定语的出现率仅为6.52%,那是包括"动词+的"做定语在内的。如果只算动词直接做定语,出现率应该是很低的。动词做定语不是动词的典型功能,受到种种限制:

A. 动词做定语(不带"的")不能再带时间性的成分,也就是说定语位置上的动词已失去动词固有的时间性:

(33)　合作项目　　＊曾经合作项目
　　　巡逻地区　　＊已经巡逻地区
　　　调查工作　　＊正在调查工作

如果一定要带时间性词语，那就得加上"的"字，说成"曾经合作的项目""已经巡逻的地区""正在调查的工作"。定语位置上的动词也不能受否定词修饰：

(34) 开会时间　＊不开会时间
　　　处理意见　＊不处理意见

如果一定要否定，也必须加"的"字，说成"不开会的时间""不处理的意见"，除非是一些凝固的短语（如"不抵抗政策"）。有时加了否定词就由定中结构变为动宾结构，或者原来既可做定中结构理解又可做动宾结构理解的就只能按动宾结构来理解了：

(35) 出租汽车　不出租汽车
　　　保护动物　不保护动物
　　　改良品种　不改良品种
　　　选择程序　不选择程序

左列都是歧义结构，或是定中或是动宾，右列就只是动宾结构。

B. 动词做定语必须贴近它修饰的中心语，也就是说中心语如果有所扩展，结果是要么不合语法(36)，要么由原来的定中结构变为动宾结构(37)：(王光全 1993)

(36) 领导方法　＊领导科学方法
　　　打捞技术　＊打捞先进技术
　　　搬运经验　＊搬运切身经验
(37) 处理意见　＊处理群众意见
　　　登记日期　＊登记返程日期
　　　接管单位　＊接管盈利单位
　　　设计方案　＊设计建筑方案
　　　申报项目　＊申报科研项目

如要维持原来的定中关系，可以把扩展的那个成分移到动词前头去，从而使做定语的动词仍然紧挨着中心语：(见张国宪1997)

(38) 测量仪器→*测量电子仪器→电子测量仪器
　　 储备资金→*储备教育资金→教育储备资金
　　 进口汽车→*进口日本汽车→日本进口汽车
　　 改良品种→*改良玉米品种→玉米改良品种

这都说明"动词+名词"的定中结构跟"名词+名词"的定中结构一样是一种凝固形式，因此在专业用语和专有名称中最为常见。单说的时候要加"的"的组合包含在句子里时可以不加，如：

(39) 由海洋局打捞队负责的打捞沉船于凌晨四点露出水面。
　　 双方在调停组监督下交换关押战俘。

名词性短语在意念上凝固成一个整体后才能充当某个较大成分的组成部分，"打捞沉船"是"海洋局打捞队负责的打捞沉船"这一较大名词性成分的一部分(中心语)，"关押战俘"是"交换关押战俘"这一较大动词性成分的一部分(宾语)，这跟前面说的名词做定语的情形一样。同样的道理，有些带"的"的定中结构用得多了，形成一个专门概念，"的"字才可以略去，如"下放干部""保护动物"等。

C. 直接做定语的动词大多为双音节，单音节动词做定语只限于两类(张国宪1989)，一类是"飞、死、来"等少数几个不及物动词，而且名词一般也是单音节的，如"飞鸟、死鸡、来人"。一类是"烤、炒、烧、煎、烩、炖"等表烹调义的动词，如"烤白薯、炒鸡蛋、烧鸡、煎饺子、烩牛肉、炖豆腐"。大多数单音动词做定语时必须加"的"字：

(40) 播种方法　　*播方法
　　 考核标准　　*考标准

훈련课目　　＊练课目
栽培面积　　＊栽面积

单音动词是典型的动词,动性强,作定语的动词主要限于双音节的,这说明做定语的动词是动性较弱的非典型动词。即使是双音动词,有的也不能直接做定语(张国宪1989,1997),如"关押战俘""打捞沉船""搬运行李""暗杀总统"等,必须加"的"字才行。双音动词直接做定语时修饰的名词大多不是动词的一个关系成分(价),一般多为表方式、时间、地点、程度之类的抽象名词,如"播种方法""开会时间""观察位置""飞行高度"等。如果是单价动词(不及物动词),那么修饰相配的名词必须加"的"字,例如:

(41) 飞翔的海燕　　＊飞翔海燕
　　　奔腾的骏马　　＊奔腾骏马

当动词是多价动词时,直接修饰的名词一般是抽象名词或集合名词,不指个体,例如"拘留人员""保护动物""出口商品""改良品种"。如果被修饰的名词通常充当动词的受事宾语,那就更受限制,一般要加"的"字才行,试比较:

(42) 驾驶人员　　＊驾驶飞机(驾驶的飞机)
　　　打捞人员　　＊打捞沉船(打捞的沉船)
　　　关押单位　　＊关押战俘(关押的战俘)
　　　领导干部　　＊领导群众(领导的群众)

这说明遇到一个"动+名"格式,如果这个名词代表个体或在意念上通常是动词的受事,人们倾向于按动宾结构来理解。实际上人见到一个"动+名"格式,一般总是先按通常的认知方式(见第九章)将动词后头的名词理解为动作着落对象,在解释不通的时候才考虑别的理解。

儿童会毫不犹豫地把"球拍人"理解为人是球拍的对象,甚至把"休息时间"这种非动宾关系理解为动宾关系。(见朱曼殊 1990)

D. 一部分非谓形容词是由做定语的"动词短语+的"紧缩造成的(李宇明 1996),说明动词做定语已带有(非谓)形容词的性质。动词做定语,用多了,变为属性定语。属性是固定的、不变的,这正是典型形容词的语义特性。例如:

(43) 公社开办的工厂→社办工厂
国家经营的企业→国营企业
军事上使用的产品→军用产品
祖宗传留下来的秘方→祖传秘方

10.5.2.3 动词做主宾语

典型的主语和宾语由名词充当,动词和动词短语做主宾语会在不同程度上表现出一种名词化的倾向。普遍的语言调查发现,动词做主宾语时总要失去一些动词的典型特性,同时增加一些名词的典型特性。[⑪]动词做主宾语后名化的程度是一个连续统,拿英语来说,即便有了不定式、动名词、分词这几个名目,实际上还不足以说明动词名化程度的种种差别。例如:

(44) For him to refuse the offer is a pity.
"他不接受这个报价令人遗憾。"
He wanted to refuse but couldn't.
"他想拒绝但是做不到。"

第一句不定式 to refuse 还可带主语,到了第二句就不能再带主语,说明同样是不定式,后者的名化程度较高。Quirk, et al. (1985:133)列出了 -ing 形式从靠近动词到靠近名词逐渐过渡的十几个阶段,不是靠动名词和分词两个名目就能说清的,动词名化程度的差别只能靠"广义的形态"来判别,如有没有表示属格的 of 或's,带不带宾语,带不带定语或状语等等,这里只举出其中的五个阶段(越靠上的名性越强):

(45) Brown's paintings of his daughter

"布朗拥有的或他画的他女儿的画像"

Brown's deft painting of his daughter is a delight to watch.

"看布朗熟练地画他女儿是件乐事。"

I dislike Brown painting his daughter.

"我讨厌布朗画他女儿。"

Painting his daughter, Brown noticed that his hand was shaking.

"画着他的女儿,布朗发现自己的手在颤抖。"

He is painting his daughter.

"他正在画他女儿。"

下面同样是名词形式的 arrival"到达",在后一句名词性要更强一些,因为同时受指示词 this 和 of 短语的修饰:

(46) An early arrival would be a surprise.

"早到会令人惊奇。"

This early arrival of his is unexpected.

"他这次的早到出乎人们意料。"

在动词做主宾语问题上汉语并没有违背普遍的语言规律。跟有丰富形态标志的语言相比,汉语动词不同程度的名化主要不在狭义的形态上而在广义的形态上。前面说过,我们不应采用双重标准,在划分词类时依靠广义的形态(词的分布),而在确定是否转类时只谈狭义的形态。汉语动词名化的广义形态具体有以下一些方面。

A. 动词做主宾语时多少失去一部分动词的典型特性时间性,因此带表示时间、时态的词语就受到限制,如不能带"曾经、正在、已经、将

要"等:

(47) 他的到来使人惊奇。　　? 他的曾经到来使人惊奇。
　　 这本书的出版是件好事。　*这本书的已经出版是件好事。
　　 我的读书与众不同。　　 *我的正在读书与众不同。
　　 大家祝贺他的成功。　　 ? 大家祝贺他的将要成功。

不能同现的时间副词还有"从来、早已、就要、终将、刚刚、马上、常常、一直、偶然、当即"等。不能带表时态的"了、着、过"的例子:

(48) 他的牺牲令人痛心。　　 *他的牺牲了令人痛心。
　　 他的到来使人惊奇。　　 ? 他的到来过使人惊奇。
　　 我们在看表演杂技。　　 *我们在看表演着杂技。

下面的否定句用"不"比较自然,用"没"就不自然(见张伯江1993),因为"没"否定的不是单个动词,而是"动+了":

(49) 他的不答理　　? 他的没答理
　　 他的不上班　　? 他的没上班
　　 他的不得病　　? 他的没得病

因为动词重叠也表示一种"态",所以做主宾语(尤其是做宾语)的动词经常不能重叠,例如:

(50) 吃吃面条　　　　　*我喜欢吃吃面条
　　 批评批评他　　　　*他受到领导的批评批评
　　 修改修改这本书　　*这本书的修改修改很好

B. 动词不能受一些表示情态的副词修饰,包括"的确、果然、恐怕、恰好、千万、未必、也许、可能、大概、幸好、终究、到底"等,因为情态总是跟动作行为联系在一起,例如:

(51) 他的成功令人鼓舞。　？他的果然成功令人鼓舞。
　　 我不信鬼魂的存在。　？我不信鬼魂的也许存在。
　　 消防队的早到使大　　＊消防队的幸亏早到
　　 火没有蔓延。　　　　使大火没有蔓延。

助动词和句子的情态密切相关(见吕叔湘1979),因此和动词同现也受限制:

(52) 他的认错出自内心。　＊他的能认错出自内心。
　　 感谢你的帮忙。　　　？感谢你的肯帮忙。
　　 他的赢是有把握的。　＊他的会赢是有把握的。⑫

与此相关的是小句做主宾语的问题。做主宾语(尤其是做主语)的小句大多是不带时态、情态成分的所谓"非自足句"(见刘宁生1983,孔令达1994,黄南松1994,贺阳1994)。下面一些句子都是非自足句,有种种手段使它们变为自足句,如括号内所示:

(53) ＊小孩哭。　　　　　（小孩哭,大人闹。）
　　 ＊你吓死我。　　　　（你吓死我了。）
　　 ＊爸爸洗衣服。　　　（爸爸在洗衣服。）
　　 ＊他说完。　　　　　（他说完就走。）
　　 ＊小王搞技术革新。　（小王搞技术革新呢。）

这些非自足句充当主语倒是十分自然,改用自足句常常站不住:

(54) 我讨厌小孩哭。　　　？我讨厌小孩哭了。
　　 你吓死我对你有什么好处？你吓死我了对你有什么好处？
　　 爸爸洗衣服真是难得。　？爸爸在洗衣服真是难得。
　　 他说完比不说完好。　　？他已经说完比没说完好。
　　 小王搞技术革新是能手。＊小王搞技术革新呢是能手。（除
　　 　　　　　　　　　　　非"呢"是停顿助词）

C. 动词带状语和补语受限制

上面已有表示时间、时态、情态的词语充当状语受限制的例子。其他状语也常受限制,例如:

(55) 挨了批评　　*挨了又批评(又挨了批评)

带补语也受限制,带"得"的补语比不带"得"的补语更受限制:

(56) 这本书的出版　　*这本书的出版了三个月
　　　进行讨论　　　*进行讨论了一下
　　　他的考虑　　　*他的考虑得周到(但能说"他的考虑周到")

D. 动词带主宾语也受一定限制

(57) 华侨的爱祖国　　他的出任董事长
　　　你的答应帮忙　　飞机的偏离航向
　　　他的帮助同学　　这本书的存有偏见

这些例子似乎说明动词带宾语不受限制,但不是完全不受限制(参看杨成凯1991),尤其在充当"进行、给予、作出、加以"这一类动词的宾语时,例如:

(58) 进行研究　　*进行研究语法
　　　给予帮助　　*给予帮助物质
　　　遭到损失　　*遭到损失财产
　　　发动进攻　　*发动进攻这座城市

这时如能把宾语动词本身的宾语前移,情况就好得多,因为不带形式上的宾语就使这些宾语动词的动性减弱:

(59) 进行语法研究
　　　给予物质帮助
　　　遭到财产损失

做宾语的动词有时不能带主语,句子的主要动词为"打算""喜欢"等:

(60) 我打算离开家庭　　＊我打算我/你离开家庭
　　　我喜欢打球　　　　＊我喜欢我/你打球

E. 动词做主宾语时,充当谓语的动词有一定的范围。Givón(1984:4.2.4)指出,动词或小句做主语时,在大多数语言里谓语经常由以下一些谓词充当:
　　a. 判断真假或可能性的动词或形容词
　　b. 评判好坏的动词或形容词
　　c. 表明难易的动词或形容词
汉语也不例外,动词用作主语,谓语一般是形容词或是"是"和"使"这些动词;动词用作宾语,最常见的是在"爱、怕、希望"这一类动词后头。这一点尤其适用于单音节动词(典型的动词)作主宾语。(吕叔湘1982:91,范晓1992)

(61) 打是疼,骂是爱。
　　　办事使群众满意。
　　　小孩怕打针。

F. 做主宾语的动词以双音节的居多,单音节的很受限制。这是因为汉语里双音节动词有很强的名词化倾向(陈宁萍1987)。表示行为动作的动词大致可以分为两类:

　　a类　来　去　打　吃　读　想　哭　买
　　　　　看见　喜欢　寻找　逃跑　跳动
　　b类　工作　学习　建设　发展　影响　设计　改进
　　　　　发展　管理　出版　批评　表现　展望　猜测

a 类为典型的动作动词,包括绝大多数单音节动词和部分双音节动词。它们的动性强,主要做谓语。b 类是兼有名词性质的双音节动词,可把它们算作动词或动词的一个小类(如朱德熙 1986 称之为"名动词"),它们肯定不是典型的动词。这两类动词在句法功能上有种种差别,例如 b 类动词带宾语受限制:(参看李临定 1990)

(62) 考学生　*考试学生　玩水　　　*玩耍水
　　　考大学　*考试大学　玩捉迷藏　*玩耍捉迷藏
　　　考听写　*考试听写　玩颐和园　*玩耍颐和园
　　　考头场　*考试头场

相反,这类动词自身做宾语倒很合适,a 类动词要受限制:

(63) 遭到敌人的侵犯　　*遭到敌人的犯
　　　揭露对组织的欺骗　*揭露对组织的骗
　　　受到他人的谩骂　　?受到他人的骂
　　　发动向敌人的进攻　*发动向敌人的攻

b 类动词经常出现在"进行、加以、给予、作、有"等意义虚化的动词后边做宾语,a 类不行:

(64) 进行改革　*进行改　予以批评　*予以批
　　　加以陈述　*加以述　作预算　　*作算
　　　给予帮助　*给予帮　有检查　　*有查

b 类动词有相当多能受数量词修饰。即使把量词分为名量与动量两类,把动量类(两次邀请,一场冲突)排除,能受名量修饰的也还是为数不少,据徐枢(1991)估计数量不会少于双音动词的二分之一。徐文列出常用的名量词有"分、个、种、项、点"等:

(65) 三分赞成,七分反对,一分同情,九分担心,一个说明,一个请求,一个发现,给他一个鼓励,也好有个指望,受到一个很大鼓舞,有了一个很大的提高,那个打扮实在太难看了,一种负担,一种感觉,一种称呼,一种新的生活,一种别开生面的讨论,这也是一种督促,这完全是一种应付,那种欢迎真叫人受不了,两项决定,三项发明,那项要求,五点希望,几点考虑

受否定词"没"修饰时 a 类动词总是很自然,b 类动词有时就不自然(张国宪 1995a):

(66) 生字没写　　? 生字没书写
　　 没贴邮票　　? 没粘贴邮票
　　 青蛙没跳　　? 青蛙没跳跃
　　 没找对象　　? 没寻找对象

不仅动词如此,形容词也如此:

(67) 地板没潮　　? 地板没潮湿
　　 枫叶没红　　? 枫叶没通红
　　 尺子没弯　　? 尺子没弯曲
　　 天气没冷　　? 天气没寒冷

这是因为"没"是对"动/形+了"的否定,是对动态变化的否定(见前),而 b 类词的动性比较弱。

G. 动词做主宾语时增加了名词的部分特性,主要是能受定语的修饰。受名量修饰的情形已有说明。这里讲动词可进入"N 的 V"格式。这个格式是名词性的,只能做主宾语,不能做谓语。上一节所列两类动词进入这一格式有所差别。经常进入这个格式的是 b 类动词。如:

(68) 领导的表扬　同志的支持　信息的处理
　　 体制的改革　语法的研究

有的 b 类动词单个不能做宾语,要进入"N 的 V"格式才能做宾语:

(69) *刺激发展　　　刺激经济的发展
　　 *反映了变化　　反映了农村的变化
　　 *标志着开始　　标志着改革的开始
　　 *表达了怀念　　表达了对亲人的怀念

a 类动词不大进入这个格式,即使进入后也还保留较多的动词性,除带宾语比较自由(见上)外,还可受"不"等状语的修饰:

(70) 他的不管　　? 他的不管理
　　 它的不飞　　? 它的不飞翔

在语义上 N 总是 a 类动词的施事(他的不争)或受事(权利的必争),而对 b 类动词而言,N 除了可以是施事、受事外(见(68)),还可以是其他语义成分:

(71) 农业的积累　　学术的批判　　化学的治疗
　　 大学的考试

这是因为动词表示关系,名词不表示关系,而 b 类动词已有一定程度的名化,因此可以带非关系项。这跟 10.4.1 节讲到名词做定语修饰名词可以有各种各样的语义联系是一致的。

陈宁萍(1987)把是否能进入这个格式作为衡量动词是否已经名词化的标志,已有不少人持相同观点(张学成 1991,胡裕树、范晓 1994)。"N 的 V"里的"的"字相当于古汉语的"之",朱德熙(1983)认为,"'之'的作用是使主谓结构名词化,因此我们把'之'字也看成一个名词化标记"。朱先生这里是指整个主谓结构名词化,不是指其中的动词名词化。但正如我们在这一章开头指出的,这有悖于语言结构的递归性。

现代汉语的双音节动词确有向名词一端漂移的强烈倾向。不管把双音动词叫作"名动词"还是"动名词",它们在不同程度上的名化是一个客观事实。陈爱文(1986)对双音动词作了全面考察,指出在不兼名词的动词和兼名词的动词之间有一个斜坡。由于名化的程度差别是连续的,因此不是一两个类名就可以概括的。(吕叔湘 1979:47)

反对动词做主宾语时有不同程度的名词化或名物化的主要论据是,绝大多数动词都可以在主宾语位置上出现,但是还应看到这种出现的频率并不高,动词充当主宾语时还多少丧失了一部分动词的特性而带上了一部分名词的特性。因为从语用功能上讲,主宾语位置上出现的动词已经由述谓变为指称,这一点已得到大家的承认。在语义上做主宾语的动词已经由表示动作变为表示事物,这一点不见得人人同意。如果我们坚持客观主义的语义学,什么算"事物"确实没有一个客观的标准,但是我们在第一章已经申明,语义是客观和主观的结合,譬如"出版"一词客观的语义是指把书刊、图画等编印出来的过程,但我们主观上可以把这个过程看作一个个连续的阶段,也可以看作一个整体,从而形成两个不同的"意象"(见 Langacker 1991;第一章1.3节):

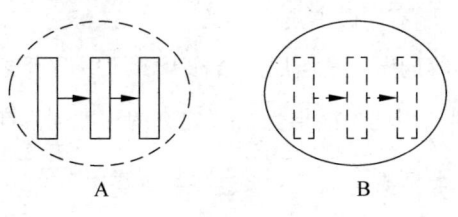

图 11

图 A 凸显的是"出版"这一过程的各个阶段,用实线表示,图 B 凸显的是"出版"这一过程的整体,用实线圈起来,它的各个阶段不是凸显的部分,用虚线表示。在感知上,图 A 相当于一个连续的扫描过程,图 B 则相当于整体的投影。"出版 A"是表示动作,"出版 B"是表示事物。事物的整体性使它具有可数性,所以可以说"一次出版"。"顺利 de 出版"如果是"出版 A",我们通常写成"顺利地出版",如果是"出版 B"就写成"顺利的出版",就是基于这样的认知语义的差别。胡裕树、范晓(1994)认为可以把"名词化"和"名物化"区分开来,前者是个句法概念,后者是个语义概念。动词做主宾语不一定"名词化",但可以说是已经"名物化"。这实际就是把主观"意象"纳入语义的研究范围。

10.5.3 形容词做主宾语和状语

莫彭龄、单青(1985)统计的使用频率百分比是:

定语	谓语(补语)	状语	主宾语
42.0	31.0	19.1	7.75

形容词做定语和谓语的比例相差不大,有的统计结果还是谓语高于定语,这个问题因此比较复杂,将在下一章专门论述。形容词做状语和主宾语的比例不高,按频率标准显然是有标记的,做主宾语比做状语更加有标记,其他标准的衡量如下。

10.5.3.1 形容词做主宾语

A. 性质形容词做主宾语用来指称事物,失去了形容词最本质的特性"有程度差别",因此不能再受"很"之类的程度词修饰:

(72) 老实最重要　　＊很老实最重要
　　　他喜欢干净　　＊他喜欢十分干净
　　　笨有笨的办法　＊非常笨有笨的办法
　　　虚心使人进步　＊比较虚心使人进步

B. 跟动词做主宾语一样,性质形容词做主宾语时带"了、着、过"或副词等受限制,这说明性质形容词做主宾语比做谓语更加有标记:

(73) 他的好/他的不好　　？他的没好

　　 他的利落　　　　＊他的利落过

　　 食物的不干净　　？食物的的确不干净

C. 跟动词做主宾语一样,形容词做主宾语时,做谓语的动词有一定的范围,通常是判别是非好坏的"是""使""有"或"喜欢""怕"等心理动词,例如:

(74) 怕冷　　喜欢干净

　　 大有大的难处

　　 虚心使人进步

　　 便宜是便宜,质量不高。

D. 状态形容词极少做主宾语,像"干干净净的舒服"的例子(朱德熙1982:101)很难找到,而且一般要加"的"字。有些句子看似状态形容词做主语,实际不是:

(75) 油腻腻的吃不下去。(=(这东西)油腻腻的,吃不下去。)

　　 灰不拉唧的穿着不好看。(=(这件衣服)灰不拉唧的,穿着不好看。)

10.5.3.2　形容词做状语

形容词做状语有不加"地(的)"直接做状语和加"地(的)"后做状语两种情形。我们认为这个"地(的)"跟形容词做定语、谓语时加的"的"一样都不是形容词本身的一部分,应该看作是一个附加的标志。(见第十一章11.2节)

贺阳(1996)对性质形容词做状语的情况做了详细考察。他的结论可以概括为一句话,性质形容词做状语是一种有标记的功能,具体表现如下:

A. 性质形容词能直接做状语的为数很少,在他考察的性质形容词中只占总数的14.9%。如果加上"地"后能做状语的性质形容词,占总数的百分比也只有44%。

B. 能直接做状语的性质形容词绝大多数是表示数量、时间、程度、范围、情状或方式的词,只表示事物品质的词中只有极个别的可以直接做状语,而且在语义上不是修饰动词,而是修饰与动词相关联的名词,例如"生吃瓜果","生"的语义指向"瓜果"。

C. 性质形容词直接做状语的情形中,单音形容词大多只修饰单音动词,而且构成的状中结构比较凝固,中间不能插入其他成分(包括"地"字),如"呆坐、巧干、狂笑、怪叫、苦练、直说"等,这些组合更像复合词。有的是一些固定词组,如"精打细算""娇生惯养"。有的虽然不那么凝固,但有很强的"选择性",每个形容词能修饰的动词非常有限,大多不能自由替换,例如:(朱德熙 1956:2.1)

(76) 轻放　　*轻搁　　重打　　*重揍
　　　高喊　　*高嚷　　紧握　　*紧拿
　　　怪叫　　*怪喊　　满走　　*满爬

双音形容词修饰双音动词的状中结构也比较凝固,除了"地"之外,中间不宜插入其他成分;如要插入其他成分必须加"地":

(77) *残酷把他杀害了　　残酷地把他杀害了
　　　*平稳在空中落下　　平稳地在空中落下
　　　*顽强在球场上拼搏　顽强地在球场上拼搏

D. 有些性质形容词做状语和做定语(谓语)时的意义相差很大,应该算作同音异义词,做状语时是副词,做定语(谓语)时才是形容词:

(78) 干布　　干着急　　　白纸　　白操心
　　 直线　　直哕嗦　　　大桌子　大吃一顿
　　 老人　　老休息　　　臭袜子　臭揍一顿
　　 很实在　实在没办法　很自然　自然能理解

一些双音形容词直接做状语时是副词,加"地"做状语时才是形容词:

(79) 干脆把车卖掉　　干脆地拒绝了
　　 肯定不去　　　　肯定地点了点头
　　 自然能理解我　　自然地同旁人交谈着

E. 形容词做状语还是状态形容词居多,但一般也要加"地",只有少数 AA 式和 AABB 式可以不带"地",如"轻轻一推""痛痛快快洗个澡"。(见朱德熙 1956,《现代汉语八百词》640 页) BABA 式("冰凉冰凉""笔直笔直")一般不能做状语,加"地"也不行。状态形容词做状语时的语义指向也常常是与动词相关联的名词:

(80) 酽酽的沏了一壶茶
　　 圆圆地画了一个圈
　　 脏兮兮地伸出一双手

本章的内容小结如下。传统语法从意义出发划分词类并没有大错,实际上我们在选择什么样的分布标准时已经凭借意义。要想作跨语言的词类比较,意义标准也是不可或缺的。问题是如何利用,又如何控制意义,对"事物""动作""性状"这样的语义类作出较严格的界定。我们尝试用一些更基本的语义特征来界定这三个主要的语义类,并用语义类和语用功能类(指标、述谓、修饰)的自然组配来定义名词、动词和形容词。

词类范畴和人建立的大多数范畴一样都是典型范畴。要找出确实仅为此类词所有而它类词所无的"语法特点"是不大可能的。词类的边界不是明确的而是模糊的,词类和词类之间不是离散的而是连续的。词类成员有典型的和非典型的之分,词类承担的"职务"(句法功能)也有典型的和非典型的之别。

要摆脱汉语词类和句法成分对应关系上的两难处境,只有采用"关联标记模式"。按照这个模式,名词做主宾语、动词做谓语、形容词做定语是无标记的组配方式。有标记的表现在汉语中主要是隐含的、广义的形态,包括分布和频率上的限制。本章依次说明了名词做谓语、状语和定语时的有标记状况,动词做状语、定语和主宾语的有标记状况,形容词做主宾语和状语的有标记状况。下一章将专门说明形容词做谓语的有标记状况。

附 注

① 关于语法结构递归性的特点,参看陆俭明(1984:70-72)。

② 这完全符合判别有无标记项的"聚合形态标准":无标记项的聚合形态一般比有标记项丰富。见第二章2.3节。

③ 这都是指典型情况而言。例如有一些"事物"也是有价概念,例如亲属概念"弟弟"必然引发"哥哥或姐姐"的概念,"羽毛"概念必然引发"鸟类"概念,因为两者有部分和整体的关系。详见 Croft (1991:95)和袁毓林(1994)。

④ 汉语缺乏形态标志,总体上如此,局部不一定。第十一章将表明汉语形容词表动作和述谓时有形态标志,英语反而没有。

⑤ 如前所说,带数量词的名词在言谈中的信息地位比光杆名词显著,见10.4.2例(2)。

⑥ 参看 Thompson(1988),英语 The man is a nice guy 的意思等于 The man is nice。据统计,英语和汉语的口语里,"形+名"做谓语的例子大多属于这种性质。

⑦ 有人不赞成介词省略说(见李晋荃1983),这无关紧要,关键是名词直接做状语在语义上受限制,如李就认为只限于表示方式一种。方式和工具的界

线很难划清。

⑧ 这也是名词做谓语要加标志("的")的例证。

⑨ 现代汉语里单音形容词加名词、特别是单音名词的组合有强烈的词汇化倾向,赵认为单音形容词直接修饰名词受限制有音节上的顾虑。例如"薄饼"是个复合词,"薄纸"是个短语。由于和"薄饼"同类型的复合词特别多,人们容易将"薄纸"也视为复合词,尽管它的意义还没有专门化。所以说话人对于制造"薄纸"这样的双音节形名短语不免有点踌躇,宁可加上一个"的"字或者把"薄"这样的性质形容词变成"薄薄的"这样的状态词。不过他又指出,加"的"字的形式总是没有词汇化,如"老的朋友"(年老的),"香的水",但不加"的"字的形式也可以没有专门意义,如"老朋友""老松树",不像"老黄牛""老豆腐"已经词汇化。McCawley(1992)就因为误将"薄纸"这样的组合等同于复合词"薄饼"才得出汉语根本没有形容词的不正确结论。(见下一章开头)

⑩ 下一章研究形容词句法功能所使用的语料。

⑪ 关于动词和名词的典型特性可参看 Hopper & Thompson(1984)。

⑫ 助动词前加了否定词似乎好一些,如"我倒要感谢你的不肯帮忙""他的不能认错自有原因",原因不明。

第十一章 形容词句法功能的标记模式

11.1 形容词问题

汉语语法里的形容词问题主要涉及两个方面,一是形容词的地位和范围,二是形容词的句法功能。这两个方面是紧密联系在一起的。讲到形容词的地位和范围,首先是汉语有没有形容词这么一类词。传统语法认为有,而且形容词是跟名词和动词并列的一类实词。赵元任(1968)、Li & Thompson(1981)、朱德熙(1982)等人从句法功能出发来衡量词性,把形容词看作广义的动词(或称谓词)的一个次类,或称之为"形容词性的动词",因为他们都认为汉语形容词的主要句法功能是充当谓语。McCawley(1992)用世界上各种语言中的形容词区别于动词的普遍特征来衡量汉语中所谓的形容词,认为这些词都不能算是形容词,也谈不上是动词中带有形容词性的一个次类,而就是一般的动词。①

承认有形容词(不管是不是动词的一个次类)的人对形容词的具体范围意见也不一致。把"金、银、男、女、慢性、袖珍、大型"这类只能作定语不能作谓语的词称作"非谓形容词",顾名思义是把它们看作形容词的一个次类。朱德熙(1982)把它们排除在形容词之外,单独构成一类"区别词",属于体词的范畴。张伯江、方梅(1996)则认为形容词包括两部分,一部分是以单音节为主的性质形容词("大、小、黑、白、好、坏、高、低"等),一部分是"非谓形容词",而许多不能直接做定语的双音节形容词(如"大方、畅通、单纯、孤独"等)都被划入(不及物)动词的范畴。

对形容词范围的划定跟如何认识形容词的主要句法功能有直接关系。把"非谓形容词"排除在形容词之外,这跟形容词的句法功能主要是做谓语,而名词和数量短语才是典型的定语这一观点是一致的。把"非谓形容词"看作地道的形容词,这跟形容词的典型功能是做定语的观点是一致的。

因此分歧的根源是对形容词主要的或典型的句法功能的认识。遗憾的是从现有的统计材料也得不出比较一致的结论。按莫彭龄、单青(1985)的统计,形容词做谓语和做定语的出现率分别为26%和42%,后者大大高于前者。Thompson(1988)调查了英语和汉语的形容词(用意义标准定义为"表示性质的词")在口语对话中的分布,结果发现两种语言的情形大致相同,形容词做定语的出现率为32%,其余68%都是做谓语的,②也就是说形容词做谓语和做定语的比例为2∶1,跟莫、单的统计结果正好相反。莫、单统计的材料主要是书面语,Thompson统计的是口语中的会话,这可能是造成差异的原因之一。按Thompson的统计结果,形容词主要做谓语就不光是汉语如此,英语也是如此。胡明扬(1995)又单独进行了一次统计,结果是口语中形容词做定语为27.9%,做谓语为53.4%,跟Thompson的结果相合;在书面语中形容词做定语为41.2%,做谓语为17.4%,做定语的比例大大高于做谓语的比例。把口语和书面语合起来统计,形容词做定语的比例(41.2%)仍高于做谓语的比例(34.1%)。统计结果的差异可能跟材料的语体有关,形容词在书面语做定语为主,在口语做谓语为主,③如果把书面语和口语混合起来看,还得不出形容词做哪个为主的结论。

已经公布的统计结果的不一致很大程度上是由统计标准的不一致造成的。有的只统计性质形容词,那么像"红通通、煞白、干干净净"这样的状态形容词是否就没有统计在内?像"很大、非常白、十分干净"这样的词组(它们的出现率非常高——这句话就有一个)是算作状态形容词(见朱德熙1956)不统计在内呢,还是算作受程度副词修饰的性质形容词而统计在内?各家的统计标准不尽一致,因此也就很难对那些统计结果做有意义的比较。本章将证明,形容词的句法功能是做定语还是谓语,这跟形容词是性质形容词还是状态形容词有密切的关系,要对形容词的句法功能有全面的了解,只统计性质形容词的用例是不够的,把性质形容词和状态形容词不加区分地一起统计也是不行的。

11.2. "的"字的分合

很多人在考察形容词的句法功能时是不怎么考虑加"的"不加"的"的区别的。胡明扬(1995)在统计形容词做状语时严格区分加不加"的(地)"字的用例,在确定"唯谓形容词"时也考虑加不加"的",只有加了"的"也不能做定语的才算"唯谓形容词"。但在统计性质形容词做定语时"开了特例",对加不加"的"不做区分。不做区分的原因大概有这么一些:

1) 加不加"的",许多场合意义差别不大,虽然不是完全没有差别,例如"聪明孩子"和"聪明的孩子","他一向老老实实"和"他一向老老实实的"。

2) 加不加"的"似乎只是语体的差别,例如"漂亮"是口语,"美丽"是书面语,做定语时前者可不加"的",后者必须加。

3) 有的形名组合单说时要加"的",入句后可以不加,例如"大方的举止"和"她在酒会上的大方举止令人刮目相看"。

4）通常所说的性质形容词中有一大批双音节词不加"的"不能做定语，只能做谓语，例如"严肃、畅通、大方、美丽、孤独"等，如果区分做定语时加不加"的"，势必把它们统统归入"唯谓形容词"，这样做不容易被大家接受。

朱德熙(1961)早就开始考虑形容词加"的"不加"的"的区别，形容词 A 修饰 B 时，"'AB'和'A 的 B'是不同的格式，必须加以区别。"(1.1 节脚注)实际上朱先生主要在性质形容词做定语上贯彻这条原则④："白纸"里的定语是形容词"白"，而"白的纸"里的定语是体词性成分"白的"，跟"纸"是同位关系。性质形容词加上"的"后就改变了词性，这个"的"是一个名词化的标志。至于状态形容词，朱先生把它们分为以下几种：

1）单音节形容词重叠式必须带"的"，不带"的"就不单独成词：小小儿的，扁扁的。

2）双音节形容词重叠式加不加"的"两可：干干净净（的），老老实实（的）。

3）"煞白、冰凉、通红、喷香、粉碎、稀烂、精光"等，不带"的"。

4）形容词词根加后缀，不带"的"：黑乎乎、脏里呱唧、灰不溜秋、可怜巴巴。

5）"f+形容词+的"形式的合成词(f 代表"很、挺"一类程度副词)，必带"的"：挺好的、很小的、怪可怜的。

实际上状态形容词做定语或谓语时带不带"的"要比这样的分法复杂得多。双音节形容词重叠式做谓语加不加"的"两可：教室干干净净（的），他这个人一向老老实实（的），但做定语是非加"的"不可的：干干净净的教室／*干干净净教室，老老实实的人／*老老实实人。"煞白、冰凉、通红"一类词做谓语固然不带"的"：他的脸煞白／*他的脸煞白的，但做定语是必须带"的"的：煞白的脸／*煞白脸。形容词根加后缀的"黑乎乎、脏里呱唧"一类做谓语时一般得带"的",不加"的"好像话没有说完:他的手黑乎乎的/*他的手黑乎乎,他衣服脏里呱唧的/*他衣服脏里呱唧;做定语也是非加"的"不可:黑乎乎的手/*黑乎乎手,脏里呱唧的衣服/*脏里呱唧衣服。至于"f+形容词+的"这样的合成词做定语固然带着"的":挺好的孩子/*挺好孩子,但做谓语时带不带"的"经常是两可的:这孩子挺好(的),那间屋子很小(的)。朱先生之所以不考虑这些复杂情况,这是跟他区分不同性质的"的"字相联系的。性质形容词后带的"的"("的$_3$")是名词化的标志,加不加"的"大不一样,而状态形容词后带的"的"("的$_2$")是个形容词词尾,带不带"的"都是形容词的派生形式。⑤

因为本章只考察形容词充当定语和谓语的情形,所以不讨论副词词尾的"的$_1$"。区分"的$_2$"和"的$_3$"是朱先生的重大贡献,这样的区分不仅在北京话内部得到充分、合理的论证(详见朱1961,1966),而且得到历史材料和方言的有力佐证(详见朱1966,1993)。然而世界上的事物往往是同中有异,异中有同,"的"字也是一样。朱先生强调了同一语音形式的"的"字有"的$_2$"和"的$_3$"的区别,无疑是符合客观实际的,但客观实际还有另一面,那就是"的$_2$"和"的$_3$"还有相通之处。这里要说明这种相通之处,因为这对我们全面认识形容词的句法功能十分重要。

"的$_2$"和"的$_3$"的联系表现在以下一些方面:

1)"f+形容词+的"里的"的"是"的$_2$",但如果f是"最、更、顶、太"等程度副词,后面的"的"就成了"的$_3$"。例如"最便宜的""更好的"就只能做主语、宾语和定语,不能做谓语、补语、状语。(见朱德熙1961)如果我们找不出把程度副词分为"很、挺、怪、非常"和"最、更、顶、太"这样两类的其他理由,就可以认为"的$_2$"和"的$_3$"可以在一定的条件下互相转化。另外,即便f是"很",后面的"的"有时也可以是"的$_3$",例如"挑了个很大的"。朱德熙(1956:1.4节脚注)也承认有这样的情况,但有一定的限制条件。虽然有限制条件,但也说明"的₂"在一定条件下可以转化为"的₃"。⑥

2)除"f+形容词+的"外,其他格式的状态形容词带上"的"也可以在一定条件下名词化,朱德熙(1980b)有例子"那块黄澄澄的准是金子"和"我得挑一件干干净净的"。姚振武(1996)又举了一些例子,说是能受"这个""那个"等特指代词的修饰:

这件干干净净的(衣服)给你穿。
剩下那个硬邦邦的(馒头)没人吃了。
你们班那个胖胖的(同学)最近哪里去了?

其实这种名词化的面还要宽一些,不用特指代词也可以,下面是在一篇小说里发现的两个例子(斯妤:出售哈欠的女人,《作家》1995年第8期):

她原以为会摸到一身树皮,或一手冰凉的,没想到那个树桩一样的家伙却动了起来,……她明白对方需要她的帮助,而且需要多多的。

姚文认为北京话里的"的₂"似乎还有点"的₃"的因素。其实不光是北京话,其他方言也一样,以上海话为例("的₂"和"的₃"都是"个"):

格件清清爽爽个(衣裳)拨侬著。
剩下格只硬邦邦个(馒头)无没人吃了。
那班上格个胖胖个(同学)近来啥地方去了?

朱德熙(1993)用充分的事实说明,十种在语音上区分"的₂"和"的₃"的方言里,状态形容词做定语时都要名词化,有的是在状态形容词词干后加"的₂"再加"的₃",有的是直接加"的₃"。这些事实当然有力地证明了北京话区分"的₂"和"的₃"的合理性,不然就无法解释有的方言为什么加了"的₂"再加"的₃"。但是另一方面也证明"的₂"和"的₃"某种程度的相通:从全国方言来看,都是状态形容词做定语,表达同样的意思,有的方言加"的₂",有的方言加"的₃",而原来对"的₃"的定义是它不加在状态形容词后头的。只要承认状态形容词加的"的"也可以是名词化标记"的₃","的₂"和"的₃"的分界也就变得模糊不清了。

3) 北京话状态形容词(后带"的₂")做谓语和补语,在一定条件下有名词化的倾向。先看做谓语。

　　床硬邦邦的。他做事一向马马虎虎的。这件衣裳花里胡哨的。

　　床是硬邦邦的。他做事一向是马马虎虎的。这件衣裳是花里胡哨的。

谓语加了"是"之后状态形容词就成了表语。表语在于说明事类,例如说明床是属于硬邦邦的那一类。不加"是"字,"硬邦邦"只是说明床的性状。做表语的状态形容词已有一定程度的名词化,这可以从方言里找到证据。朱德熙(1993)举大冶(金湖)话为例,说明状态形容词做表语时一般带的是"的₃"而不是"的₂":

莫马马虎虎嗒!(别马马虎虎的!)
眠床是铁硬个(床是硬邦邦的!)

第一句是祈使句,不能插入"是","马马虎虎"做谓语带的是"嗒"(的₂),第二句加了"是","铁硬"做表语带的是"的₃"。再看做补语。

　　猪肉切得薄薄的,火烧得旺旺的。
　　猪肉切得它薄薄的,火烧得它旺旺的。

充当补语的状态形容词前加了个复指主语的第三人称代词后,对这个代词来说,状态形容词可理解为它的表语,说明事类,猪肉是属于薄薄的那一类。跟上面加"是"做表语一样也已有一定程度的名词化。这也有来自方言的证据。上引朱文举金湖等方言为例,说明加了复指代词后状态形容词也是带"的$_3$"而不是"的$_2$",例如连城(新泉)话对应上面两个北京话例句的说法是:

猪肉切得薄薄(岛),火烧得痕痕(岛)。(岛[tauˠ]的$_2$,可不出现)

猪肉切到佢薄薄ᴉ来,火烧到佢痕痕ᴉ来。(佢=他,ᴉ=的$_3$)

4)区分"的$_2$"和"的$_3$"是符合历史的,"的$_2$"和"的$_3$"相通也是符合历史的。为证明区分"的$_2$"和"的$_3$"是符合历史的,朱德熙(1966)引证吕叔湘(1954a)一文中所举的事实,就是跟"地"的词大率是重言(xx或xyy)、双声、叠韵,跟"底"的词大率不具备这种形式。就形容词而言,前一类词是状态形容词,"地"相当于状态形容词后缀"的$_2$",后一类词是性质形容词,"底"相当于名词化标记"的$_3$"。唐宋时期当"底"和"地"两种写法分得很清楚的时候,它们一定代表两个不同的语音形式。祝敏彻(1982)对《朱子语类》中"底、地"的功能和分布做了详细描写,大体上跟吕文的分析相符。但按曹广顺(1986)对成书于五代的《祖堂集》(吕文写作时还未见到)"底、地"用法的研究,早期"底、地"的功能本无对立,"地"只是"底"字的一个附属,其分布和功能都被包含在"底"里。朱德熙(1993)有"再看历史"一节也注意到不同历史时期的差别。即使是同一时代,"底"和"地"混用不分的情形也是有的。

5)"的$_2$"和"的$_3$"很可能有一个统一的、比较抽象的句法功能。沈家煊(1995b)曾提到"的"跟数量词相似具有使"无界"概念变为"有界"概念的功能。先看以下例子:

白衣服	*白一件衣服	*雪白衣服	雪白一件衣服
糊涂人	*糊涂一个人	*稀里糊涂人	稀里糊涂一个人
好车	*好一辆车	*很好车	很好一辆车

名词指称的事物有"有界"和"无界"之分:光杆名词一般是泛指一类事物,例如"衣服",因此是"无界的",而带数量词的名词则指个别的事物,例如"一件衣服",因此是"有界的"。形容词表示的性状在量上有"有界"和"无界"之分:性质形容词在量上不受限制,例如"白"可以有各种程度的白,因此是"无界的",状态形容词代表一定的量,例如"雪白"是一定程度的白,因此是"有界的"。上面左边的"白一件衣服"等不成立是因为无界形容词(例如"白")跟有界名词("一件衣服")不匹配,右边的"雪白衣服"等不成立是因为有界形容词(例如"雪白")跟无界名词("衣服")不匹配。要使"雪白衣服"变得能够成立有两个办法,一是插入数量词,使它变为"雪白一件衣服",二是插入"的"字(的$_2$),使它变为"雪白的衣服"。要使"白一件(衣服)"变得能够成立,也有两个办法,一是去掉数量词,使它变为"白衣服",二也是插入"的"字(的$_3$),使它变为"白的一件"(一件红一件白,我要白的一件)。可见"的$_2$"和"的$_3$"都跟数量概念相通。⑦

既然"的$_2$"和"的$_3$"相通,我们在考察形容词的句法功能时不妨把它们看作一个统一的标志"的",形容词做定语或谓语时,加了"的"就是加了一个标志,是形态上的有标记现象。至于这个标志具有什么样的语法意义,我们暂时不作考虑。

11.3 形容词句法功能的标记模式

Wierzbicka(1986)比较了形容词做定语和做谓语时意义上的差别,她举的是英语的例子:

(1) a. Her red cheeks radiated youth and good health.

"她红红的脸颊发出青春和健康的光彩。"

b. Her cheeks were red.

"她的双颊通红。"

(a) 里的形容词 red 做定语是表示被修饰的名词 cheeks 的一种恒久的性质,(b) 里 red 做谓语是表示主语的一种临时的状态。Wierzbicka 的观点是,当形容词是描写一种恒久的性质时以充当定语为常,因为定语的典型语义特性是固定性和静止性(不变性);形容词如是描写一种临时的状态以充当谓语为常,因为谓语的典型语义特性是临时性和运动性(变化性)。Wierzbicka 还举出下面这样的例子来支持这一观点:

(2) A man who hates women is a woman-hating man.

A wife who wakes her husband is not a husband-waking wife.

A secretary who erases mistakes is not a mistake-erasing secretary.

因为世上有一类专门嫉恨女人的男人,"嫉恨女人"成了这一类男人的固定的特点,因此有 a woman-hating man 的说法;然而习惯于把丈夫弄醒的女人并不构成专门一类女人,经常抹掉差错的秘书也不构成专门一类秘书,因此没有 a husband-waking wife 和 a mistake-erasing secretary 的说法。这样的解释也适用于英语中下面的现象:

(3) labeled goods   "加标签的商品"

* sent goods   "发送的商品"

a scratched surface   "有刮痕的表面"

* a scratched head   "有刮痕的头"

deposited money   "存款"

* withdrawn money   "取的款"

汉语里性质形容词不加"的"直接修饰名词受一定限制也是这个道理(见上一章10.4.1节)：

(4) 贵东西　＊贵手绢儿(挺贵的手绢儿)
　　 白纸　　＊白手(煞白的手)
　　 蓝墨水　＊蓝天空(蓝蓝的天空)
　　 老实人　＊老实学问(老老实实的学问)

东西有贵贱之分，手绢儿一般不按贵贱来分类，所以说"贵东西"不说"贵手绢儿"。"蓝"可以把一类墨水跟其他颜色的墨水区别开来，而天空一般就是蓝的，没有必要用"蓝"来加以区别，所以有"蓝墨水"没有"蓝天空"。⑧这说明形容词做定语不仅是要表示恒久的性质，这种性质还要有区别作用。再比较下面两对英语的句子：

(5) a. There's a broken window in the kitchen.
　　　 "厨房里有一扇破窗户。"
　　 b. The window broken yesterday will have to be paid for.
　　　 "昨天打破的那扇窗户必须赔偿。"

(6) a. I must choose a responsible person to perform this task.
　　　 "我得挑一个认真负责的人来做这件事。"
　　 b. I want to see the person responsible for this task.
　　　 "我要见负责这件事情的人。"

(5a)里 broken 是分词用作形容词做定语，不涉及窗户被"打破"的动作，只告诉你那扇窗户现在的持续状况，而(5b)里的 broken 接近于一个谓语动词(which was broken yesterday)，说明的是窗户临时遭受的破坏。同样，(6a)里 responsible 做定语说的是一个具有认真负责精神的人，(6b)里 responsible 相当于做谓语(who is responsible for this task)说的是临时负责某项工作的人。

其实 Bolinger(1967)在研究英语形容词做定语和做谓语的区别时已经指出,形容词的时间性越强或是临时性的,越倾向于做谓语,形容词的时间性越弱或是恒久性的,越倾向于做定语,例子是:

(7) a. This whisky is straight.
　　b. This is straight whisky.

对应的汉语译文也很能说明两者的区别,(a)是"这种威士忌酒很纯",(b)则是"这种是纯威士忌酒"。这些例子恰好证明形容词处在 Givón(1979,1984)建立的时间性或稳定性连续统的中间,两头分别是名词(时间性最弱)和动词(时间性最强)。(见上一章 10.3 节)在汉语里,时间性强或是表示临时状态的形容词是状态形容词,时间性弱或是表示恒久性质的形容词是性质形容词,性质和状态两种概念的区别构成一个语法范畴——性状范畴。(见朱德熙 1956)这个范畴在英语里主要靠形容词出现的句法位置来体现,在汉语里则除了体现在句法位置上还体现在形态上:性质形容词大多是简单形式,状态形容词大多是由性质形容词派生而来的复杂形式。我们因此先假设在形容词和句法功能之间存在如下的"关联标记模式":

	定语	谓语
性质形容词	无标记	有标记
状态形容词	有标记	无标记

这个模式表示,性质形容词做定语和状态形容词做谓语都是无标记的,而性质形容词做谓语和状态形容词做定语则都是有标记的。

假设的这个标记模式具有高度的可证伪性,具体可以用第二章 2.3 节有无标记项的判别标准来检验。为此我们作了一次规模不大的调查。有三万字左右的口语材料,包括《唐山大地震》的作者钱钢介绍写作经过的讲话,节目主持人和一些名人的访谈三个,都经过录音和转写。另有书面语材料约三万字,是作家斯妤的中篇小说《出售哈欠的女人》(载《作家》1995 年第 8 期)。性质形容词和状态形容词的界定完全按照朱德熙(1956),但在统计它们做定语和谓语(包括补语在内)的频率时一律区分加标志和不加标志的用例,标志包括"的"字和做谓语时加的"是"字(详见下)。同一个用例反复出现数次按一例计算,例如"大地震"多次出现,但只算性质形容词不加标志做定语的一例。

先把不区分加不加标志的总体统计结果列出如下:

	性质形容词			状态形容词		
	口语	书面语	小计	口语	书面语	小计
做定语	88	112	200	89	88	177
做谓语	31	92	123	108	87	195
总计	119	204	323	197	175	372

从这张表中可归纳出以下几点:

1) 性质形容词和状态形容词合起来,也不分口语和书面语,做定语共 377 例,做谓语共 318 例,百分比是 54∶46,做定语略高于做谓语,这跟胡明扬(1995)的统计结果相一致。把口语和书面语分开,这个比例并没有多大变化,书面语中是 53∶47(200 例对 179 例),口语中是 56∶44(177 例对 139 例),这跟胡明扬(1995)的统计结果又不一致(下面会解释不一致的原因)。

2) 状态形容词做谓语(195 例)略多于做定语(177 例),百分比是 52∶48;性质形容词做定语(200 例)明显多于做谓语(123 例),百分比为 62∶38。形容词做定语,性质形容词的用例(200 例)略多于状态形容词(177 例),百分比为 53∶47;形容词做谓语,状态形容词(195 例)明显多于性质形容词(123 例),百分比为 61∶39。

3) 口语和书面语的差别主要表现在三方面:

a. 口语中状态形容词(197 例)明显多于性质形容词(119 例),百分比为 62：38，而书面语中性质形容词（204 例）略多于状态形容词（175 例），百分比为 54：46。

b. 口语里性质形容词做定语（88 例）大大多于性质形容词做谓语（31 例），百分比为 74：26，由此造成总体上（口语和书面语合起来）性质形容词做定语的比例明显高于做谓语的比例。

c. 口语中状态形容词做谓语（108 例）也大大多于性质形容词做谓语（31 例），百分比为 78：22，由此造成形容词做谓语的全部用例中状态形容词的比例明显高于性质形容词。

这些数字都包括加标志和不加标志的用例，因此光从使用频率上已经可以看出形容词和句法功能的关联标记模式，这在口语里尤为明显：

性质形容词更倾向于做定语而不是做谓语；

状态形容词比性质形容词更倾向于做谓语。

由于口语里状态形容词的用例明显多于性质形容词，而在做谓语的形容词中又以状态形容词为主，因此在一部分口语统计材料中有可能得出形容词做谓语明显多于做定语的结果（如前所说实际上把状态形容词也统计在内）。①

如果再考察加不加标志的情况，这种关联标记模式就进一步得到证实。先看形容词做定语的情形。

形容词做定语的标记模式

性质形容词		状态形容词	
（共 200 例）		（共 177 例）	
加标志	不加标志	加标志	不加标志
79(39.5%)	121(60.5%)	138(78%)	39(22%)

性质形容词不加标志"的"直接做定语占 60.5%，好像不算很多，但值得注意的是在这 121 例中有 95 例是最常用的单音节形容词，举例

如下：

表大小：大手　大床　大地震　大票子　大悲剧
　　　　小病　小挎包　小竹排　小角色　小商品　小纸卷
表颜色：红星　黄纸片　白布条　黑棉袄　白胡子　蓝褂子
表好坏：好事　好爸爸　好主意　好地方　美酒
　　　　高质地　坏毛病　臭女人　破衣服　蠢女人
表其他：热泪　冷汗　短文　凉气　深情　香气
　　　　高科技　长时间　新皮箱　旧军人　瘦女人　老顾客

剩下 20 余例双音节词，包括：许多人、年轻人、糊涂人、老实人、特殊商品、神秘事物、要好女友、奇特姿态、豪华公寓、名贵料子、奇怪现象、广大群众、尴尬样子、辛勤劳动、必然联系、普通唐山人。

　　性质形容词加标志"的"做定语虽有 79 例之多，但其中有 70 例都是双音节词，如：聪明的他、古怪的感觉、散漫的生活、陌生的地方、富余的房间、新兴的行业、空前的震撼、永恒的惰性、年青的歌迷、时髦的话题、悲惨的东西、具体的知识、合理的分流、正统的训练。只有 9 例是单音节词，它们是：新的看法、新的角色、新的境界、新的东西、一个新的一个转位、一种新的一种学科、大的比赛、小的孩子、小的公寓。

　　单音节形容词是典型的性质形容词，双音节形容词则带有状态形容词的性质。（见朱德熙 1956，另见下）因此根据调查的结果可以肯定，典型的性质形容词一般是不加标志"的"直接做定语。

　　相反，状态形容词做定语绝大多数(78％)要加标志"的"，例如：长长的队、小小的孩子们、多多的帮助、薄薄的东西、精瘦的夫人、黧黑的女人、笔直的腰、乌黑锃亮的汽车、清凌凌的井水、毛茸茸的手、瘦巴巴的女人、傻乎乎的女人、闹闹哄哄的世界、鼓鼓囊囊的小挎包、瘦瘦长长的身子、很刚强的孩子、最本质的东西、非常深的感情、比较轻松的状态、如此大的事、十分复杂的态度、强有力的撞击、又瘦又长的女人。

状态形容词不加"的"做定语的 39 例中有 35 例都跟"多""少"有关,例如"很多点子、好多歌手、许许多多人们、这么多年、多少年、不少食品"等。"多"和"少"是比较特殊的单音节形容词,它们本身表示数量,做定语时不同于一般的性质形容词(朱德熙1956,陆俭明1985),所以它们的派生形式也比较特殊。⑩剩下的 4 例是:小小针线包、袅袅音乐、很大难度、最高价值。朱德熙(1982)认为性质形容词做定语远不如状态形容词自由,如果考虑到状态形容词做定语都要加标志这一点,就只能得出相反的结论,状态形容词做定语远不如性质形容词自由。

现在来看形容词做谓语(包括补语在内)的情况,统计结果是:

形容词做谓语的标记模式

性质形容词		状态形容词	
(共 123 例)		(共 195 例)	
加标志	不加标志	加标志	不加标志
87(71%)	36(29%)	44(22.5%)	151(77.5%)

过去的研究已经表明性质形容词做谓语大多要加标志,标志通常是"的",有时加了"的"还不够,还要加系词"是",只有在表示比较或对照的意思时才可以不加任何标志(朱德熙1956,1982),例如:

(8) 今儿冷,昨儿暖和。

屋里黑,外头亮。

人小心不小。

"真、假,对、错"这种没有程度差别的形容词不可能有比较的用法,"好"和"坏"虽然有程度差别,但一般用"好"不用"坏"来作比较,说"这本书比那本书好",不大说"那本书比这本书坏"(见第八章8.2节),因此下面的例子都必须加"的":

(9) 这个消息真的。　＊这个消息真。
　　 这种说法错的。　＊这种说法错。
　　 这间屋子空的。　＊这间屋子空。
　　 这个灯泡坏的。　＊这个灯泡坏。（这个灯泡好。）

下面是加了"的"还要加系词"是"的例子：

(10) ＊这个大。　　＊这个大的。　　这个是大的。
　　 ＊那件新。　　＊那件新的。　　那件是新的。
　　 ＊北京美丽。　＊北京美丽的。　北京是美丽的。
　　 ＊她直爽。　　＊她直爽的。　　她是直爽的。

我们调查的材料也证实了这种情况。性质形容词做谓语有71%要加标志，除了加"的"一般还在前面加"是"，如"是瘪的、是圆的、是扁的、是高的、是有限的"，只加"的"不加"是"的在我们有限的材料里还没有发现。性质形容词不加任何标志做谓语的36例中绝大多数是双音节的，如"生性懦弱、气势宏大、实力雄厚、品质优良"，个别单音节的都是对比或对举的用法："发明难，应用是更难的""身困神乏""觉少神足"。前面说过，双音形容词的内部很不一致，有的偏向于性质形容词，有的偏向于状态形容词。我们因此可以根据做定语和谓语时要不要加标志将双音节形容词大致分作两类：

(11) A 类　奇怪现象　？这现象奇怪（这现象很奇怪）
　　　　　普通生活　？我的生活普通（我的生活是普通的）
　　　　　豪华公寓　？这所公寓豪华（这所公寓很豪华）
　　　　　名贵料子　？这块料子名贵（这块料子很名贵）
　　 B 类　＊畅通道路（畅通的道路）　道路畅通
　　　　　＊昂贵价格（昂贵的价格）　价格昂贵

＊大方举止(大方的举止)　举止大方
　　＊单纯头脑(单纯的头脑)　头脑单纯

　　A类"奇怪""普通""豪华""名贵"等做定语可不加标志,做谓语要加标志,偏向于性质形容词;B类"畅通""昂贵""大方""单纯"等做谓语不加标志,做定语要加标志,偏向于状态形容词。在说话和写文章时,什么时候需要加"的"之类的标志,什么时候不需要加,我们的语感一般是不会出错的。

　　性质形容词加其他成分做谓语有以下几种情形。我们的材料中最大量的是在前面加程度副词,不过加了程度副词整个组合已经变成状态形容词了,因此都是按状态形容词统计的,例如:很懒、很对、很穷、更大、比较高、非常好、那么木、有点儿热。加"很"的用例特别多,这是不是出于音节上的考虑呢?不是。因为不光是单音节形容词,双音节形容词也很少单独做谓语,前面经常加"很",如:很高兴、很重要、很盲目、很准确、很痛苦、很冲动、很难受、很愉快、很周到、很熟悉、很困难。其次是用在否定句里,如:不馋、不对、不疼、不高、不好、不合适、不漂亮、不富有。否定句相对于肯定句而言是有标记的句式(见第三章),因此性质形容词只有在有标记的句式中才可以不加标志做谓语。再有的就是加上表时间的成分后表示变化,如:走的人多了、眼圈就红了、瘦了下来、兴奋起来。不加"了、起来"这样的成分,"红、瘦"等本身是没有变化的意思的(参看朱德熙1956:3.2节注1的特别说明),这样的用例跟加不加标志无关。

　　状态形容词做谓语大多是无标记的(占77.5％)。首先,状态形容词做谓语都不需要加系词"是"。我们的材料中虽然有23例加"是",但都是表示强调,用的是"是……的"的句式(见以下D),不用这样的句式只是语气弱一些而已。这一点跟性质形容词做谓语的情形形成鲜明的对照。

状态形容词做谓语有的必须加"的",有的不能加"的",有的"的"可加可不加,大致情形是:

A."红红、亮亮、薄薄、胖胖"这一类单音形容词的重叠式必须加"的"。

B."臭哄哄、红通通、静悄悄、傻里呱唧、灰不溜秋"这类单音词加后附成分的格式一般也要加"的",只在特殊的场合才可不加"的",如影片名"这里的黎明静悄悄"。

C."糊里糊涂、古里古怪、干干净净、老老实实"这类双音节形容词的重叠式一般也要加"的",不过不加"的"的用例也很多,尤其是后面有后继小句时,如"我看他糊里糊涂,什么都弄不明白""他在服刑期间老老实实,从不违反监规"。

D."很大、挺好、非常聪明"这类由程度副词跟形容词构成的词组一般不加"的",加了"的"是表示强调的意思。⑪在我们调查的材料中这类词组加"的"做谓语的用例都是表示强调的,如"那江南风情还是很浓的""你还真是挺闲在的""大家很平等的",用的是"(是)……的"的句式,因此这里出现的"的"与其说是形容词的后缀不如说是句子的后附成分。

E."煞白、冰凉、通红"这类双音词以及"那么长、多么新鲜、又高又大"这类以形容词为中心构成的合成词或词组,都不能加"的",表示强调也不行,如"*他的脸煞白的""*那双小手冰凉的""*这篇文章那么长的""*这些菜多么新鲜的""*这孩子特别聪明的"都不成话。⑫归纳起来大致有这么两点:

1)同样是重叠形式,双音形容词的重叠式倾向于不加"的",单音形容词的重叠式倾向于加"的"。

2)前面有程度词或类似于程度词的语素(如"煞白""冰凉"中的"煞"和"冰")不需或不能带"的"。

我们的材料也证实了这两点,这说明状态形容词的内部也是不一致的,也可以根据它们的构造形式和加不加标志"的"大致分作两类,甲类和乙类。甲类是双音形容词的重叠式(如"糊里糊涂、干干净净")和形容词前头加程度词或类程度词的合成形式(如"很大、冰凉"),它们是典型的状态形容词,做谓语不必或不能加标志"的",乙类是单音形容词的重叠(如"小小儿")和单音形容词加后附成分的合成式(如"红通通"),它们做谓语要加标志"的",因此是不太典型的状态形容词,或者说还带有一些性质形容词的性质。这样的区分符合人们的语感,至少在北京话里形容词加前缀构成的状态形容词(如"黝黑")比加后缀构成的状态形容词(如"黑兮兮")表示的程度意义更强一些。另外双音形容词本来就比单音形容词多一点状态形容词的性质,它们各自的重叠式在表示状态的程度上有所区别也就是很自然的了。⑬

如果用"黝黑"代表甲类状态形容词,用"黑兮兮"代表乙类状态形容词,那么它们做定语和谓语的标记模式如下:

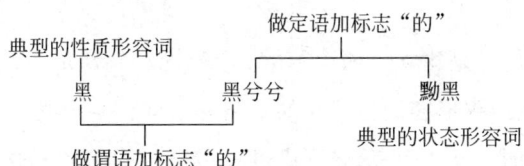

因此尽管状态形容词做谓语时加不加"的"好像很复杂,实际上还是符合形容词句法功能的"相对标记模式"的(见第二章"相对模式"的说明)。我们可以在形容词内部大致画出这样一个连续的等级:

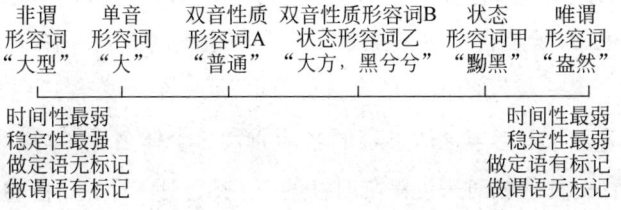

这个标记模式是"相对的",例如做定语时靠近等级左边的形容词相对靠近右边的形容词是无标记的。这个标记模式又是"关联的",形容词内部的类跟句法功能之间存在着"标记颠倒",做谓语时靠近等级右边的形容词相对靠近等级左边的形容词是无标记的。我们把双音性质形容词 B 类跟状态形容词乙类放在一起,因为从做定语看,状态形容词乙类一定要加标志,如"黑兮兮的脸",双音性质形容词 B 类单说要加标志,入句后可不加标志,如"大方(的)举止",后者似比前者更靠近等级的左端;但从做谓语看,状态形容词乙类要加标志,如"他的脸黑兮兮的",双音性质形容词 B 类不加标志,如"举止大方",后者又比前者更靠近等级的右端,因此很难在等级上把这两类词区分开来。我们的目的主要不是给形容词分小类,而是要说明形容词和句法功能之间的标记模式具有关联性和相对性。

11.4　形容词跟相关名词之间的标记模式

以上我们只是建立了两个范畴(形容词和句法成分)之间的关联标记模式,然而跟形容词相关联的范畴除了句法成分之外还有形容词所形容的名词。具体而言,名词内部可以分为类名和个体名。一个光杆名词通常是泛指一类事物的类名,例如"桌子"是指叫作桌子的一类家具,"一张桌子"才是指称个别的特殊的一张桌子,是个体名。性质形容词所形容的名词通常是类名,因为一类事物的性状是相对恒定的。我们在生活中发觉一张纸 A 是白色的,一张纸 B 是白色的,一张纸 C 也是白色的,于是得出有一类纸是白色的结论,有了"白纸"的说法,"白"成了某一类纸的恒定的属性。"纸"是一个大类名,"白纸"是一个小类名。状态形容词所形容的名词通常是个体名,因为我们认识的个别事物的性状相对来说是临时性的,一张纸现在看是白色的,但随着

时间的推移就可能不再是白色的了。先看下面的例子:

(12) a. 纸薄,(不比玻璃,)一捅就破。
　　 b. (那层)纸薄薄的,一捅就破。

(a)里的谓语"薄"是性质形容词,具有恒久性,因此被形容的主语"纸"可以理解为类名,区别于玻璃、塑料等其他类材料。(b)里的谓语"薄薄的"是状态形容词,具有临时性,因此被形容的主语"纸"必须理解为个体名,指的是某一层纸。这是形容词谓语跟名词主语之间的关联。同样,做定语的形容词跟中心名词之间也存在这样的关联,如是性质形容词做定语,被修饰的名词前不能直接带数量词,如是状态形容词则不受这个限制:

(13) *薄一层纸　　　薄薄一层纸
　　 *红一朵花　　　鲜红一朵花
　　 *香一碗饭　　　香喷喷一碗饭

这是因为光杆的名词一般是类名,加上数量词后就变成表示个别、特殊的事物了。再例如,性质形容词加"的"可以称代中心名词,状态形容词加"的"则不能称代中心名词:

(14) 白的纸→白的　　 *雪白的纸→雪白的
　　 长的竹杆→长的　 *长长的竹杆→长长的
　　 脏的衣服→脏的　 *脏兮兮的衣服→脏兮兮的

范继淹(1979)的解释是性质形容词加"的"做定语是区别性的,状态形容词加"的"做定语是描写性的。如要追根问底就应该这样来解释:要用事物的性状来称代事物,这种性状必须是事物恒久的性状,而不是临时的性状。性质形容词具有恒久性,所以可以加"的"来称代事物;状态形容词只有临时性,所以不能加"的"来称代事物。

名词跟句法成分之间也存在着关联。用谓语对主语名词加以说明时,主语名词通常是个体名,用定语修饰中心名词时,中心名词通常是类名。这是因为谓语和个体名都具有临时性,定语和类名都具有恒定性。看以下例子:

(15) 小牛拉不了车。

（这头）牛还小,拉不了车。

同样是性质形容词"小",做定语时中心名词"牛"是个类名,做谓语时主语名词"牛"是指个别的一头牛。

(16) 干干净净的衣服穿着舒服。

（这件）衣服干干净净的,穿着舒服。

同样是状态形容词"干干净净",做定语时中心名词"衣服"是个类名,做谓语时主语名词"衣服"是指个别的一件衣服。

现在我们可以建立起形容词、名词和句法成分三个范畴之间的关联标记模式:

无标记组配	无标记组配
恒久性	临时性
定语	谓语
性质形容词	状态形容词
类名	个体名

这个标记模式表示:性质形容词做定语用来形容类名是无标记的,状态形容词做谓语用来形容个体名也是无标记的,而其他的组配方式,如性质形容词做谓语形容个体名,状态形容词做定语形容类名,都不同程度地呈现出有标记性。要着重指出的是,统摄这个标记模式的是恒久性和临时性的对立,这是一种认知上的基本对立,它在人认识事物、动作和性状时始终存在。

11.5 结论

从形容词跟句法功能的标记模式看,性质形容词做定语是无标记的,尤其是表示大小、颜色、好坏这样一些概念的单音节形容词,它们的数量不大,但十分频繁地不加任何标志充当定语。而性质形容词又是典型的、无标记的形容词,从组合形态看,状态形容词几乎都是从性质形容词通过重叠、附加前后缀、前加程度副词等方式派生而来的。性质形容词可以受程度词的修饰,状态形容词不可以再受程度词的修饰。

性质形容词的内部也是不一致的,其中"大、小、红、黑、老、少、好、坏、高、低、快、慢、新、旧、软、硬"这样一些表示"度量、颜色、年纪、价值、速度、属性"等意义的单音节词是最典型的形容词。在那些形容词是一个封闭类的语言里,恰恰是表示这些意义的词构成了数目有限的形容词类。英语的形容词是个开放类,但表示这些意义的词都比较短小,不是由其他词派生而来的,在语法表现上也是最典型的形容词(参看 Dixon 1991)。汉语里上列这些词不仅有悠久的历史,而且在任何一个时代都是人们表述事物性质的基本词汇。(张伯江 1994b)

对这个结论有几个问题需要澄清。首先有人会提出反对意见:性质形容词做谓语一般要加标志,但单个动词做谓语也很受限制,要附加一些成分才行,如不说"我尝",要说"我尝了/我尝过/我尝了尝"等等。表面上看这好像违背了标记理论,因为动词的典型功能是做谓语。其实不然。按照标记理论,用形态标准判别有无标记项时包括组合形态和聚合形态两个方面。无标记项的组合形态比较简单而聚合形态比较复杂,有标记项的聚合形态比较简单而组合形态比较复杂。(见第二章 2.3 节)动词本身需要比较复杂的、与时间有关的聚合形态,这些聚合形态在动词做谓语(无标记用法)时就充分表现出来,在动词做主宾语和定语时(有标记用法)就不再全部保留。这跟标记理论正好是一致的。性质形容词也能带上表时间意义的成分做谓语表示事态变化,如"花儿红了""气球大起来了",但正如前面已经指出的,性质形容词表示事物恒久的、静止的属性,本身不需要表时间意义的成分。

第二个问题是,非谓形容词都是不加标记充当定语而且只能充当定语,那么非谓形容词是不是最典型的形容词?崔永华(1990)就根据做定语这一条标准认为非谓形容词才是真正的形容词。我们不这么认为。因为按照范畴的典型理论(见第一章1.3节,第十章10.3节),任何一个范畴的确立都不是依靠一两条必要和充分条件,而是凭借一束通常聚集在一起的特征(a cluster of features)。范畴的各个成员其地位不是均等的,完全具备这一束特征的是典型的成员,只具备其中一部分特征的是程度不等的非典型成员。就形容词这个范畴而言,定义它的那一束特征除了充当定语之外,至少还有"有程度差别"这一特征。(见第十章10.4节)"有程度差别"是形容词的典型特征之一,名词和动词一般缺乏这个特征。在那些有形态变化的语言里,形容词的形态变化(比较级、最高级等)都跟程度比较相关。我们用能不能受"很"修饰作为判定汉语形容词的标准之一,就是以形容词有程度差别为理据的。因此按照词类范畴的典型理论,非谓形容词由于缺乏"有程度差别"的特征而属于非典型的形容词。另外从组合形态看,有许多非谓形容词如"大型""高级""慢性"等都是典型的单音形容词的派生形式。非谓形容词的地位也很不稳定,处在不停的变动之中。(见李宇明1996)[14]

还有一个问题是名词做定语是否比形容词做定语更自由,这个问题已在上一章10.5.1.3节澄清。

附 注

① McCawley 的观点站不住,因为他把"薄纸"和"薄饼"混同起来,都看作是复合词。见上一章注⑨。

② 做定语的32%中有一部分是修饰充当谓语的名词的,Thompson 认为这样用的形容词往往跟做谓语的形容词很接近,例如"他是聪明人"中的"聪明"虽然做定语修饰"人",但这个"人"在言谈中的信息量极低,说"他是聪明人"等于是说"他很聪明"。这样看来,形容词做谓语的比例要高于68%。

③ 只是说跟语体"可能"有关,因为 Chafe(1982:41-42)也以英语会话作为调查对象,结果跟 Thompson 的结果相反,每千字形容词用作定语为33.5次,用作谓语为15.8次。Croft(1992)调查了4种土著语言,结果也跟 Chafe 的结果相一致,形容词做定语和做谓语的比例大致为2∶1。

④ 朱先生也用这条原则来定义副词:能不能修饰动词或形容词是指能不能不带"的"字直接修饰动词或形容词。

⑤ 只有单音节形容词重叠式加不加"的"有点关系,不加"的"的朱(1961)认为有一些是形容词词干,如"红红、扁扁、甜甜、新新",有一些则是副词,如"好好、快快、满满、小小",因为它们只能做状语,但它们毕竟还是形容词的派生形式,因此朱(1956)统称为"形容词的复杂形式"。

⑥ 朱先生所说的限制条件,一是前面加的数量词限于数词"一",二是整个结构往往处于宾语的地位。他说如果符合这两个条件,不仅是"很A的"就是单独一个形容词也都可以临时体词化,例子是"晚间必然是灯火通明的,现在却只剩下一片死沉沉"和"四邻八舍的那些个房子都烧了个干净"。但是这里的"死沉沉"和"干净"虽然已经体词化,跟体词化了的"很大的"是很不一样的,用朱先生(1983)的术语,前者是"自指",后者是"转指"。朱先生还提到陆志韦先生(1956:255)指出的一个现象,北京话里有两个"很",一个读上声,一个读去声,后者似乎专门用来跟形容词造成体词性结构。不过"很"字这种语音上的差别在当今北京话中几乎已经消失了。

⑦ 最近石毓智在一篇文章(未刊)中全面论证了"的$_1$""的$_2$""的$_3$"跟数量有关的统一的句法功能,并从方言和历史两个方面论证了"的"跟量词的联系。

⑧ 这种解释在构词法里不适用,因为有"黑墨、咸盐、酸醋"一类的说法。

⑨ 只是有这种可能,因为按我们的统计,状态形容词做定语的比例比做

谓语的比例低不了多少,而性质形容词又以做定语为主。当然,状态形容词做定语、性质形容词做谓语一般都要加标志(见下)。

⑩ 这也证明上文关于"的"的语法意义跟数量有关的推测是有道理的。

⑪ "怪+形容词"是个例外,必须加"的"才能做谓语。如"外面怪冷的"。

⑫ "煞白煞白、冰凉冰凉、通红通红"这类重叠式做谓语倒可以加"的",如"那双小手冰凉冰凉(的)""他的脸通红通红(的)"。

⑬ 朱德熙(1956)曾认为性质形容词的内部不一致,单音节词和双音节词有很大区别,而状态形容词内部比较一致,但朱先生在临终前最后一篇文章(1993)也开始考虑状态形容词内部的分类。他根据十种方言里状态形容词做定语时的不同表现把状态形容词大致分作两类,甲类和乙类,两类的区分跟词的内部结构有对应关系。他注意到一种倾向,同样是单音形容词加附加成分的派生形式,附加成分加在词根前面的(如"笔直""雪白")倾向于甲类,附加成分加在词根后面的(如"软绵绵""白雪雪")倾向于乙类。还有一种倾向朱先生没有明确指出,那就是由单音节形容词派生的形式比双音节形容词派生的形式更倾向于乙类。例如下洋话里形容词根前面加程度副词"几"构成的状态形容词属于乙类,只有"an+双音节形容词"属于甲类。平南白话里只有一种形式的状态形容词属于乙类,而这种形式是单音节形容词的派生形式。因此朱先生根据一些方言状态形容词做定语的表现划分出的甲乙两类跟我们根据北京话状态形容词做谓语的表现划分出的甲乙两类大致是对应的。问题是在那十种方言里,甲类(典型的状态形容词)做定语只加"的₂",而乙类(不太典型的状态形容词)做定语先加"的₂"再加"的₃",也就是说做定语时乙类要比甲类反而多加一个标志,这似乎违背了我们建立的标记模式。我们还不知道产生这种现象的确切原因,一种可能的解释是:在那些状态形容词必须名词化(加"的₃")才能做定语的方言里,这样的状态形容词必须是地道的状态形容词。换言之,性质形容词一旦通过变形向状态形容词转变,必须变为地道的状态形容词才罢休,不妨称这种现象为变形的"惯性"。例如"黑兮兮"(乙类)因为还带有一些性质形容词的性质,加了"的₂"才成为地道的状态形容词,然后再加"的₃"做定语。

⑭ 英语中也有只能做定语的形容词,如 main 和 principal 不能做谓语,跟一般的形容词很不一样:

  the main factor　　　　　＊This factor is main.
  his principal achievement　＊His achievement is principal.

这些词也不能受程度副词修饰：

*a very main factor

*his equally principal achievement

因此不是典型的形容词,有的语法学家也把它们叫作"区别词"(determiners),见 Matthews(1981:152)。

第十二章 形式和意义之间的对称和不对称

12.1 形义间的扭曲关系

在共时平面上,形式和意义之间往往不是一对一的对应关系,而是一种不对当的关系,赵元任(1968)称之为"扭曲关系"(skewed relations)。"所谓扭曲关系,指的是那种有时候是规则的对称的,有时候是不规则的不对称的。"(吕译本 11 页)赵先生曾不止一次举下面的例子来说明这种扭曲关系。(Chao 1959,赵 1968,1980)

"吃'饭""看'报"等动宾结构,重音在第一音节。"煎．饼""劈．柴"等定中结构,重音在第一音节。形式(轻重音)和意义(结构关系)之间似乎是一对一的关系,可是进一步的考察就会发现,虽然动宾结构的重音总是在宾语上,可是重音在第二音节上的不一定都是动宾结构。例如"烙．饼""炒．饭"在语法上是两可的,可以是动宾结构,也可以是定中结构。另一方面,重音在第一音节的,如"烙．饼""炒．饭",则一定是定中结构。①因此在方法学上,赵先生多次告诫分析者"不要期望韵律特征和结构之间会有一种十分简单的对应关系"(Chao 1959:304),在语言现象中寻找系统性和对称性不要"走得太远"。(赵 1968/吕译本 11 页)

扭曲关系是一种特殊的不对称。第二章曾提到有标记和无标记的对立在语音和语法两个方面的区别,在语音上,有标记和无标记的对立是一种排除关系,即有标记项是对某一特征的肯定,无标记项是对这个特征的否定,两者互相排斥,如/b/是对特征[带声]的肯定,/p/是对这一特征的否定。在语法上,有标记和无标记的对立可以是一种包容关系,即有标记项是对某一特征的肯定,无标记项对这个特征既不肯定也不否定,例如英语 woman"女人"和 man"人/男人"的对立,有标记项 woman 肯定了特征[阴性],无标记项 man 既不肯定也不否定这个特征,它包容有标记项 woman 的所指。我们认为这是因为语法单位,从语素到句子,都是形和义的结合体,形义之间既对应又不对应的扭曲关系就是这种包容关系。音位的对立虽然能区别意义,但音位本身并不是形和义的结合体。

前面各章涉及的种种语法和词汇中的不对称大多属于这种扭曲关系。反义形容词"大"和"小"的对立是最明显的例子(见第八章)。肯定和否定对立的消失(第七章),结果也是造成形式和意义的扭曲关系,肯定和否定两种形式都表示同一种意义。宾语相对动词的位置(形式)和宾语的有定无定(意义)也是这样的关系:OV 中的 O 总是有定的,VO 中的 O 可以是有定的也可以是无定的,也就是一个形式 OV 只对应于一个意义,一个形式 VO 对应于两个意义。(见第九章9.2.2节)再看一个复杂点的例子:

(1) 识一字　　不识一字
　　*一字识　　一字不识

这里至少有两层扭曲关系,"一"是个极小量词,"识一字"只是肯定一个极小量,"不识一字"可以是否定一个极小量也可以是否定全量,也就是肯定形式只有一个意义,否定形式有两个意义。肯定一个极小量词只有一种语序形式"识一字",否定一个极小量词有两种语序形式"不识一字"和"一字不识",也就是一个意义只有一种形式,一个意义有两个形式。我们在第六章已用关联标记模式说明这些错综复杂的关系。这样的扭曲关系大都可以用一个"单向蕴含"的逻辑式来表示,例如宾语的有定无定跟宾语位置的关系("⊃"是表示"蕴含"的符号):

$$OV \supset O \text{ 有定}, \quad \text{或} \quad \text{无定 } O \supset VO$$

这一章将以轻重音和结构关系之间的扭曲关系为例,说明形义间这种扭曲格局形成的原因之一是语言形式和意义在演变过程中的不同步。

12.2　语言演变和扭曲关系

12.2.1　轻重音和语义的扭曲关系

以"烧纸"为例,轻重音(形式)和结构关系(意义)之间的扭曲关系可用以下方阵图来表示:

	动宾结构	定中结构
第二音节重读"烧'纸"	+	+
第二音节轻声"烧．纸"	−	+

动宾结构的"烧纸"意思是烧纸钱等,定中结构"烧纸"是指一种纸钱。这个方阵左下角的位置是个空当:第二音节读轻声的动宾结构不存在。也可以用单向蕴含的逻辑式来表示这种扭曲关系:

$$\text{动宾结构} \supset \text{第二音节重读}$$

这个式子表示:动宾结构的重音一定在第二音节,但反过来重音在第二音节的不一定是动宾结构。同样也可以用下式来表示:

$$\text{第二音节轻声} \supset \text{定中结构}$$

它表示:第二音节读轻声的一定是定中结构,但反过来定中结构不一定是第二音节读轻声。

形义之间的扭曲关系据我们考察可以细分为两种类型,上面所举的是一种类型,图示如下:

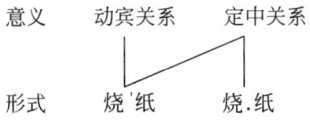

第二音节轻读只有一种意思,第二音节重读有两种意思,也就是说,"烧纸"的第二音节重读时有歧义。赵元任先生举的扭曲关系的例子中,以下一些也都属于这种类型。

(2) 要走了。

　　(a) 想走了,"要"是助动词。

　　(b) 索取并拿走了,"要"是主要动词。

这句话有(a)(b)两种意思,"要"作主要动词解时必定重读,但"要"作助动词解时既可轻读也可重读,也就是说,"要"字重读时有歧义:

(3) 他有时候睡觉。

　　(a) 他有睡觉的时间,"有时候"是动宾结构的短语。

　　(b) 他间或睡觉,"有时候"是个复合词。

"有时候"轻读一定是意思(b),"有时候"重读可以是意思(a)也可以是意思(b),这也是重读时有歧义的例子。

同类的例子还有"多少"。"能给中国多少就多少"这句话有歧义,一种意思(a)是尽量给得少,"多少"表示少的程度,一种意思(b)是尽量给得多,"多少"指数量大小。"少"轻读时一定是意思(b),"少"重读时则(a)(b)两种意思都有。

我们用 M 表示意义,用 F_1 表示重读形式,F_2 表示轻读形式,那么上述扭曲关系可概括为:

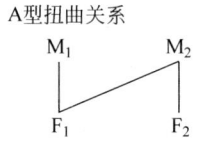

A型扭曲关系

我们把这种类型的扭曲称作 A 型。还有另一种类型的扭曲关系,仍用赵先生举的例子:

(4)飞过大西洋。
  (a)在大西洋上空飘过,"过"表示"经过",是趋向动词。
  (b)曾经飞越大西洋,"过"表示"曾经",是动态助词。

"过"重读肯定是(a)的意思,"过"读轻声则可以是(b)的意思也可以是(a)的意思:

(4)跟上面(2)(3)的区别在于,(2)(3)是轻读一个意思重读两个意思,而(4)是重读一个意思轻读两个意思。如用方阵来表示也可看出两者的区别,跟前面的方阵比较,这个方阵(见下)里的空当是在右上角而不是左下角:重读而表示"曾经"的"过"字不存在。

	经过	曾经
"过"重读	+	−
"过"轻声	+	+

吕叔湘(1984b:104)指出"也、又、都、就、还"这几个副词的轻重读音跟意义的关系:用于某些个意义,可轻可重;用于另一类意义,就不能重读,只能轻读(不一定读轻声),例子如下。

(5) 可轻可重　　　　　　　必轻

也　我知道的你也知道。　　我的处境你也不是不知道。

又　这一回你又是头一个。　别问我,我又不是头一个。

都　我们都知道了,你甭说了。连我们都知道了,他还能不知道?

就　你就去吗?　　　　　　叫你去你就去吗?

还　怎么二姐还没来?　　　等会儿,二姐还没来呢。

包含这些副词的某些句式会有歧义,以"也"为例:

(6) 你也不是外人,我都告诉你。

　　(a)"也"表示"同样",实义。

　　(b)"也"表示委婉语气,虚义。

"也"重读一定表示实义,"也"轻读可以表示实义也可以表示虚义。副词"再"的情况类似。下面两个句子似乎是轻重音和意义一一对应:

(7) (a) 明天'再看一遍吧。

　　(b) '明天再看一遍吧。

(a)重音在"再",表示动作重复:今天看了一遍,明天再看一遍。(b)重音在"明天",表示动作将在某一情况下出现:今天不看了,明天再看。然而句子的重音还可以落在其他位置上,如落在动词"看"上,"明天再'看一遍吧"可以理解为(a)也可以理解为(b)。这就是说,"再"字轻读仍然可能有歧义。

(8) 这篇文章你给我看看。

这句话"给"做动词时是"文章你拿给我看看"的意思,"给"做介词时是"我要你给看看"的意思。同样,"给"重读是前一种意思,但"给"轻读两种意思都可以。

这种轻读有歧义的扭曲关系可概括如下,称作 B 型扭曲关系:(比较 A 型)

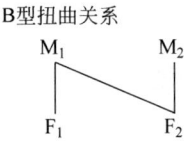

B型扭曲关系

A 型和 B 型两种扭曲关系的共同之处是形式和意义之间既对称又不对称,对称表现在大体上:

意义	形式	意义	形式
实义	重读	综合意义	= 短语
虚义 = 轻读		词汇意义	= 复合词

以上"要""过""也"是轻重音对应于虚实义的例子,"有时候"和"烧纸"是短语和复合词分别对应于综合意义和词汇意义的例子。这种对应也就是语言结构的"象似性":语言形式和意义之间的结合不是任意的而是有理据的,形式是意义的"映象"。(见第一章1.3节)这里涉及两种"关系象似",一是"数量"的象似:传递的信息量越大或越重要,负荷信息的形式也就越长越大。实义比虚义的语义分量大,重读比轻读的音量大。二是"疏密"的象似:两个意义之间的联系越是紧密,相应的两个形式之间的结合也越是紧凑。复合词跟短语相比,构成成素的意义联系更紧密,像"烧.纸"那样只保留头一个音节重读就使整个形式合成一体。

A 型和 B 型又都有不对称的一面,都表现在有一种形式对应于一种意义,而另一种形式对应于两种意义,形成扭曲关系。两种扭曲的差别在于扭曲的方向不一样,A 型是重读形式对应于两种意义,B 型是轻读形式对应于两种意义。

12.2.2　形式和意义演变的不同步

语言形式演变的一个重要方面是语音的简化或弱化,如音节的缩短,音量的减弱;语言意义演变,一个重要方面是语义虚化,即有实在意义的词逐渐演变为意义虚灵的语法成分的过程,这种过程通常称作"语法化"(grammaticalization),还有一个重要方面是"词汇化"(lexicalization),即短语或词组逐渐凝固或变得紧凑而形成单词的过程。语法化和词汇化都是有一定规律的。(可参看 Hopper 1991, Heine, *et al.* 1991,沈家煊 1994b)首先,这两种演化过程是单向的:一般总是由实词变为虚词,极少有虚词变为实词的;一般也总是由短语或词组凝聚为单词,极少有单词扩展为短语或词组的。主要动词"要"变为助动词"要",表"经过"的动词"过"变为时态后缀"过",有实在意义的副词"也"变为表委婉语气的"也",动词"给"变为介词"给",这些都是实词虚化的例子。短语"有时候"变为复合词"有时候",动宾词组"烧纸"变为名词"烧纸"②,这是词汇化的例子。无论是虚化还是词汇化,也都体现了形义之间的象似性:意义变得越是虚灵,形式也就变得越小越简单;两个意义单位之间的联系变得越是紧密,两个形式单位之间也就变得越是紧凑。

然而形式的演变和意义的演变之间存在着不对称,具体说有这样两条规律,一条是"形变滞后",一条是"意义滞留"。(参看 Hopper 1991)这两条演变规律正是在共时平面上造成形义间两种扭曲类型的原因。

所谓"形变滞后"就是说形式的变化滞后于意义的变化,用 Sapir (1921)的话说就是"形式比它的概念内容存活得长久"。人创造性地使用语言,不断从旧的词语引申出新的意义,但不可能每引申出一个新的意义马上就用一个新的形式来表示。一个形式 F_1 的意义 M_1 已经变为 M_2,但至少在一段时间内,形式仍然是 F_1 而没有变为 F_2。因此在这段时间内,F_1 既表示 M_1 又表示 M_2。这就在共时平面上造成形义间扭曲关系的 A 型。例如主要动词"要"虽然在意义上已经虚化为助动词,但重读形式仍可暂时保持不变;动宾词组"烧纸"虽然在意义上已经融合为名词"烧纸",但第二音节重读的形式仍可暂时保持不变。因此可以将 A 型扭曲关系重新画成如下图形,其中"⇒"表示虚化或词汇化过程中形义演变的方向:

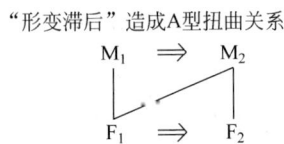

所谓"意义滞留"就是说变化后的形式仍然保持原来形式的意义。一个形式已经由 F_1 变为 F_2(因为意义已由 M_1 变为 M_2),但至少在一段时间内,或者在一定的格式里,F_2 仍然保持意义 M_1 的一部分或全部。因此 F_2 既表示 M_2 又表示 M_1。一个明显的例子是"了"字,看以下对话:

(9) ——这么多饭菜我们怎么吃得了(liǎo)。

——把菜都吃了(.lou),饭可以剩下。

"了(.lou)"由表示完结的"了(liǎo)"虚化而来(马希文 1983),但在这里"了(.lou)"基本上还保持"了(liǎo)"的意义。再例如,动态助词"着"(.zhe)由表接触义的动词"着"(zháo)虚化而来,但在某些用例里,语音上弱化了的"着"(.zhe)仍然保留"接触"的实在意义:

(10) 对不起,我踩着(.zhe)你了。

　　　当心点儿,别切着(.zhe)手!

"意义滞留"的结果是形成形义间扭曲关系的 B 型,例如由动词"过"虚化而成、读轻声的时态后缀"过"可以仍然保持"经过"这一实义;表实在意义的副词"也"虚化为表委婉语气的"也"后只能轻读,但仍可保持"同样"这一实义。因此可以将 B 型扭曲关系重新画成如下图形,其中"⇒"表示形义演变的方向:

"意义滞留"造成B型扭曲关系

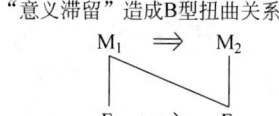

形式和意义之间对称中有不对称,不对称中又有对称。先讲不对称中有对称。上述 A 和 B 两种扭曲类型都各自呈现出对称中的不对称,但如果把两种扭曲模式合起来看,则又呈现出对称性。具体说明如下。就虚实义和轻重音的关系而言,A 型是一种单向蕴含,不对称:

A 型:$M_1 \supset F_1$　　意义实⊃重读　　主要动词"要"⊃'要走了

　　　$F_2 \supset M_2$　　轻读⊃意义虚　　要'走了⊃助动词"要"

B 型也是一种单向蕴含,不对称:

B 型:$F_1 \supset M_1$　　重读⊃意义实　　飞'过⊃"过"表"经过"

　　　$M_2 \supset F_2$　　意义虚⊃轻读　　"过"表"曾经"⊃飞.过

把 A 和 B 合起来结果就得到 M 和 F 间的等值式或对称:

　　$M_1 = F_1$

　　$M_2 = F_2$

所以说形式和意义总体上是对称的,不对称是局部的。再说对称中又有不对称。语言处在不断的演变之中,形义的演变在语法化和词汇化的过程中要受"形变滞后"和"意义滞留"两条规律的支配,形义间的不对称因而是绝对的,无时不存在的,而对称则是相对的。上面讲的 A 和 B 两种扭曲模式,A 型是重读形式对应于两种意义,B 型是轻读形式对应于两种意义,A 型和 B 型之间好像是互补和对称的,其实不然。A 型重读形式 F_1 对应于 M_1 和 M_2,在一段时间内 M_2 可以没有对应的 F_2。B 型轻读形式 F_2 对应于 M_2 和 M_1,M_1 早已有对应的 F_1 存在。因此上面两种扭曲图形应该重新图示如下,以表示出 A 和 B 之间局部的不对称:

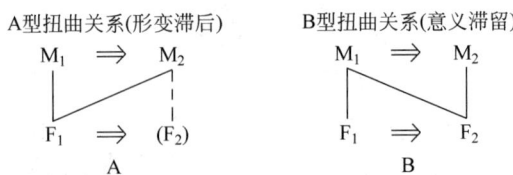

括号和虚线表示 F_2 暂时不存在。这种不对称显然是由语法化或词汇化的单向性决定的,因为一般不存在 $M_2 \Rightarrow M_1$ 和 $F_2 \Rightarrow F_1$ 的逆向演变。③可见,语言不仅在较低层次上的不对称意味着较高层次上的对称(石毓智 1992:203),而且在较高层次上的对称又意味着更高层次上的局部不对称。

12.3 "象似性"和"元标记模式"

形式和意义总体上的对称也就是语言结构的"象似性"。结构主义语言学和当今的形式主义语言学都强调语言符号的"任意性",忽视或否认语言符号的"象似性",认为人类语言区别于动物"语言"的标志就是人类语言符号的"任意性":

……已知的任何一种动物的信息传递系统……或者只由一些

固定的、数目有限的信号组成,每个信号与一个特定的行为范围相联系……,或者只利用一些固定的、数目有限的语言面,每个语言面与一个特定的非语言面相联系,联系的方式是在语言面上选择一个点,这个点就确定和标志相应的非语言面上的一个点……,而当我用人类语言随便说一句话时……我并不是在语言面上选择一个点来标志相关的非语言面上的一个对应的点……(Chomsky 1968《语言和心灵》:69-70)

按照功能主义语言学的观点,一定的结构体现一定的功能,语言的结构是语言为实现语言的功能而自我调适的结果,语言结构是经验结构或概念结构的模型,因此形式和意义之间的联系不是任意的,是"象似的",有理可据的。④前面各章在讨论不对称现象的同时经常提到语法结构的象似性,例如否定词和被否定成分的相对位置跟否定的辖域呈现出顺序上的象似(第四章4.5节),双音节反义词的构成先出现显著的成分也体现出顺序上的象似(第八章8.4.2节),名词做定语修饰名词时加不加"的"字体现出疏密上的象似(第十章10.5.1.3节),本章提到虚实义和轻重音之间存在量上的象似,短语/复合词和综合意义/词汇意义之间存在疏密上的象似,等等。这里再举一个否定词移位的例子。Jespersen(1917)早就指出,许多语言都有一种强烈的倾向,逻辑上属于从句的否定词被"吸引"到主句动词前,例如英语通常用(a) I don't believe he has come"我不认为他已经来了"表达(b) I believe he has not come"我认为他还没有来"的意思。Poutsma(1928)最先指出,用(a)来表示(b)义时,否定的程度有所减弱,也就是说,(b)是对"he has come"的直接否定,而(a)是对"he has come"的间接否定。下面的例子很能说明这一点:

(11) 不,我不觉得丢人,您的意思是说我很没本事,丢人吗?我不觉得女的甩了我,我就丢人。我觉得这没我的责任,错在女方。不仅不丢人,而且很轻松。(桑晔、张辛欣:《北京人》)

显然,说"我觉得不丢人"比说"我不觉得丢人"的否定程度要强一些。再看下面的例子:

(12) a. 我觉得我当时发现没有人在仓库里。
　　　b. 我觉得我当时没发现有人在仓库里。
　　　c. 我不觉得我当时发现有人在仓库里。

显然,如果作为证词,对"有人在仓库里"的否定,(a)最强,(b)次之,(c)最弱。说话人对一个命题的否定判断越是没有把握,就越倾向于把否定词移到较远的位置。可以说存在这样一条规律:

　　否定词离被否定的成分越远,语义上否定的程度越弱;
　　否定词离被否定的成分越近,语义上否定的程度越强。

这条规律应看作语言"象似性"中"疏密象似"的体现,即两个语言成分的相隔距离跟两个相应概念成分的疏密相一致。

Bolinger(1977:p.x)指出,"语言的自然状况是维持一个形式对应一个意义,一个意义对应一个形式"。然而这种形义间一一对应的观点并不完全符合语言事实,如上所述,形义之间经常是一种既对称又不对称的扭曲关系。那么究竟怎样来看待语言结构的象似性呢?我们认为象似性也可以纳入语言的标记理论。Bolinger所谓的形义间一一对应的"自然状态"也就是无标记状态。无标记状态是大多数的状态、一般情形下的状态。例如,讲到短语和复合词这两种形式跟综合意义和词汇意义的关系,赵元任(1968)指出:大多数短语的意义是综合的,如"有衣裳""一杯茶""打'手""甜瓜"(甜的瓜)等,少数短语的意义是词汇的,如惯用语"半瓶醋""有意思";大多数复合词的意义是词汇的,如

"大衣""光阴""打.手""甜瓜"(一种瓜)等,少数复合词的意义是综合的,如临时词"三天""跳出来"。也就是:

	综合意义	词汇意义
短语	多数短语	惯用语
复合词	临时词	多数复合词

这里短语和复合词是从形式上来区别的,主要看内部成分是自由还是黏着的、结合面是宽是窄以及轻重音等。短语在形式上比较松散,复合词在形式上比较紧凑。因此"总的说来,意义的专门化和形式特征之间有一定程度的关联"(吕译本91和183页)。按标记理论,普遍的、呈多数的现象是无标记的,特殊的、呈少数的现象是有标记的。综合意义取短语形式属多数情形,因此是无标记的,词汇意义取复合词形式也属多数情形,也是无标记的,而惯用语和临时词这种意义和形式脱节的情形相对是少数,因此是有标记的。虚实义跟轻重音的关系也一样,多数情形是虚义轻读、实义重读,相反的虚义重读或实义轻读只是少数。这就是说形式和意义之间的象似或对称是无标记的,不对称是有标记的。(参看 Lapointe 1986)语言中"对称"和"不对称"这两个词语就是不对称的,肯定式"对称"是无标记项,否定式"不对称"是有标记项。我们把这种标记模式称为"元标记模式"(meta-markedness pattern),这个"元"有两层意思,一是关于标记性的标记模式,二是形式和意义是语言最根本的对立,具体说就是:

	无标记配对	无标记配对
形式	无标记	有标记
意义	无标记	有标记

意义上简单的是无标记项,复杂的是有标记项,例如 woman(有标记项)的意义比 man(无标记项)复杂,前者多一个明确的[阴性]特征;

否定(有标记项)比肯定(无标记项)复杂,因为否定先设一个相应的肯定命题(见第一章)。意义简单,认知上的处理就比较简单,花费的时间较少,意义复杂,认知上的处理就比较复杂,花费的时间就较长。无标记的意义和无标记的形式构成一个无标记的配对,有标记的意义和有标记的形式也构成一个无标记的配对,这种关联标记模式就是形式和意义之间的"象似性"。因此语言结构的"象似性"就是一种"元标记模式"。⑤

不同语言的语法象似性的程度或"元"无标记性的程度是否有差异呢?戴浩一(Tai 1985,1989)发现汉语中一大批过去认为不相干的语序现象可以用一条时间顺序的象似原则来作出统一的说明,即语序的先后直接反映事件发生的先后,他还拿汉语跟英语作比较:

(13) 他在马背上跳。He is jumping on a horse's back.
   他跳在马背上。He jumped on a horse's back.
(14) 他坐公共汽车来这儿。He came here by bus.
   他来这儿坐公共汽车。He came here to take a bus.

汉语的语序跟事件实际发生的顺序相一致,"在马背上跳"是先在马背上后跳,"跳在马背上"是先跳后在马背上。英语则用同一种语序表达两种实际发生的顺序。因此戴认为汉语语法的象似性程度或(元)无标记性的程度要高于英语。对这个结论还可作进一步的思考。"象似性"包括"成分象似"和"关系象似"两种,前者指一个形式单位对应于一个意义单位,后者指形式单位之间的关系对应于意义单位之间的关系,包括数量、疏密、顺序的对应。(见第一章1.3节)从关系象似特别是顺序象似看,汉语的象似性程度总体上是高于英语的,⑥但是从成分象似看,许多印欧语言名词的主格、宾格、与格等各有各的标志,体现了成分象似,汉语名词很少加这样的标志,不太遵循成分象似的原则。例如,汉语"考学生""考大学""考物理""考研究生""考第一名"等等,在印欧语里"考"的宾语往往要加不同的格标志来表示跟动词之间不同的语义关系。也许是每种语言内部在象似性上都要取得一种均衡,在某些方面象似性的程度比较高,在另一些方面象似性的程度就比较低。

12.4　结束语:语言的对称与不对称

　　语言的对称和不对称是同一个问题的两个方面,相反相成。语言总体上是对称的,清音有对应的浊音,送气音有对应的不送气音,形容词"大、长、高"有对应的"小、短、矮",肯定句有对应的否定句,主动句有对应的被动句,形式和意义也是大致对应的。语言在局部上又是不对称的,对应的两项中总是有一个是无标记项,一个是有标记项,形式和意义之间也有一种扭曲关系。换一个视角,语言的不对称是绝对的、永久的,而对称是相对的、暂时的。对称的状态一旦形成,马上又会产生新的不对称。如果在达到对称后不再出现不对称,语言的生命也就完结了。

　　不对称的产生有生理和心理的原因。徐通锵(1990)指出语音系统的不对称是由生理心理的条件决定的。受生理条件的限制,人的口腔构造是上下前后不对称的,因此各部位互相协同配合的发音能力是不对称的,有些强,有些弱,这正是各种语言中舌根辅音与前高元音的组合容易发生腭化的原因(见 Meillet 1925)。心理上人往往顾此失彼,结果在语言一个层次上求得对称会造成另一个层次上的不对称。徐文举的例子是浊音清化使汉语声母系统的不对称消失,而结果又在声、韵、调的配合关系上出现了新的不对称。本书说明语法中的不对称也有生理和心理的原因。人体构造的不对称特别是视觉器官部位的不对称是造成方位词不对称的根源,而方位概念的不对称又引申出一系列其他概念的不对称;认知上显著事物的易处理性、人倾向常规的心理都是造成种种反义词不对称的原因;"施事-动作-受事"这样的关于事件或活动的认知模型是形成主语和宾语不对称的根源。本书还着重说明语言交流策略和语用规律是造成语法不对称的重要原因。例如,语言交流中的"适量准则"是造成否定量域偏向性的根源,"礼貌原则"也是造成许多词语和格式不对称的原因。

此外,语言的不对称还跟语言演变的规律有关。人总是通过联想和类推给旧的语言形式赋予新的意义,人说话时为了图省力语音形式有自然销蚀的趋势,意义和形式总处在不断变化之中。Wang(1969)提出音变的"词汇扩散"规律是造成词汇上语音不整齐的原因,这就是从语言演变的规律来解释共时平面上的不对称。我们在上面已说明,语言音义演变的不同步规律也是造成音义间不对称的一个原因。

语言结构的不对称和语言演变是互为因果的关系。由不对称而求对称,这是人的正常心理和行为,也是语言演变的一个原因。Sapir(1921:99)曾举例说明这一点:英语疑问代词和关系代词 which, what, that 形式上都不分主格和宾格,疑问副词 where, when, how 也都是不变格的,唯有疑问代词 who, whom 有变格。"失群孤雁总是性命难保",当代英语已经很少说"Whom did you see?"(你看见谁了?),一般都说成"Who did you see?"这样就由不对称实现了对称。徐通锵(1990)和梅祖麟(1996)也分别说明语音系统和语法系统内部的不对称如何导致语言的演变。我们在第七章说明形义间的不对称如何导致语言的演变:"好不蛮横"作为反语表示的是"很蛮横"的意思,形式和意义不一致,于是形成双音副词"好不","好不蛮横"的形式就跟表达的意义一致了。反过来,前面证明语言本身的音义演变规律也是造成音义间不对称的一个原因。因此从方法学上讲,可以以语言结构的不对称为依据来推测语言演变的方向,也可以反过来以语言演变的规律为依据来解释语言结构的不对称。

  语言表达受两股势力的左右,一方面语言表达者总想表达得全面而精确,那就是尽量追求形式和意义之间的象似性,一个概念对应于一个形式,一个形式对应于一个概念;另一方面表达者又总想省力,也就是尽量追求效率和经济性。因此从语言表达看,标记模式是最佳的解决方案:常用的无标记项在形式上简化或弱化,这样就兼顾了象似原则和经济原则。从认知上看标记模式也是人认识事物、建立范畴的最佳办法。第二章说明标记模式和典型范畴相通,一个范畴的典型成员一般也就是这个范畴的无标记项。一棵树上没有两片完全相同的叶子,人如果为认识的每一个个体都建立一个范畴,范畴的数目将远远超出人的心理能力。一般的做法是建立起一个范畴后就拿这个范畴作模子来套新认识的事物,看它们在多大程度上跟这个模子相吻合,吻合程度高的是范畴的典型成员或无标记成员。(见 Lakoff 1987)

  "关联标记模式"是本书着力阐述的一个重要概念,这实际是说标记模式受"语境"的制约。Givón(1990:946)指出,有定名词和无定名词哪一个是无标记项取决于名词在句中是做主语还是做工具旁语,例如"老张用凉水洗脸",有定名词"老张"做主语是无标记的,无定名词"凉水"做工具旁语也是无标记的,而无定名词做主语、有定名词做工具旁语都是有标记的。有定名词和主语之间有自然的联系,无定名词和工具旁语之间也有一种自然的联系,构成两个互补的无标记配对。我们在以上各章多处表明语法中的对称和不对称现象,包括形式和意义之间的对称和不对称,是受关联标记模式支配的。由于语境的变化,包括上下文和说话的大环境,都能使一般的标记模式发生颠倒。这种关联标记模式不仅存在于语言中,也存在于我们所认识的世界中:给正常人注射吗啡是有标记的行为,但给受病痛折磨生命垂危的病人注射吗啡是正常的无标记行为；七月炎夏吃冰棍是无标记的行为，腊月隆冬吃冰棍是有标记的行为，但这是就地球上大多数人生活的环境而言的，如果换到澳大利亚和新西兰，标记模式就要颠倒过来。这确实说明语言行为是人的一般行为的一部分，语言能力是人的一般认知能力的一部分。

标记模式又是"多分的"或相对的，无标记和有标记的对立是个程度问题，这跟语法范畴也是典型范畴的思想是一致的。本书讨论的许多不对称现象都体现出有无标记的相对性，例如第九章讲主语是一个典型范畴，不同的语义成分充当主语的有无标记的程度是不等的；第十一章讲形容词内部从非谓形容词到唯谓形容词构成一个连续统，充当定语或谓语时有无标记的程度是逐渐变化的。有人批评迄今为止汉语语法研究大多模仿西方语言的语法，如果这是事实的话，在我们看来主要问题是从四方欣然接受了离散范畴的语法观传统，在语法分析中切分单位和分类总想一刀切，找出一些充分和必要条件来作为界定的标准。现在西方的有识之士意识到离散范畴观的不足，对范畴的非离散性有了更多的关注，我们是否也应该从中领悟到些什么呢？

标记模式的原理具有普遍意义。凡是自然的联系都在人们的意料之中，意料之中的就不需要用特别的标志表示出来，因此是无标记的；凡是不自然的联系都出乎人们的意料，出乎意料的就要用特别的标志表示出来。这样的标记模式具有普遍性，而且在语言的各个层面上有一致性。本书已经证明，用标记论来解释语法中的不对称现象，可以将不同层面打通，例如把句法、语义、语用三个层面打通，把词汇和语法打通，把不同的语法范畴打通。这里再举一个例子加以说明。

无标记表达式	有标记表达式
我住旅馆	*我住食堂/我住在食堂
我吃食堂	*我吃旅馆/我在旅馆吃

"住"和"旅馆"有自然的联系,"吃"和"食堂"也有自然的联系,这两种联系都在意料之中,所以可以用无标记的表达式;"住"和"食堂","吃"和"旅馆"都没有自然的联系,如果联系在一起就出乎意料,因此要用有标记的表达式("在"是特别加的标志),过去认为是语义搭配的问题也可以作为标记模式在语法上的反映来处理。用标记论来观察语言现象的范围还可以扩大,还可以进一步运用关联标记模式的概念来分析话语或篇章,例如施事做主语只是在日常语体中是无标记的,在科学论文中受事做主语很可能是无标记的,至少是有标记的程度大为降低。

语法分析当然要切分单位和分类,但是切分和分类并不是语法研究的全部工作,也不是最终目的。例如用分布的原则给词分类,分完大类分小类,小类下面还可分小小类,分到最后是一个词一个类,因为没有两个词的分布会完全相同。语法研究的最终目的是要对语法现象作出解释,而解释可以打破已有的界线,注重概括性,以收"以简驭繁"之效。有些界线,如共时和历时的界线,句法、语义和语用三个层面的界线,不是语言本身的界线,是研究者为了研究的方便而划定的。研究者可以划定这样的界线,当然也可以打破这样的界线。这样的研究方法国内外已经有人作出尝试[7],本书只是这种新尝试的继续而已。

附　注

① 《现代汉语词典》中"烙饼""炒饭"的第二音节都不读轻声,也许是较早的北京话有轻声读法。不管怎样,如果在有些人口中出现轻声读法,那一定是定中结构。

② 名词"烧纸"是动宾词组"烧纸"词汇化的结果,这至少是一种可能。历史上用动词(组)转指相关名词的情形不乏其例,如"骑"(骑的马)、"载"(装载的物)。

③ 有人会说 B 型中 F_2 可以暂时没有对应的 M_2,如"老虎"变为"老.虎"

而意义不变。当然语言演变有语音的"磨损"而不引起意义变化的情形,但这种演变不属于虚化,虚化是以意义变虚为前提的。

④ Givón(1990:21.5)认为象似编码有生物学的基础,人类语言的象似性只不过是生物机体中普遍存在的编码象似性的一种体现。例如,作为遗传基因的物质基础的 DNA 上的三联码序列跟构成蛋白质的氨基酸的线性序列相对应,这是生物化学中的象似性。又例如,声波的音高由振动频率决定:频率高,音就高;频率低,音就低。频率的高低等级在大脑皮质的听觉部位呈现为具有象似性的线性音高图。三维空间中的外界事物在人的视网膜上投影成像,这个投影图像很可能通过视觉神经也传输到大脑。

⑤ Givón(1990)把这种元标记模式称作"元象似性"(meta-iconicity),实质是一样的。

⑥ 但在其他关系象似方面不见得是这样。例如英语名词单数和复数形式不一样,体现了数量象似,汉语单数复数一个样,不遵循数量象似。

⑦ 例如,国外有 Langacker(1987,1991),国内有石毓智(1992),后者用"定量/不定量"这对概念,将各个词类打通,对肯定否定的种种不对称作出统一的解释。

参考文献

白梅丽,1987,现代汉语中"就"和"才"的语义分析,《中国语文》第5期。
贝罗贝,1991,论"差不多""几乎""差点儿":一个汉语与法语的对比语言学问题,载 Proceedings of the 2nd International Conference on Teaching Chinese,台北:世界华文教育出版社,161-176页。
曹广顺,1986,《祖堂集》中的"底(地)""却(了)""著",《中国语文》第3期。
曹秀玲,1997,V前受事结构的功能及其表现形式,《语言教学与研究》第2期。
陈平,1987,释汉语中与名词性成分相关的四组概念,《中国语文》第2期。
陈平,1994,试论汉语中三种句子成分与语义成分的配位原则,《中国语文》第3期。
陈爱文,1986,汉语词类研究和分类实验,北京大学出版社。
陈宁萍,1987,现代汉语名词类的扩大,《中国语文》第5期。
程工,1984,"片面追求升学率"和"全面追求升学率",《中国语文》第6期。
丁声树等,1979,《现代汉语语法讲话》,商务印书馆。
崔永华,1990,汉语形容词分类的现状和问题,《语言教学与研究》第3期。
范晓,1992,VP主语句——兼论"N的V"作主语,《语法研究和探索》6,语文出版社。
范继淹,1979,"的"字短语替代名词的语义规则,《中国语文通讯》第3期。
范继淹,1984,多项NP句,《中国语文》第1期。
方梅,1995,汉语对比焦点的句法表现手段,《中国语文》第4期。
方光焘,1997,《方光焘语言学论文集》,商务印书馆。
甘玉龙,1987,词语褒贬色彩的历史演变,《中国语文天地》第2期。
高名凯,1953,关于汉语的词类分别,《中国语文》第10月号。
郭继懋,1990,领主属宾句,《中国语文》第1期。
贺阳,1994,汉语完句成分试探,《语言教学与研究》第4期。

贺阳,1996,性质形容词作状语情况的考察,《语文研究》第1期。
胡明扬,1995,现代汉语词类问题考察,《中国语文》第5期。
胡裕树、范晓,1994,动词形容词的"名物化"和"名词化",《中国语文》第2期。
黄国营、石毓智,1993,汉语形容词的有标记和无标记现象,《中国语文》第6期。
黄南松,1994,试论短语自足成句所应具备的若干语法范畴,《中国语文》第6期。
孔令达,1994,影响汉语句子自足的语言形式,《中国语文》第6期。
李晋荃,1983,试论非时地名词充当状语,《苏州大学学报》第4期。
李临定,1985,主语的语法地位,《中国语文》第1期
李临定,1986,受事成分句类型比较,《中国语文》第5期。
李临定,1990,动词分类研究说略,《中国语文》第4期。
李临定,1992,以语义为基础的分析方法,《语法研究和探索》6,语文出版社。
李思明,1996,《祖堂集》中能可助动词"得""可""能""解"的异同,载《语文新论》,山西教育出版社。
李兴亚,1987,"怀疑"的意义和宾语的类型,《中国语文》第2期。
李宇明,1996,非谓形容词的词类地位,《中国语文》第1期。
刘宁生,1983,汉语口语中的双主谓结构句,《中国语文》第2期。
刘宁生,1994,汉语怎样表达物体的空间关系,《中国语文》第3期。
刘宁生,1995,汉语偏正结构的认知基础及其在词序类型学上的意义,《中国语文》第2期。
刘月华,1988,趋向补语的语法意义,《语法研究和探索》4,北京大学出版社。
龙果夫,1958,《现代汉语语法研究》,科学出版社。
陆丙甫,1985,关于语言结构的内向、外向分类和核心的定义,《语法研究和探索》3。
陆俭明,1984,分析方法刍议——评句子成分分析法,《汉语析句方法讨论集》,上海教育出版社。
陆俭明,1985,"多"和"少"作定语,《中国语文》第1期。
陆俭明,1986,周遍性主语句及其他,《中国语文》第3期。
陆志韦,1956,《北京话单音词词汇》,科学出版社。
吕叔湘,1946,从主语、宾语的分别谈国语句子的分析,见《吕叔湘文集》第二卷,商务印书馆1990,445-480页。
吕叔湘,1954a,论底地之辩兼及底字的由来,《汉语语法论文集》,科学出版社。

吕叔湘,1954b,关于汉语词类的一些原则性问题,《中国语文》第9期。
吕叔湘,1979,汉语语法分析问题,商务印书馆。
吕叔湘,1982,《中国文法要略》重印本,商务印书馆。
吕叔湘,1984a,《语文杂记》,上海教育出版社。
吕叔湘,1984b,"也、又、都、就、还"的轻重读音,《语文杂记》,上海教育出版社。
吕叔湘,1987a,疑问 否定 肯定,载吕叔湘(1987c)。
吕叔湘,1987b,说"胜"和"败",《中国语文》第1期。
吕叔湘,1987c,《语文近著》,上海教育出版社。
马清华,1986,现代汉语的委婉否定格式,《中国语文》第6期。
马庆株,1988,自主动词和非自主动词,《中国语言学报》第3期。
马庆株,1997,"V来/去"与现代汉语动词的主观范畴,《语文研究》第3期。
马希文,1983,关于动词"了"的弱化形式/.lou/,《中国语言学报》第1期。
毛修敬,1985,汉语里的对立格式,《语言教学与研究》第2期。
梅祖麟,1996,汉语语法史中几个反复出现的演变方式,第二届国际古汉语研讨会论文,北京。
孟琮,1982,口语里的一种重复——兼谈"易位",《中国语文》第3期。
孟琮,1988,关于主语的语义类,《语法研究和探索》4,北京大学出版社。
莫彭龄、单青,1985,三大类实词句法功能的统计分析,《南京师范大学学报》(社会科学版)第2期。
饶长溶,1988,"不"偏指前项的现象,《语法研究和探索》4,北京大学出版社。
邵敬敏,1994,双音节V+N偏正结构分析(提要),第八次现代汉语语法学术讨论会论文,苏州。
沈家煊,1985,词序与辖域:英汉比较,《语言教学与研究》第1期。
沈家煊,1987,"差不多"和"差点儿",《中国语文》第6期。
沈家煊,1990,语用学和语义学的分界,《外语教学与研究》第2期。
沈家煊.1993a,句法的象似性问题,《外语教学与研究》第1期。
沈家煊,1993b,语用否定考察,《中国语文》第5期。
沈家煊,1994a,"好不"不对称用法的语义和语用解释,《中国语文》第4期。
沈家煊,1994b,"语法化"研究综观,《外语教学与研究》第4期。
沈家煊,1995a,正负颠倒和语用等级,《语法研究和探索》7,商务印书馆。
沈家煊,1995b,"有界"和"无界",《中国语文》第5期。
沈家煊,1996,英汉对比语法三题,《外语教学与研究》第4期。

施关淦,1988,现代汉语的向心结构和离心结构,《中国语文》第4期。
施一昕,1988,"多"和"少"的不对应性,《语文论集》3,外语教学与研究出版社。
石毓智,1992,《肯定和否定的对称与不对称》,台湾学生书局。
石毓智,未刊稿,论"的"的语法功能的统一性。
史存直,1982,《语法新编》,华东师大出版社。
史有为,1991,施事的分化与理解,《中国语言学报》第4期。
史有为,1992,"格素"论要,《语法研究和探索》6,语文出版社。
孙德金,1995,现代汉语名词做状语的考察,《语言教学与研究》第4期。
孙德宣,1983,美恶同辞例释,《中国语文》第2期。
太田辰夫,1987,《中国语历史文法》,北京大学出版社。
王还,1990,"差(一)点儿"和"差不多",《语言教学与研究》第1期。
王力,1980,《汉语史稿》,中华书局。
王光全,1993,动词直接做定语时的位置,《中国语文》第1期。
王希杰,1988,施受、词序、主宾语,《语法研究和探索》4,北京大学出版社。
王希杰、华玉明,1991,论双音节动词的重叠性及其语用制约性,《中国语文》第6期。
文炼,1990,语言单位的对立和不对称现象,《语言教学与研究》第4期。
文炼,1995,关于分类的依据和标准,《中国语文》第4期。
吴之翰,1965,方位词使用情况的初步考察,《中国语文》第3期。
小玲,1986,北京话里的"差点儿"句式,《语文学习》第1期。
徐丹,1988,浅谈这/那的不对称性,《中国语文》第2期。
徐枢,1991,兼类与处理兼类时遇到的一些问题,《语法研究和探索》5,语文出版社。
徐枢,1988,从语法、语义和语用角度谈"名受+名施+动"句式,《语法研究和探索》4,北京大学出版社。
徐烈炯,1997,语言理论与语言事实,《现代外语》第3期。
徐通锵,1990,结构的不平衡性和语言演变的原因,《中国语文》第1期。
徐志清,1980,"也谈'(好)数量形(的)名'句型的特点",《中国语文》第4期。
杨成凯,1991,词类的划分原则和谓词"名物化",《语法研究和探索》5,语文出版社。
杨成凯,1992,广义谓词性宾语的类型研究,《中国语文》第1期。
姚振武,1996,汉语谓词性成分名词化的原因及规律,《中国语文》第1期。

易洪川,1997,汉语口语里的一种施事宾语句,《语言教学与研究》第4期。
尹斌庸,1986,汉语词类的定量研究,《中国语文》第6期。
俞敏,1984,《名词动词形容词》,上海教育出版社。
袁宾,1984,近代汉语"好不"考,《中国语文》第3期。
袁毓林,1991,祈使句式和动词的类,《中国语文》第1期。
袁毓林,1993,正反问句及相关的类型学参项,《中国语文》第2期。
袁毓林,1994,一价名词的认知研究,《中国语文》第4期。
袁毓林,1995a,词类范畴的家族相似性,《中国社会科学》第1期。
袁毓林,1995b,谓词隐含及其句法后果——"的"字结构的称代规则和"的"的语法、语义功能,《中国语文》第4期。
袁毓林,1996,话题化及相关的语法过程,《中国语文》第4期。
詹人凤,1992,受事主语句(名-动式)的识别,《语法研究和探索》6,语文出版社。
张今,1997,《思想模块假说》,河南大学出版社。
张伯江,1993,"N的V"结构的构成,《中国语文》第4期。
张伯江,1994a,词类活用的功能解释,《中国语文》第5期。
张伯江,1994b,性质形容词的范围和层次,第八次现代汉语语法学术讨论会论文,苏州。
张伯江、方梅,1996,汉语功能语法研究,江西教育出版社。
张拱贵,1983,词类和句法成分的关系及有关词类的几个问题,《南京大学学报》第4期。
张国宪,1989,"动+名"结构中单双音节动作动词功能差异初探,《中国语文》第3期。
张国宪,1993,现代汉语形容词的选择性研究,上海师范大学博士学位论文。
张国宪,1995a,现代汉语的动态形容词,《中国语文》第3期。
张国宪,1995b,语言单位的有标记与无标记现象,《语言教学与研究》第4期。
张国宪,1997,"$V_双 + N_双$"短语的理解因素,《中国语文》第3期。
张其昀,1995,运动义动词"上"、"下"用法考辨,《语言研究》第1期。
张清常,1996,北京街巷名称中的14个方位词,《中国语文》第1期。
张学成,1991,动词名化和动名词,《语法研究和探索》5,语文出版社。
张燕春,1994,"V+上/下"的语义、语法分析,延边大学汉语系硕士学位论文。
张志公,1986,汉语词类问题需要进一步研究,《语文论集》2,外语教学与研究出版社。

赵元任,1968,《汉语口语语法》,吕叔湘译,商务印书馆。
赵元任,1980,《语言问题》,商务印书馆。
钟兆华,1988,动词"起去"和它的消失,《中国语文》第5期。
朱德熙,1956,现代汉语形容词的研究,《语言研究》第1期。
朱德熙,1961,说"的",《中国语文》第12月号。
朱德熙,1966,关于《说"的"》,《中国语文》第1期。
朱德熙,1980a,汉语句法中的歧义现象,《中国语文》第2期。
朱德熙,1980b,北京话、广州话、文水话和福州话里的"的"字,《方言》第3期。
朱德熙,1982,《语法讲义》,商务印书馆。
朱德熙,1983,自指和转指,《方言》1983年第1期。
朱德熙,1984,关于向心结构的定义,《中国语文》第6期。
朱德熙,1985,《语法答问》,商务印书馆。
朱德熙,1986,现代书面汉语里的虚化动词和名动词,《第一届国际汉语教学讨论会论文选》,北京语言学院出版社。
朱德熙,1993,从方言和历史看状态形容词的名词化,《方言》第2期。
朱光潜,1980,《谈美书简》,上海义艺出版社。
朱曼殊,1990,《心理语言学》,华东师范大学出版社。
祝敏彻,1982,《朱子语类》中"底/地"的语法作用,《中国语文》第3期。
祝注先,1981,关于"除非……不……"这一格式,《中国语文通讯》第2期。
邹韶华,1986,名词在特定环境中的语义偏移现象,《中国语文》第4期。
邹韶华,1988,中性词语义偏移的原因及其对语言结构的影响,《语法研究和探索》4,北京大学出版社。
邹韶华,1993,语用频率刍议,《语言教学与研究》第2期。

Anderson, J. M. 1971. *The grammar of case: Towards a localistic theory.* London: Cambridge University Press.

Anscombre, J-C. & O. Ducrot. 1977. Deux *mais* en francais? *Lingua* 43:23-40.

Austin, J. L. 1962. *How to do things with words.* Oxford: Clarendon Press.

Biq, Yung-O. 1989. Metalinguistic negation in Mandarin. *Journal of Chinese Linguistics* 17:75-95.

Bloomfield, L. 1933. *Language.* New York: Holt, Rinehart and Winston.

Bolinger, Dwight. 1952. Linear modification. *Publications of the Modern Language*

Association of America 67:1117-1144.

Bolinger, Dwight 1967. Adjectives in English: attribution and predication. *Lingua* 18: 1-34.

Bolinger, Dwight 1977. *The form of language*. London: Longmans.

Boucher, J., & C. E. Osgood 1969. The Pollyanna hypothesis. *Journal of verbal Learning and Verbal Behavior* 8:1-8.

Brown, P. & S. Levinson 1978. Universals in language usage: politeness phenomena. In Goody, E. ed., *Questions and politeness: Strategies in social interaction*. Cambridge: Cambridge University Press. 56-311.

Chafe, W. L. 1976. Givenness, contrastiveness, definiteness, subjects, topics and point of view. In Li, C. N. ed., *Subject and topic*. New York: Academic Press. 25-55.

Chafe, W. L. 1982. Integration and involvement in speaking, writing and oral literature. In Tannen, D. ed., *Spoken and written language: Exploring orality and literacy*. Norwood, N. J.: Ablex. 35-53.

Chao. Y. R. 1959. Ambiguity in Chinese, In Dil, A. S. ed., *Aspects of Chinese sociolinguistics*, Stanford: Standford University Press. 293-308.

Chen, Ping 1992. The reflexive *ziji* in Chinese: functional vs. formalist approaches. In Lee, T. ed.. *Research on Chinese linguistics in Hong Kong*. 1-36.

Chen, Ping 1996. Pragmatic interpretations of structural topics and relativization in Chinese. *Journal of Pragmatics* 3:1-17.

Chomsky, N. 1968. *Language and mind*, revised 1972 edition. New York: Harcourt, Brace & World.

Chomsky, N. 1981. *Lectures on government and binding*. Dordrecht: Foris.

Clark, Eve V. 1973. How children describe time and order. In Ferguson, C. A., & D. I. Slobin eds., *Studies of the child language development*. New York: Holt, Rinehart and Winston. 585-606.

Clark, H. H. 1973. Space, time, semantics, and the child. In Moore, T. E. ed., *Cognitive development and the acquisition of language*. New York: Academic Press. 28-63.

Clark, H. H. 1974. Semantics and comprehension. In Sebeok, T. A. ed., *Current trends in linguistics*, Vol. 12: *Linguistics and adjacent arts and sciences*, The Hague: Mouton Publishers. 1291-1498.

Clark, H. H., & H. H. Brownell. 1975. Judging up and down. *Journal of Experimental Psychology: Human Perception and Performance* 1, 339-352.

Clark, H. H., & K. L. Carpenter. 1989. The notion of source in language acquisition. *Language* 65: 1-30.

Clark, H. H., P. A. Carpenter, & M. A. Just. 1973. On the meeting of semantics and perception. In Chase, W. G. ed., *Visual information processing.* New York: Academic Press. 311-381.

Clark, H. H., & W. G. Chase. 1974. Perceptual coding strategies in the formation and verification of descriptions. *Memory and Cognition* 2: 101-111.

Clark, H. H., & E. V. Clark. 1977. *Psycholoty and language.* New York: Harcourt Brace Jovanovich.

Comrie, Bernard 1981. *Language universals and linguistic typology.* Chicago: University of Chicago Press.

Comrie, Bernard 1986. Markedness, grammar, people, and the world. In Eckman, *et al.* (1986), 85-106.

Croft, W. 1986. Categories and relations in syntax: The clause-level organization of information. Ph. D. dissertation, Stanford University.

Croft, W. 1990. *Typology and universals* . Cambridge: Cambridge University Press.

Croft, W. 1991. *Syntactic categories and grammatical relations.* Chicago: University of Chicago Press.

Cruse, D. A. 1986. *Lexical semantics.* Cambridge: Cambridge University Press.

DeLancey, Scott 1981. An interpretation of split ergativity and related patterns. *Language* 57: 626-57.

Dixon, R. M. W. 1972. *The Dyirbal language of North Queensland.* Cambridge: Cambridge University Press.

Dixon, R. M. W. 1977. Where have all the adjectives gone? *Studies in Language* 1: 19-80.

Dixon, R. M. W. 1979. Ergativity. *Language* 55: 59-138.

Dixon, R. M. W. 1991. A *new approach to Engliah grammar: on semantic principles.* Oxford: Clarendon Press.

Dowty, David 1991. Thematic proto-roles and argument selection. *Language* 67, 3: 547-619.

Eckman, F. R. , E. A. Moravesik, & J. R. Wirth eds. , 1986. *Markedness*. New York: Plenum Press.

Fauconnier, G. 1975. Polarity and the scale principle. In Grossman R. , *et al.* eds. , *CLS* 11, Chicago: Chicago Linguistic Society, 188-199.

Firbas, Jan 1992. *Functional sentence perspective in written and spoken communication*. Cambridge: Cambridge University Press.

Foley, W. 1980. Toward a universal typology of the noun phrase. *Studies in Language* 4:171-99.

Ghent, L. 1960. Recognition by children of realistic figures in various orientations. *Canadian Journal of Psychology* 14:249-256.

Ghent, L. 1961. Form and its orientation: The child's-eye view. *American Journal of Psychology* 74:177-190.

Givón, T. 1978. Negation in language: pragmatics, function, ontology. In Cole, P. ed. , *Syntax and Semantics* 9: *Pragmatics*. New York: Academic Press. 69-112.

Givón, T. 1979. *On understanding grammar*. New York: Academic Press.

Givón, T. 1983. Topic continuity in spoken English. In Givón, T. ed. , *Topic coninuity in discourse: Quantified cross-language studies*, TSL 3, Amsterdam: John Benjamins.

Givón, T. 1984/1990. *Synta——A functional-typological introduction*, Vol. I & II. Amsterdam: John Benjamins.

Givón, T. 1994. Irrealis and the subjunctive. *Studies in Language* 18:265- 337.

Greenberg, J. H. 1966a. Some universals of grammar with particular reference to the order of meaningful elements. In Greenberg, J. H. ed. , *Universals of language*. Cambridge, Mass. : MIT Press. 73-113.

Greenberg, J. H. 1966b. *Language universals*. Janua Linguarum Series Minor, 59. The Hague: Mouton.

Greenberg, J. H. 1978. Diachrony, synchrony and language universals. In Greenberg, J. H. , *et al.* eds. , *Universals of human language*, vol. I : Method and theory. Standford: Standford University Press. 61-92.

Grice, H. P. 1967. *Logic and conversation: The William James lectures*. Harvard University, MS.

Grice, H. P. 1975. Logic and conversation. In Cole, P. , & J. L. Morgan eds. , *Syntax and Semantics* 3: *Speech Acts*. New York: Academic Press. 41-58.

Grice, H. P. 1978. Further notes on logic and conversation. In Cole, P. ed. , *Syntax and Semantics* 9 : *Pragmatics*. New York : Academic Press. 113-128.

Gundel, J. K. K. Houlihan, & G. A. Sanders 1986. Markedness and distribution in phonology and syntax. In Eckman, *et al.* (1986) ,107-138.

Haiman, J. 1985. *Natural syntax*. Cambridge : Cambridge University Press.

Halliday, M. A. K. 1985. *An introduction to functional grammar*. Edward Arnold.

Harlig, J. & K. Bardovi-Harlig. 1988. Accentuation typology, word order, and theme-rheme structure. In Hammond *et al.* eds. , *Studies in syntactic tyoplogy*. Amsterdam : John Benjamins.

Hawkins, J. A. 1983. *Word order universals*. New York : Academic Press.

Hawkins, J. A. 1991. Language universals in relation to acquisition and change : a tribute to Roman Jakobson. In Waugh, L. R. , & S. Rudy eds. , *New vistas in grammar : Invariance and variation*. Amsterdam : John Benjamins. 473-494.

Heine, B. , U. Claudi, & F. Hunnemeyer 1991. *Grammaticalization : A conceptual framework*. Chicago : The University of Chicago Press.

Hopper, Paul 1987. Emergent grammar. In Aske, Jon, N. Beery, L. Michaelis, & H. Filip eds. , *Proceedings of the Thirteenth Annual Meeting of the Berkeley Linguistics Society*. Berkeley : University of California at Berkeley. 139-57.

Hopper, Paul 1991. On some principles of grammaticalization. In Traugott, E. C. , & B. Heine eds. , *Approaches to Grammaticalization*, Amsterdam : John Benjamins. 17-36.

Hopper, P. , & S. A. Thompson. 1980. Transitivity in grammar and discourse. *Language* 56 : 251-99.

Hopper, P. , & S. A. Thompson. 1984. The discourse basis for lexical categories in universal grammar. *Language* 60 : 703-52.

Horn, L. R. 1972. On the semantic properties of the logical operators in English. Mimeo. Indiana University Linguistics Club.

Horn, L. R. 1978. Remarks on neg-raising. In Cole, P. ed. , *Syntax and Semantics* 9 : *Pragmatics*. New York : Academic Press. 129-220.

Horn, L. R. 1984. Toward a new taxonomy for pragmatic inference : Q-based and R-based implicature. In Schiffrin, D. ed. , *Meaning , form and use in context : linguistic applications* (GURT'84). Washington : Georgetown Univeristy Press.

Horn, L. R. 1985. Metalinguistic negation and pragmatic ambiguity. *Language* 61,1: 121-174.

Huang, Shuanfan 1981. On the scope phenomena of Chinese quantifiers. *Journal of Chinese Linguistics* 9:226-243.

Huang, C. -T. J. 1982. Logical relations in Chinese and the theory of grammar. Ph. D. dissertation. MIT.

Huang, C. -T. J. 1984 On the distribution and reference of empty pronouns. *Linguistic Inquiry* 15:531-574.

Jakobson, R. 1932. Structure of the Russian verb. In Waugh & Halle (1984),114.

Jakobson, R. 1939. Zero sign. In Wangh & Halle (1984),151-60.

Jespersen, Otto 1917. Negation in English and other languages. *In Selected writings of Otto Jespersen*, London: Allen & Unwin.

Jespersen, Otto 1924. *The philosophy of grammar.* London: George Allen & Unwin.

Jiang, Zixin 1991. Some aspects of the syntax of topic and subject in Chinese. Ph. Ddissertation, The University of Chicago.

Johnson, Mark 1987. *The body in the mind: The bodily basis of meaning, imagination, and reason.* Chicago: University of Chicago Press.

Keenan, E. L. & B. Comrie. 1977. Noun phrase accessibility and universal grammar. *Linguistic Inquiry* 8:63-99.

Kim, A. 1988. Preverbal focusing and type XXIII languages. In Hammond, M. , E. Moravacsik & J. Wirth eds. , *Studies in syntactic typology.* Amsterdam: John Benjamins.

Kinkade, M. D. 1983. Salish evidence against the universality of "noun" and "verb". *Lingua* 60:25-40.

Kiparsky, C. , & P. Kiparsky 1970. Fact. In Bierwisch, M. , & K. Heidolph eds, *Progress in linguistics.* The Hague: Mouton.

Kuipers, A. 1968. The categories verb-noun and transitive-intransitive in English and Squamish. *Lingua* 21:610-26.

Lakoff, George 1987. *Women, fire, and dangerous things: What categories reveal about the mind.* Chicago: University of Chicago Press.

Lakoff, George & Mark Johnson. 1980. *Metaphors we live by.* Chicago: University of Chicago Press.

Langacker, R. W. 1977. Syntactic reanalysis. In Li, C. ed. , *Mechanisms of syntactic change*. Austin:University of Texas Press. 57-139.

Langacker, R. W. 1987/1991. *Foundations of cognitive grammar*, Vol. I, II. Stanford: Stanford University Press.

Langacker, R. W. 1993. Reference point constructions. *Cognitive Linguistics* 4:1-38.

Lapointe, S. G. 1986. Markedness, the organization of linguistic information in speech production and language acquisition. In Eckman, *et al.* (1986), 219-240.

Leech, G. 1981. *Semantics:The study of meaning*. Penguin Books.

Leech, G. 1983. *Principles of pragmatics*. London:Longman.

Lehmann, Winfred 1974. *Proto-Indo-European syntax.* Austin, TX:University of Texas Press.

Li, C. N. , & S. Thompson 1974. Historical change of word order: A case study in Chinese and its implications. In Anderson, John M. , & C. Jones eds. , *Historical Linguistics*. Amsterdam:North-Holland. 199-217.

Li, C. N. , & S. Thompson 1975. The semantic function of word order in Chinese. In Li, C. N. ed. , *Word order and word order change*. Austin:University of Texas Press. 163-195.

Li, C. N. , & S. Thompson 1981. *Mandarin Chinese:A functional reference grammar*. Berkeley and Los Angeles:University of California Press.

Light, T. 1979. Word order and word order change in Mandarin Chinese. *Journal of Chinese Linguistics* 7:149-180.

Lyons, J. 1968. *Introduction to theoretical linguistics*. Cambridge:Cambridge University Press.

Lyons, J. 1977. *Semantics*. Vols. I, II. Cambridge:Cambridge University Press.

Matthews, P. H. 1981. *Syntax.* Cambridge:Cambridge University Press.

McCawley, J. D. 1992. Justifying part-of-speech assignments in Mandarin Chinese. *Journal of Chinese Linguistics* 20,2:211-246.

Meillet A. 1967. *The comparative method in historical linguistics*. Tr. by G. B. Ford, Jr. Paris:Libraire Honore Champion.

Moravcsik, E. , & J. Wirth 1986. Markedness:An overview. In Eckman, *et al.* (1986), 1-12.

Olson, G. M. , & K. Laxar 1973. Asymmetries in processing the terms "right" and "*left*". *Journal of Experimental Psychology* 100:284-290.

Olson, G. M., & K. Laxar 1974. Processing the terms "right" and "left". *Journal of Experimental Psychology* 102, 1135-1137.

Palmer, F. R. 1986. *Mood and modality*. Cambridge: Cambridge University Press.

Poutsma, H. 1928. *A grammar of Late Modern English*. Groningen.

Quirk, R., et al. 1985. *A comprehensive grammar of the English language*. Longman Group.

Rosch, E. 1978. Principles of categorization. In Rosch, E., & B. Lloyd eds., *Cognition and categorization*. Hillsdale, N. J.; Erlbaum. 27-48.

Rosenbaum, Peter S. 1967. *The grammar of English predicate complement constructions*. Cambridge, Mass.; MIT Press.

Ross, John. 1972. The category squish: Endstation Hauptwort. *CLS* 8, Chicago: Chicago Linguistic Society, 316-328.

Sadock, J. M. 1981. Almost. In Cole, P. ed., *Radical pragmatics*. New York: Academic Press. 257-272.

Sapir, Edward 1921. *Language*. New York: Harcourt, Brace & World.

Schachter, P. 1985. Part-of-speech systems. In T. Shopen ed., *Language typology and syntactic description* Vol. I Cambridge: Cambridge University Press. 3-61. Searle, J. R. 1969. *Speech acts: An essay in the philosophy of language*. Cambridge: Cambridge University Press.

Shen, Jiaxuan 1987. Subject function and double subject construction in Mandarin Chinese. *Cahiers de Linguistique Asie Orientale* XVI, 2:195-211.

Silverstein, Michael 1976. Hierarchies of features and ergativity. In R. Dixon, M. W. ed., *Grammatical categories of Australian languages*. Canberra: Australian Institute of Aboriginal Studies. 112-71.

Sperber, D., & D. Wilson 1981. Irony and the use-mention distinction. In Cole, P. ed., *Radical pragmatics*. New York: Academic Press. 295-318.

Strawson, P. F. 1952. *Introduction to logical theory*. London: Methuen.

Sun, C. F. & T. Givón 1985. On the so-called SOV word order in Mandarin Chinese: A quantified text study and its implications. *Language* 61, 2:329-351.

Sweetser, Eve. 1990. *From etymology to pragmatics: Metaphorical and cultural aspects of semantic structure*. Cambridge: Cambridge University Press.

Tai, James H-Y. 1969. Coordination reduction. Ph. D dissertation, Indiana University. Reprinted by Indiana Linguistic Club.

Tai, James H- Y. 1985. Temporal sequence and Chinese word order. In Haiman J. ed. , *Iconicity in syntax*. Amsterdam: John Benjamins. 49-72.

Tai, James H-Y. 1989. Toward a cognition-based functional grammar of Chinese. InTai J. H-Y. , & F. F. S. Hsueh eds. , *Functionalism and Chinese grammar*, Chinese Lanugage Teachers Association Monograph Series 1. 187-226.

Taylor, J. 1989. Linguistic categorization: Prototypes in linguistic theory. *Oxford*: Clarendon Press.

Teng, Shou-hsin. 1977. Modification and the structure of existential sentence. In R. L. Cheng, *et al*. eds. , *Preceedings of Symposium on Chinese Linguistics*, Institute of the Linguistic Society of America. Taipai: Student Book. 197-210.

Thompson, S. 1988. A discourse approach to the cross-linguistic category "adjective". In Hawkins, John A. ed. , *Explaining language universals*. Oxford: Blackwell. 167-210.

Trubetzkoy, N. S. 1931. Die phonologischen systeme. *Travaux du Cercle Linguistiquede Prague* 4:96-116.

Trubetzkoy, N. S. 1939. *Grundzuge der phonologie*. Prague: Cercle Linguistique dePrague.

Tsao, Feng-fu. 1977. Subject and topic in Chinese. In Cheng, R. L. *et al*. eds. , *Preceedings of Symposium on Chinese Linguistics*, Institute of the Linguistic Society of America. Taipai: Student Book, 165-196.

Tsao, Feng-fu. 1987a. A topic-comment approach to the ba construction. *Journal of Chinese Linguistics* 15,1:1-54.

Tsao, Feng-fu. 1987b. On the so-called "verb-copying" construction in Chinese. *Journal of Chinese Teachers Association* 22 ,2:13-44.

Tsao, Feng-fu. 1989. Topics and the lian...doui'ye construction revisited. In lai, James H-Y. , & F. F. S. Hsueh eds. . *Functionalism and Chinese Grainmar*, Chinese Language Teachers Association Monograph Series No. 1 ,245-278.

Wang, Fred Fangyu. 1966. *Mandarin-Chinese dictionary*. Souty Orange (New Jersey) : Seton Hall University Press.

Wang, W. S-Y. 1969. Competing changes as a cause of residue. *Language* 45:9-25.

Wason, P. C. 1959. The processing of positive and negative information. *Quarterly Journal of Experimental Psychology* 11:92-107.

Wason, P. C. 1961. Response to affirmative and negative bianry statements. *British Journal of Psychology* 52:133-1142.

Waugh, L. R. , & M. Halle eds. , 1984. *Russian and Slavic grammar: Studies*, 1931-1981. The Hague: Mouton.

Wierzbicka, Anna. 1986. What's in a noun? (or: How do nouns differ in meaning from adjectives?) *Studies in Language* 10:353-89.

Wilson, D. , & D. Sperber. 1979. Ordered entailments: an alternative to presuppositional theories. In Oh, C. -K. ,& D. A. Dinneen eds. ,*Syntax and semantics* 11:*Presupposition*. New York: Academic Press. 229-324.

Witkowski, S. R. , & C. H. Brown. 1983. Marking reversals and cultural importance. *Language* 59:569-82.

Wittgenstein, L. 1953. *Philosophical investigations*, trans. by G. E. M. Anscombe. New York: Macmillan.

Xu, Liejiong. 1986. Free empty categories. *Linguistic Inquiry* 17:75-93.

Xu, Liejiong. 1994. The antecedent of *aiji*. *Journal of Chinese Linguistics* 22:115-137.

Xu, Liejiong, & D. T. Langendoen. 1985. Topic strictures in Chinese. *Language*61: 1-27.

Zajonc, R. B. 1968. Attitudinal effects of mere exposure. *Journal of Personality and Social Psychology*, Monograph Supplement, 9(2, Pt. 2):1-27.

Zimmer, K. E. 1964. Affixal negation in English and other languages: An investigation of restricted productivity. *Word* 20 (2, Pt. 2).

Zipf, George. 1935. The *psychobiology of language: An introduction to dynamic philology*. Cambridge, *Mass. MIT* press.

术语索引

（术语后数码为所在章节）

把字句　9.3.1-2
半叙实词　7.3.2.1
伴随（格）　9.2.3
包容关系　2.1,12.1
褒义词　7.2.1-3,8.3.1.1,8.4.2-3
褒贬义互转　7.2.2
背景（Ground）　3.4,9.3.2
背衬衍推　5.2.2,7.1.3
被动句（语态）　1.1,2.1,2.3,3.1,9.2.3
被动句化　9.4
被动义　9.2.4,9.5
鼻音　1.1,2.3
比较句　3.1,3.4,6.4
必要条件　8.3.1.6
必需的句法成分　3.3
避免误解的原则　7.3.3
贬义词　7.2.1-3,8.3.1.5,8.4.2
变异　1.4
标记颠倒　2.2.1,3.1,8.3.1.1,8.3.1.5,
　9.2.4,9.5,10.5.1.2,12.4
标记理论　1.1,2.1,6.6,8.1,9.2.2,10.3
标记模式　1.5,2.1,2.3,2.4.1-2,2.5,5.
　2.1,6.6,7.1.1,7.2.3,8.3,8.3.1.4,8.
　4.3,10.4.3,10.5,11.3-4,12.4
宾语　1.1,1.3,2.2.3,3.4,8.3.3.2,9.1-
　5,10.5.2.3,10.5.3.1
宾语悬空　9.2.2,9.3.1
补语　3.2,7.2.3,10.2,10.5.2.3

不定式　10.5.2.3
不定指　3.2
不对称　1.1-2,3.1,3.4,4.1,4.3,5.2.2,
　5.3,6.2,6.6,7.1.1,7.2.2,8.1,8.3.1.
　1,8.3.1.3,8.3.1.6,8.4.3-4,9.1,9.2.
　1,9.3.1,9.5,10.4.3,12.1-4
不及物动词　9.2.3,9.3.1,11.1
不可见性　8.4.2
不可转让　1.3
不如意　7.1.3,8.3.3.2,9.2.4
不送气　1.1
不正常期待　6.6
材料（格）　9.2.3
参照物　8.4.2,9.2.1
参照值　8.3.1.6
常规　6.3,8.4.4
常规推理　6.1,6.3-4
陈述（相对"引述"）　7.2.2
陈述（相对"话题"）　9.3.1
陈述句　3.1,3.3-4,7.3.2,9.3.2
成分象似　1.3,12.3-4
程度对立　2.1
充分和必要条件　1.3,9.2.3,10.3
充足条件　8.3.1.6
处所　2.4.2
词类　1.1,10.1-5
词汇化　10.5.2.1,12.2.2
词汇性　8.3.1.1

词汇扩散 12.4
词汇意义 12.3
抽象名词 10.5.2.1-2
刺激物 9.2.3
次话题 9.3.1,9.4
存现句 3.1,3.4,9.2.3,9.3.2
存现动词 9.2.3
撮口呼 1.1
大主语 9.4
大句法话题 9.4
代词 3.2,9.1,9.2.3
单数 2.1,2.2.2-4,2.3,2.4.1-2,2.5
单向蕴含(式) 9.2.2,12.1
单向衍推 7.3.1
单音(节)动词 10.3,10.5.2.2-3,10.5.3.2
单音形容词 10.5.3.2,11.2-3
到达点 9.2.3
倒装句 6.4
道义词 7.2.1-2
等同名词删略 9.4
递归性 10.1
典型成员 2.2.4,2.4.1-2,10.3,11.5,12.4
典型范畴 1.3,2.2.4,2.4.2,9.2.3,9.3.1,9.4,10.3,12.4
典型功能 10.4.3
典型互补 2.2.4
典型理论 1.3,10.3,11.5
典型施事 3.1,9.2.3
典型受事 9.2.3
典型特征 9.2.3,10.5.1.3,10.5.2.3
典型主语 9.3.1,9.4
典型宾语 9.3.1,9.4
典型句法功能 11.5
颠倒(图像/背景) 5.2.2,6.4
定向性 5.3
定指 3.2
定语 1.1,3.3,10.5.1.3,10.5.2.2
定语从句化 1.5,2.2.3
定中结构 1.1,9.2.1,10.5.1.3,10.5.2.

2,12.1,12.2.1
动词 1.1,1.3-4,3.1,9.2.1,10.5.2
动宾结构 1.1,10.5.2.2,12.1,12.2.1
动补结构 6.1,9.2.3,9.3.2
动名词 10.5.2.3
动态 10.4.1
动态交际值(CD值) 9.3.2
动作 2.2.4,9.2.2,10.4.1
动作动词 10.5.2.3
短语 12.3
对比(性) 9.2.2,9.3.1
对比焦点 9.3.2
对比重音 9.2.2
对称 1.1,4.1,12.1-4
对立 2.1,4.1,5.2.2,6.6,7.1.1-3,7.2.1,8.3.3.2,9.2.2
对立程度 8.3.2
对立消失 4.1,7.1.1-3,7.3.1,8.3.1.6,12.1
对举式 9.2.3
多价动词 10.5.2.2
腭化 12.4
二分(标记)模式 2.2.1
二值逻辑 4.4
发话行为 10.4.2
发音部位等级 2.2.3
反面词(语) 7.2.3,8.3.3.2
反身代词复指 9.4,9.5
反向词 8.2.3
反向动词 8.3.1.4,8.4.4,9.5
反向副词 8.3.1.6
反义词 2.1,8.1-4,12.4
反语 7.2.1-3
方式(格) 9.2.3,10.5.1.2
方式准则 4.2-3
方位词 8.3.1.3,10.5.1.3
非和谐配置 2.5
非喉化辅音 2.3
非离散性 1.3
非谓形容词 10.3,10.5.1.3,10.5.2.2,

11.1,11.3
非现实句 3.2,6.4,9.2.4
非蕴含通性 2.2.2
非指称性 9.2.2-3
非主导词序 2.5
非自然关联 2.2.4
非自主(性) 3.1
非自主动词 3.1,9.2.2-3,9.5
非自主施事 3.1
非自足句 10.5.2.3
分布 1.2,2.2.4,3.1,5.1,6.4,8.3.1.1,
  8.3.1.6,9.2.2,10.2,10.4.3,12.4
分布面 8.3.1.1
分布标准 2.3,10.4.1
分词 10.5.2.3
分裂句 9.2.2
分配句 9.2.3
分析(法) 1.3
封闭类 2.2.4,10.3
否定(性) 3.1-4,4.1,4.3-4,5.1-2,6.1,
  6.5,7.2.1,7.3.2-3,8.3.3.2,9.2.4
否定词 4.5,6.5,7.1.1,7.2.1,7.3.1,
  12.3
否定词移位 3.1,7.3.1,7.3.2.1-2,7.
  2.4,7.3.3
否定句(式,结构) 3.1-4,6.1,6.3-5,7.1.
  1,7.2.1,7.3.2.1,8.3.1.1-2,9.2.4,9.3.
  1,10.5.1.1,11.3,12.3
否定项 8.4.1-3
否定成分 8.3.3.2,8.4.4
否定范围 3.3,4.4,5.2.2,6.2,6.5
否定量域 6.2,6.5-6,12.4
否定量域规律 6.2,6.4
否定命题 3.1
否定前缀(词缀) 1.1,4.1-2,7.2.1,8.3.
  2
否定减弱 3.1
否定辖域 4.5
辅音 1.3
负值 7.1.1-3

负极词 6.1,6.4
负向词 8.3.1.6,8.4.2-3
负向动词 9.5
负向义 8.3.1.6
负向期待 6.6
负负得正 8.4.1
附属主语 9.2.3
复合词 8.3.1.3,8.4.2,9.3.1,10.4.2,
  10.5,12.4
复合谓语 9.2.3
复数 2.1,2.2.2-4,2.3,2.4.1-2,2.5
复指 9.2.2,9.4,10.4.2
副词 1.1,3.2,4.5,5.1,6.5,7.1.2,8.3.
  1.1,9.2.2-3
概率 7.3.2
概率等级 7.3.2.4
概率情态 7.3.2.1-2
感事 9.2.3,9.5
格标志 2.2.3,9.2.3,10.5.1.2
个体名词 2.2.1,2.2.4,11.4
工具 2.4.2,9.2.3,10.5.1.2
功能不对称 1.1
共时 1.3,2.5
构词法 1.1,8.4.2
构词形式 10.5.1.2
固化 8.4.3,9.4
关联(标记)模式 2.2.1,2.2.4,3.1,6.4-6,
  8.3.1.3-4,8.3.1.6,8.3.3.1-2,9.2.4,9.
  3.2,9.4-5,10.1,10.4.3,11.3-4,12.3-4
关系象似 1.3,12.3
归纳法 1.2
含蓄表达 8.4.3
合口呼 1.1
合作原则 2.4.1,4.2-3
和谐配置 2.5
核心成员 2.2.4
荷恩等级 4.2
恒久性 11.4
喉化辅音 2.3
互补分布 9.5

术语索引　375

话题　5.2.2,9.3-4,10.4.2
话题性　9.5
话题主语　9.4
话题的延续性　9.3.1,10.4.2
回声问　9.3.1
回声引述　7.2.2
会话隐涵义　见"隐涵义"
积极意义　5.2.1,7.1.3,8.3.1.1,8.3.1.4,8.3.3,8.4.3
及物性　1.3
及物动词　9.3.1-2
及物结构　1.3
极大量(词)　3.1,6.1,6.4-6
极小量(词)　3.1,6.1,6.4-6,7.1.1,9.3.2,12.1
极性　7.3.2
极性词　6.1-3,6.5
极量词　6.3-5
集合名词　2.2.1,2.2.4,10.5.2.2
基本句式　9.2.2
加强副词　7.2.1-2
家族相似　1.3
假设(条件)小句　6.4,9.2.4
价(配价)　10.2,10.4.1
简单原则　8.4.2
简单(标记)模式　2.2.1
简约原则　10.1
间接宾语　1.5,2.4.2
间接否定　12.3
间接使因　9.2.3
间接施事　9.2.3
间接延续　9.3.1
交际策略　7.3.3,12.4
焦点　3.3,9.3
结果(格)　9.2.2-3
结构层次　7.2.3
结构层次迁移　7.2.3
结构层次消失　7.2.3
介词　1.4,9.2.2,10.5.1.2
界定特性　1.3

近距离原则　1.3
经济原则　2.4.1
静态　10.4.1
旧信息　3.3,9.3.1
句法成分　1.1,1.5,10.1-5,11.3
句法话题　9.4
聚合标准　2.3-4,4.1
聚合形态　4.1,8.3.1.3,11.5
聚合变体　9.2.2
聚焦　9.3.2
均等对立　2.1
开放类　2.2.4,10.3
开口呼　1.1
可见性　8.4.2
可消除性　4.3-4,5.2,6.2,7.1.1
可追加性　4.3,5.2.1,7.1.1
可转让领属关系　1.3
客观主义语义学　1.3
肯定(性)　3.1,3.4,5.2,6.1,6.6,7.2.1,7.3.2,8.3.3.2
肯定句(式,结构)　3.1-4,6.1,6.3-5,7.1.1,7.2,7.3.2.1,7.3.3,8.3.1.1,9.2.4,9.3.1,10.5.1.1,11.3,12.3
肯定项　8.4.1-3
肯定命题　3.1-2
肯定范围　3.3
空间性　10.3
空主语　9.1,9.5
空宾语　9.1,9.5
空语类　9.1
空语类原则　9.1
乐观假说　8.4.3
乐观原则　8.4.3
类名　11.4
类推　1.3,12.4
离散性　1.3,2.2.3,9.2.3,10.3
离散范畴　1.3
礼貌原则　2.4.1,7.2.1-3,12.4
理想化的认知模型　9.2.2-3
历时　1.3,2.5

历时标准　2.3
连续体(连续统)　1.3,2.2.3,9.2.3,10.3,
　　10.5.2.3
量级　4.2,6.3,8.2.2,8.4.2
量度词　8.3.1.1
临摹　1.3
临时词　12.3
临时性　11.4
零价概念　10.4.1
领事　2.4.2
领属(领有)关系　1.3,10.5.1.3
领属结构　9.2.1
领有者　8.4.2,9.2.1
领有物　9.2.1
领主属宾句　9.2.2
逻辑表达式　4.5
美恶同辞　7.2.2
名词　1.1,1.3,2.2.2,10.5.1-3
名词化　10.1-2,10.5.2.3
名词谓语句　10.5.1.1
名物化　10.1,10.5.2.3
命令　7.3.2
命题(相对"命令")　7.3.2
命题内容　7.2.2
命题行为　10.4.2-3
明显-隐蔽　8.4.2
模态逻辑　7.3.1
目标(Figure)　9.3.2
能产性　8.4.3
能愿动词　7.3.1
逆叙实词　7.3.2.1
扭曲关系　7.1.1,9.2.2,12.1-3
排除关系　2.1,12.1
排中律　7.3.2.1
判别标准(标记的)　2.3,4.1,9.2.2
判断语词　7.3.2
旁语　1.5,2.2.3,2.4.2
偏向问　3.1,8.2.2,8.3.1-2,8.4.2
频率(情态)　7.3.2
频率标准　2.3,10.5.1

频率等级　7.3.2.3
频率语词　7.3.2.3
普通名词　9.2.3
期待(心理期待)　2.4.2,5.2.1,6.6,7.1.
　　1-3,7.2.1
期待量(值)　7.1.1-2,8.3.1.6
期待方向　6.6
齐夫定律　2.4.1
齐口呼　1.1
歧义词　4.1
祈使句　3.1,7.3.2,8.4.3
祈使句主语删除　9.4
起点宾语　8.3.1.3
前突衍推　5.2.2,7.1.3
强调重音　5.2.1-2
强度等级　7.3.2.4
强偏向问　8.3.2
强中性问　8.3.2
强项　7.3.2.1-4
强施事　9.4
强话题　9.4
强制度　7.3.2.2
轻声　5.1,12.2.1,12.3
轻读　12.3
清辅音　1.1,1.2
清塞音　1.1
清塞擦音　1.1
情态　6.4,7.3.2.1,8.3.1.6,10.5.2.3
情态动词　7.3.2,9.5
区别词　11.1
区别特征　1.2
趋向动词　8.3.1.3,8.3.1.5
全称义　6.3
全称量词　4.5
全量　6.5-6
全量肯定　6.2
全量否定　6.2
全量肯定否定规律　6.2,6.4
缺省值　8.4.2,8.4.4
人称　7.3.3,9.2.3

术语索引 377

人类中心论 8.4.4
认知方式 1.3
认知规律 6.1,9.2.1
认知原则 6.3
任指 3.2
弱项 7.3.2.1-4
弱施事 9.4
弱话题 9.4
弱偏向问 8.3.2
弱中性问 8.3.2
三数 2.2.1,2.2.3
三值逻辑 4.4
删除 9.2.1,9.3.1
熵 8.4.4
上下文 4.4,5.2.1,6.4
上限义 4.1,5.3
少量数 2.2.1,2.2.3
生命度 2.2.3,9.2.3
生命度等级 2.2.3
施事 1.3,2.4.2,3.1,9.2.2-3,9.4,10.5.2.3,12.4
施事性 9.2.2-3,9.5
施受对立 9.2.3
施受关系 9.2.2
施事主语 9.2.4
施动受过程 9.2.3
时间词 10.5.1.3
时间性 10.3,10.5.2.2-3
时间状语从句 3.1,3.4
时体 8.3.1.6
实比 8.2.2
实词管辖 9.1
使成句 9.2.3
使用(出现)频率 1.2,3.1,4.1,6.1,8.3.1,10.4.3
使用度 5.2.2,8.3.1
使因性 9.2.3
事物 2.2.4,10.4.1
是非问句 3.16.4,8.3.2
适量准则 3.3,4.2,5.2.1,5.3,6.1-2,7.1.1,8.4.3,12.4
适宜条件 4.4
收受者 9.2.3
手段(格) 9.2.3
受事 1.3,2.4.2,9.2.2-3,9.4,10.5.2.3,12.4
受事性 9.2.2-3
受事宾语 8.3.1.4,10.5.2.2
受事主语句 3.1,9.2.4,9.3.1-2
受益者 9.2.3
受损义 9.2.4
疏密象似 1.3,12.3
熟语 10.5.1.3
属性关系 10.5.1.3
数 2.2.1-4
数量宾语 6.5
数量等级 7.3.2.3
数量象似 1.3,12.3
数量和程度词语 4.1,5.1,5.2.2,5.3
数量和频率等级 7.3.2.3-4
述谓 2.2.4,10.4.2
双数 2.2.1,2.2.3,2.5
双重否定 3.1,7.3.1
双音(节)动词 10.3,10.5.2.2-3,10.5.3.2
双音形容词 10.5.3.2,11.2-3
双音副词 7.2.3,12.4
顺序象似 1.3,5.2.2,8.4.2
送气 1.1
所指 3.2
特殊重音 3.3,4.5,5.2.1,8.3.1.6
特征束 9.2.3,9.4
特指疑问句 3.1,6.4,8.3.2
提取 1.5,9.1,9.2.1-2
题元等级 9.5
条件句 6.4
同构 1.3
同指 9.1,9.5
图像(Figure) 3.4
完形(Gestalt) 1.3

唯谓形容词 11.2-3
委婉(表达) 3.1,7.2.1
委婉原则 7.3.3
谓语 1.1,3.3,10.1,10.4.3,10.5.1.1
未知信息 3.3
无标记(项) 2.1,2.2.2-3,2.3,2.4.2,2.5,3.1,7.1.1-2,8.3.1.2-3,8.4.1,8.4.4,11.3,12.3-4
无标记词序 2.5,6.5
无标记否定 4.1-5,6.5
无标记句式 6.5-6,9.2.2,12.4
无标记期待 5.2.1
无标记施事 3.1
无标记问句 3.1
无标记组配(配对) 2.2.1,3.1,6.1,8.3.1.3,8.3.1.5,9.2.2,9.2.4,9.3.2,10.4.3,12.3-4
无定 9.2.2,12.1
无界概念 10.2
无限制通性 2.2.2
无指 10.5.1.1
物质名词 8.3.1.1
系词(连系动词) 9.3.1,11.3
辖域 4.5
下限义 4.1,5.3,6.2
先设 3.1-2,4.4,6.3,8.3.2
先行词 9.5
显著性(度)2.4.2,8.4.2,9.2.1,9.2.3,10.4.2,12.4
现实句 3.2.6.4
限制性定语从句 3.1
羡余规则 4.2
线性增量原则 9.3.2
相对(标记)模式 2.2.1-2,10.5.1.3,11.3,12.1,12.4
相对词 8.2.1,8.3.2
相反词 8.2.1,8.3.2
相关值 8.3.1.6
相关准则 4.2
响音 2.2.4

向心结构 10.1,10.5.2.3
象似性,象似原则 1.3,2.4,4.5,8.4.2,9.3.1-2,10.5.1.3,12.2.1,12.3
消极意义 5.2.1,7.1.3,8.3.1.4,8.3.3,8.4.3,9.2.4
小主语 9.4
小句法话题 9.4
效率原则 8.4.2
心理动词 9.2.3,10.5.3.1
新信息 3.1-4,9.3.1
信息量 9.3.2
信息流 3.3
形变滞后 12.2.2
形容词 1.1,2.2.2,2.2.4,7.2.1,8.3.1.1,8.3.2,10.5.3,11.1-4
形态标准 2.3,2.4.2,9.4,11.5
形态标志 10.4.3,10.5
形义演变不同步 12.2.2
性质 2.2.4,10.4.1
性质形容词 1.1,10.5.1.1,10.5.3.2,11.2-4
修饰 2.2.4,10.4.2
虚比 8.2.2,8.3.1.1,8.3.2
虚化 1.4,10.5.2.3,12.2.2
许诺(行为) 1.3
叙实词 7.3.2.1
言语行为 1.3,3.1,3.4,10.4.2
演绎法 1.2
衍推(义) 3.3,4.3,5.2.1,6.2,7.3.1,7.3.2.1
一价概念 10.4.1
依存 10.4.1
疑问句 3.1,6.4,7.3.2,9.2.4
已知信息 3.3
易位句 9.2.2,9.3.1
意态 7.3.2.2
意象 1.3,6.6,7.1.1,10.5.2.3
意义标准 2.3
意义滞留 12.2.2
意愿度 7.3.2.2

术语索引 379

意外值 3.4
音段响度等级 2.2.3
音位变体 2.3
隐涵(义) 4.3,5.2.1,5.3,6.2,7.1.1,8.4.3
引述 7.2.2-3
引述理论 7.2.2
引述性副词 7.2.3
有标记(项) 2.1,2.2.2-3,2.3,2.4.2,2.5,3.1,7.1.1-2,7.3.3,8.3.1.2-3,8.4.1,8.4.4,11.3,12.3-4
有标记词序 2.5,6.5,8.3.1.4,9.2.1-2
有标记否定 4.1,4.3-5,6.5
有标记句式 6.5-6,9.2.2-3,9.3.1,12.4
有标记期待 5.2.1
有标记问句 3.1
有标记组配(配对) 6.1,9.2.2,10.4.3
有定 9.2.2-3,9.3.1,12.1
有定性等级 2.2.3
有界概念 10.2
有生性 9.2.3
有无对立 2.1
有无程度差别 10.4.1,10.5.3.1,11.5
有字句 9.3.2
与事 2.4.2
语法化 6.3,7.2.3,9.4,12.2.2
语法等级 1.5,2.2.3,2.4.2
语法特点 10.3
语法性质 10.3
语法隐喻 1.3
语境 5.2.1-2,4.4,6.3,6.6,7.1.1,9.2.3,10.5.1.3,12,4
语言个性 1.5
语言通性 1.5
语言演变 1.4,2.5,7.3.3,8.4.3,12.2.2,12.4
语义类 10.4.1
语义量 9.2.4
语义范畴 2.2.4
语义关系 9.2.3,10.5.1.3

语义角色 2.4.2
语义矛盾 4.3,5.2.1-2,6.2
语义偏移 8.4.3
语义强度 7.3.2.1-2
语义强度等级 7.3.2.1-2
语义重点(重心) 3.3,9.3.1-2
语义重复 4.3,5.2.1-2
语用法 5.1,6.1,7.2.2
语用原则 2.4,6.1,7.2.2-3,8.4.3,12.4
语用功能范畴(类) 2.2.4,10.4.2-3
预设(义) 3.3,4.4-5,5.2.2,7.3.2.1,9.2.3
元音 1.1,2.3
元标记模式 12.3
元无标记现象 4.5
元象似性 12.3
元语否定 4.1
元语否定词 7.2.2
元语副词 7.2.2
源 9.2.2
约束 9.1,9.5
蕴含通性 2.2.2,2.5,7.1.3
蕴含关系 6.3
在字句 9.3.2
照应 2.2.3,9.4
真实准则 4.2
真值条件 1.3,4.3-4
整体-部分 8.4.2
正值 7.1.1-3
正负值 7.1,7.1.3,9.2.4
正负颠倒 6.3-4
正极词 6.1,6.4
正常期待 6.6
正常重音 8.3.1.6
正面词(语) 7.2.3,8.3.3.2
正向词 8.3.1.6,8.4.2,8.4.4
正向动词 9.5
正向义 8.3.1.6
正向期待 6.6
支配力 1.3

支配性 9.2.3
直接宾语 1.5,2.4.2
直接否定 12.3
直接使因 9.2.3
直接施事 9.2.3
直接延续 9.3.1
指别句 9.3.1
指称 2.2.4,3.2,9.1,10.4.2
指称语 9.1
指称性成分 9.2.2
指称性名词 9.2.3
指代 3.2,10.4.2
指令(行为) 1.3
指示 8.3.1.5
中和 2.1,8.3.1.6
中和项 2.1
中和标准 2.3
中项 7.3.2.1-4
中心语 1.5,9.1,10.1,10.5.1.3,10.5.2.2,11.4
中性问 3.1,8.2.2,8.3.1-2,8.4.2
中性词语 8.4.3
终点宾语 8.3.1.3
重读 5.2.2,12.2.1,12.3
重音 1.1,5.2.2,9.3.2,12.2.1,12.3
重量等级 6.3
周遍义 6.3
周遍性主语句 9.3.1
主导词序 2.5
主宾语不对称 1.3,9.1-3,9.5
主动句(语态) 1.1,2.1,2.3,9.2.3
主动义 9.2.4,9.5
主话题 9.3.1
主要动词 7.3.1
主语 1.1,1.3,1.5,2.2.3,2.4.2,9.1-5,10.5.2.3,10.5.3.1,12.3

助动词 10.5.2.3,12.2.1
专指 3.2
专有名词 9.2.3,10.5.1.3
转喻 1.3
状语 7.2.3,10.5.1.2,10.5.2.1,10.5.2.3,10.5.3.2
状态形容词 1.1,10.5.1.1,11.2-4
赘余否定词 7.1.3
浊辅音 1.1,1.2
浊塞音 1.1
浊塞擦音 1.1
自然关联(联系) 2.2.4,3.1,6.1,7.1.1,8.3.1.5,9.2.2,9.2.4,12.4
自然焦点 9.3.2
自然重音 9.3.1
自然语言的肯定和否定公理 6.1
自主(性) 3.1,9.2.3
自主义 9.3.2
自主动词 3.1,9.2.3,9.5
自主施事 3.1
自足的 1.3,10.4.1
自足句 10.5.2.3
综合(法) 1.3
综合意义 12.3
足量准则 4.2
组合标准 2.3
组合形态 11.5
组配不对称 1.1
组配模式 8.3.3
阻塞音 2.2.4
左前置 9.2.2
OV 序 9.2.2
VO 序 9.2.2
SOV 序 2.5,9.2.2,9.3.2
SVO 序 2.5,9.2.2,9.3.2
Y-移位 9.2.2